U0120282

后浪出版公司

世界历史上的
蒙古征服

The
Mongol
Conquests
in
World History
Timothy May

[美] 梅天穆 著　马晓林 求芝蓉 译

民主与建设出版社

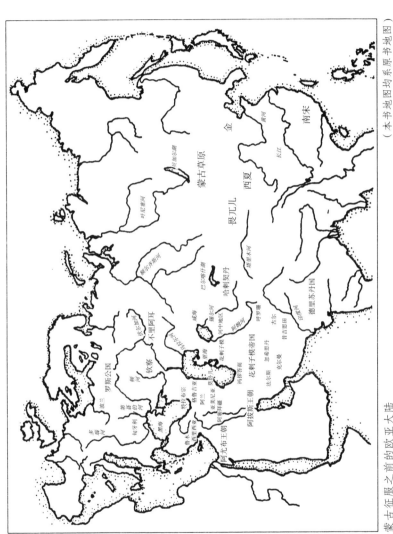

蒙古征服之前的欧亚大陆 （本书地图均系原书地图）

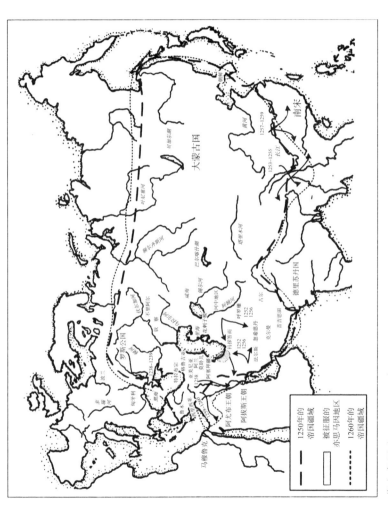

蒙古帝国（1250—1260）

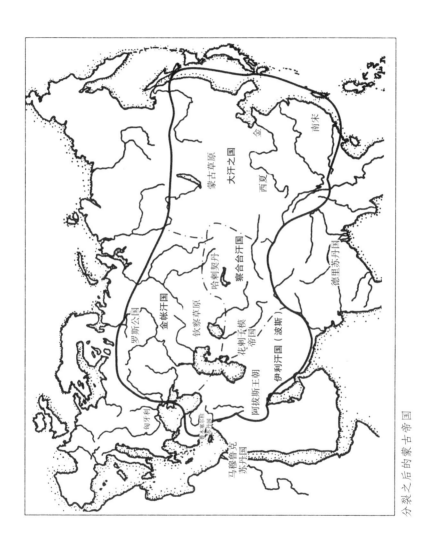

分裂之后的蒙古帝国

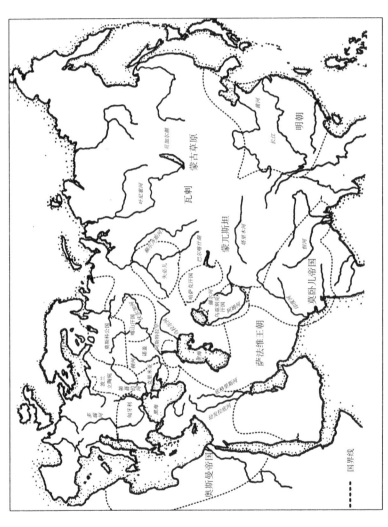

后蒙古时代的欧亚（约 1550 年）

目　录

中文版序

有些人认为，历史是事件的循环重演。我在写这篇序文的时候必须坦承，我也有点接受这种观点。这不仅是因为当今全球的政治时事，而且因为我在写这篇序文时，正被北乔治亚大学所在的山城达洛尼加的第一场暴风雪困在家里。2011年，我也是在暴风雪中写下了这本书的几个章节。从这个意义上，我与蒙古帝国之间有些共同点。正如蒙古人经常在冬季出征，我显然也是在冬季伴着飞雪写作的。

这本书能够被译为中文，并且在中国有人对我的著作感兴趣，我感到非常荣幸。能由南开大学的马晓林博士担任译者，我感到特别荣耀。虽然我们尚未谋面（希望将来能有机会），但我从我们共同的朋友艾骜德教授那里听说他的学问很好。我希望这部译著能够引起学术界和大众的兴趣。蒙古帝国对于世界史的影响是不可否认的，这一点对于中国而言比对于美国明显得多。在我有机会到访中国之前，我的书就已经被译为中文了，我觉得很开心。

梅天穆

2017年1月8日

导　言

　　当"全球性"（Globalities）丛书的主编杰里米·布莱克（Jeremy Black）邀我撰写本书时，我毫不犹豫地答应了，因为在讨论世界史时，蒙古看起来即使不是领衔主演，至少也是明星客串。本书的书名本可以很容易地改成《蒙古帝国是一部世界史》，不过这写在书脊上会有些奇怪。可能除了刚过去的200年，我想不出哪个时代能将世界更紧密地联系在一起。亚历山大的征服？尽管曾短暂地入侵印度河流域与利比亚沙漠，但亚历山大的世界将亚洲大部和几乎整个非洲都排除在外。罗马帝国？除了北方较偏远的行省和与印度进行贸易的一些商人，基本只在地中海地区活动。那十字军东征呢？依然主要在地中海地区，虽然欧洲大部和北非都受到了影响，但未能影响到中国和印度。地理大发现时代一直被看作一个很好的起点，但是如果没有蒙古帝国，哥伦布会出航吗？别忘了，他当时是试图抵达中国面见大汗的。简而言之，蒙古帝国完全可以定义世界史。的确，蒙古人并没有对非洲或新世界造成很大影响，但是对欧亚大陆而言，史上再无其他事件或帝国有如此巨大的影响。蒙古人将军事革新、国际贸易、世界宗教传播以及技术和思想的扩散都融入一炉，即蒙古征服。当尘埃落定，无可否认世界已经改变了，且再也无法回到它原来的样子。

20世纪70年代，著名的蒙古帝国史学者约翰·安德鲁·波伊勒（John Andrew Boyle）创造了"蒙古世界帝国"这个概念，可谓极为切中要害。[1]我们无从知晓波伊勒是否以世界史的视角来考察蒙古，但他显然将蒙古视为一个帝国，它主宰着中世纪的世界，不能仅从区域性的意义上来看待。欧文·拉铁摩尔（Owen Lattimore）在为波伊勒的《蒙古世界帝国》（*The Mongol World Empire*）一书撰写的序言中强调，为了准确理解蒙古在世界历史上的地位，"我们需要更好地协调极为丰富的中亚史料"。[2]拉铁摩尔间接触及了蒙古帝国研究的一个基本问题，即这些史料牵涉到的语言的数量，经常导致人们在考察蒙古时更多采取区域性的视角，而不是整体的、世界性的视角。同时，考察蒙古帝国不仅需要有空间感，还要超越时间的限制。蒙古时代在历史上的确是一个关键的甚至是轴心的时代，在很多方面，它是前现代和现代之间的分界点。

将蒙古帝国视为分界点，甚或是现代史的开端，这一观点为著名东亚研究学者林蔚（Arthur Waldron）所支持。他在为斯普勒（Bertold Spuler）经典的穆斯林世界史三部曲中的第二卷《蒙古时代》（*The Mongol Period*，1994）撰写的导言中写道：

1　John A. Boyle, *The Mongol World Empire, 1206-1370*（London，1977）.

2　Owen Lattimore, 'Preface', in Boyle, *The Mongol World Empire, 1206-1370.*

研究现代史应该从何时开始？最有力的答案很可能是从蒙古时代开始。现今欧亚的一些大国（如中国、俄国和印度）以及中东大部分国家，都曾经被纳入蒙古诸汗国，并被这段历程改变。不仅如此，这些国家的现代史始于蒙古诸汗国统治的结束，然后它们的成分经过自我重组，作为继承国出现。这些国家虽然独立了，但还是带有明显的蒙古印记。通过研究蒙古诸汗国和它们的逐渐崩溃，就会对当时的欧亚有一个基本的整体认识。[1]

林蔚的观点是很难受到质疑的。确实，只有通过研究蒙古帝国以及它带给欧亚大陆的变化，我们才能真正看到一个完整的欧亚和一个完整的世界。千百年来，商路将各种文化和文明联系起来，各文明对世界的不同认识得以区分。罗马人对于罗马世界有一个清晰的认识，伊朗古代诸帝国和中国古代诸王朝对自己的世界亦是如此，然而它们对于边境以外的世界的认识则朦胧不明。关于外面的世界和他者的知识总是不易理解的，而蒙古帝国使数量空前巨大的旅行者、商人、传教士等纵横于欧亚大陆甚至更远的地方。尽管其他许多地域仍然在帝国之外，但蒙古帝国的到来衍生并创造出了一些条件和事件，引出的不仅是一个完整的欧亚，也是一个完整的世界。这就是本书想要讨论的内容。

蒙古帝国在世界历史上的重要性显著体现在两个方面。首

---

1 Arthur Waldron, 'Introduction', Bertold Spuler, *The Mongol Period*, trans. F. R. C. Bagley（Princeton, NJ, 1994）, p. vii.

先是它在巅峰时期的幅员极为辽阔，是历史上疆域最广的帝国——近乎3,300万平方千米，大约等同于非洲的面积。尽管在政治上是分立的，但无论我们如何定义它们，蒙古统治下的欧亚与其他地区之间存在着相当程度的互相影响。

其次体现在蒙古帝国史研究的相关文献所使用语言的绝对数量上。从这些多语言文献的数量上看，最重要的也许是中文和波斯文，但也包括蒙古文、俄文、古斯拉夫文、阿拉伯文、拉丁文、古法文、日文、意大利文、亚美尼亚文、格鲁吉亚文、回鹘文和藏文等。没有人能够全部掌握这些语言。不仅如此，多语言的专名转写也是一个问题，可能导致任何一个专名都会出现很多不同的写形。以忽必烈为例，见诸文献的有"Qubilai""Khubilai""Kublai""Kubla"等拼写方式，根据使用者的语言和转写系统的不同，这些都是可以接受的。大多数学者不难判定谁是谁，但是蒙古帝国史的初学者很容易被这些名字淹没。至于多语言所引发的其他问题，将在后文中加以讨论。

蒙古对于世界史的重要性，在很多方面也体现在研究中所面临的种种难题上。例如：研究应该从何处入手？应该将他们置于亚洲何地？他们当然是亚洲人，帝国的大部分都位于亚洲，但是亚洲包括中东吗？他们的欧洲领土怎么办？蒙古对于欧洲乃至世界历史的重要性，在大卫·摩根（David Morgan）的经典著作《蒙古人》（*The Mongols*，1986）中得到了恰如其分的论证，此书至今仍是公认的蒙古研究入门书。而实际上，《蒙古人》一书正是布莱克维尔（Blackwell）出版公司的"欧洲民族"（Peoples of Europe）丛书中的一部。

　　我还记得自己在读本科时第一次入手这本杰作，对这个古怪的定位颇感困惑。毕竟，只要瞥一眼任何一幅蒙古人的图片，就会很清楚他们并非来自欧洲。尽管摩根解释了个中缘由，但丛书主编之所以将《蒙古人》一书收入其中，应该不仅仅是出于奇趣，或是因为没有一套"亚洲民族"丛书（不过现在已经有了）。《蒙古人》在该丛书中的位置应该是要告诉读者，尽管蒙古距离欧洲相当遥远，但蒙古帝国的辽阔疆域极大地影响了欧洲历史上的事件。

　　事实上，蒙古帝国可以作为欧洲、中东、东亚、中亚甚至南亚的一部分来加以考察。但如果学者们这样做的话，可能就是只见树木而不见森林了。蒙古帝国对于各个地区的影响当然是巨大的，但蒙古帝国在根本上是一个跨洲际的整体，这些地区被共同的线索联系起来。如果无视中东的历史事件对欧洲和亚洲历史的影响，就会导致对蒙古帝国这一复合体的低估。简而言之，为了全面理解蒙古帝国，就必须将其看作一个整体。区域性的视角当然也是很有用的，但直到13世纪末，蒙古帝国即便在政治上不是一个整体，在很多层面上也仍然是一个整体。

史学编纂及其问题

　　与任何史学领域一样，蒙古帝国史的编纂也有其问题。如前所述，首要也是最大的问题，就是一手资料使用了大量不同的语言。尽管有很多学者掌握相当多的语言，但是任何一位学者都无望掌握所有这些语言。早期研究蒙古帝国史的学者在起步时，大多没有将蒙古帝国史作为世界史的一部分。

多数研究蒙古帝国史的学者都是从不同的领域起步，慢慢地并且不可避免地成为蒙古学家。伊斯兰史研究者可能接受了阿拉伯文和波斯文的训练，但不太可能学习中文或俄文，而中国中古史研究者则不太可能学习亚美尼亚文或格鲁吉亚文。他们的研究与其各自的区域性视角有关，因此许多学者成为研究蒙古帝国某一部分区域的专家，通常专注于1260年以后分裂出的四大区域：大汗的帝国——元帝国（包含蒙古草原和西藏在内的东亚）；察合台汗国（大致上是中亚）；尤赤汗国（或称钦察汗国），但更通常的称呼是金帐汗国（西至喀尔巴阡山脉，东至哈萨克斯坦）；伊利汗国——波斯（从现代土耳其至阿富汗的中东地区，但不包括大叙利亚地区和阿拉伯半岛）。

这些学者确实也涉及了联系起帝国的更大的概念，但他们由于语言能力的缺失，难以接触到其他史料，研究因此而受到限制。即使在当今，学者们也是以自己掌握的研究语言处理史料，然后再用自己不懂的其他语言史料的任何能够得到的译本加以充实。不幸的是，已经翻译的史料往往不完整，这无疑削弱了这一代学者工作的重要性。很多史料对于蒙古帝国史研究是开创性的，有助于我们更好地理解1260年之后（而不是巅峰时期）的蒙古帝国。

蒙古帝国史研究由于一些学者的努力而在慢慢改变。最近有一些研究综述发表，所以我在此就不做评述了。[1]我要将注意力转向一位学者的部分著述，其在蒙古帝国史研究从区域研究转型为更加整体性的、世界史背景下的研究的过程中是关键性的。爱尔森（Thomas Allsen）是无可争议的最伟大的蒙古帝国史学者，他成功地掌握了多种语言，并且从一个更加完整的视角来研究蒙古帝国。爱尔森在其经典著作《蒙古帝国主义》（*Mongol Imperialism*，1987）中考察了蒙古第四位大汗蒙哥（1251—1259年在位）的治国政策，条理清晰地论证了蒙古行政制度如何将整个帝国联结起来。接下来出版的《蒙古帝国的商品和交换》（*Commodity and Exchange in the Mongol Empire*，1997）一书，描述了伊斯兰织物在蒙古帝国的经济和宫廷生活中的重要性。《蒙古欧亚的文化和征服》（*Culture and Conquest in Mongol Eurasia*，2001）一书已经成为蒙古帝国史研究的标杆式著作，描述了蒙古影响之下多种多样的物品和观念在欧亚的交流。他发表的很多文章和其他著作继续从整体上来考察蒙古帝国，而不是采用区域性的视角。爱尔森的第四本书《欧亚历史上的皇家狩猎》（*The Royal Hunt in Eurasian History*，2006）不完全是研究蒙古帝

---

1 这些研究基本上填补了自1986年大卫·摩根的《蒙古人》一书至约2007年之间的空白。Denis Sinor, 'Notes on Inner Asian Bibliography IV: History of the Mongols in the 13th Century', *Journal of Asian History*, XXIII/1（1986）, pp. 26-79; Peter Jackson, 'The State of Research: The Mongol Empire, 1986-1999', *Journal of Medieval History*, XXVI/2（2000）, pp. 189-210; David O. Morgan, 'The Mongols in Iran: A Reappraisal', *Iran*, XLII（2004）, pp. 131-136; Paul D. Buell, *Historical Dictionary of the Mongol World Empire*（Lanham, MD, 2003）, pp. 1-99; David O. Morgan, *The Mongols*, 2nd edn（2007）, pp. 180-206.

国，而是关注皇家精英的狩猎传统。爱尔森的这一研究对于我们理解世界史做出了突出贡献。毋庸赘言，这一研究的着重点大多放在蒙古人身上，讨论他们如何以自己的传统影响其他地区，以及他们与其他皇家精英之间的共通性。

第二个问题是蒙古草原及其与蒙古帝国之间的联系。从历史上看，它与东亚的历史相关，而"东亚"的标准定义由费正清（Jonathan K. Fairbank）等人提出，包含了深刻的中国影响，尤其是儒家的政治理论和伦理观念。但我们可以说，在蒙古草原的整个历史中，即使在清朝统治时期（1691—1911），儒家伦理和哲学在其文化和社会中也不占主要地位。从地理上看，它位于亚洲东北部，但这是一个比较新的定义，其地理之外的意义还不清楚。蒙古国也曾是前苏联的卫星国，在1921年成为世界上第二个共产主义国家。很多项目和智库都在研究前苏联的各个加盟国，但很少涉及蒙古国。尽管蒙古国在经济、学术、社会、军事及政治上都与苏联（以及后来的俄罗斯）紧密相连，但它从未被吞并，因此不是苏联的一部分。同时，它也被排除在东亚之外。那么它究竟归属于何方？"内亚"（Inner Asia）和"中央欧亚"（central Eurasia）可能是最合适的，但这二者也是含义模糊的地理概念，很难准确定义。

尽管存在这些问题，但蒙古帝国史是世界史，反之亦然——如若不然，撰写本书就没有什么必要了。对最著名且最常用的一手史料做一个大略的考察，就能描绘出蒙古帝国在世界历史上的地位了。确实，这些史书的作者似乎要打破区域性史书的模式，在更大的背景中考虑问题。当然也存在很多地方性或区域性的史料，但是主要的史料确实试图在更大的背景中理解蒙古帝国。

在世界史课堂上和蒙古帝国研究中，《马可·波罗行纪》（ *The Travels of Marco Polo* ）是最受欢迎的一种史料。即使北非的法官兼旅行家伊本·白图泰（Ibn Battuta）的行程比马可·波罗更远，我们也可以肯定地说，马可·波罗是世界上最著名的旅行家。当然，很多人只是听说过马可·波罗其名，而没有读过其书。这位极富盛名的威尼斯人穿过了整个蒙古帝国，甚至超出其疆界，可能到过东非的桑给巴尔。即使他没有去过桑给巴尔，他也比其他所有同时代人的所见所闻更广。他的故事非常奇异，以至于多数人都拒绝相信。当他奄奄一息时，他的亲友可能是为他的灵魂担忧，劝他收回所说的故事，马可·波罗答道："我所讲的还不及我所见的一半。"[1]

尽管许多质疑者指控马可·波罗没有提到很多东西，但是大多数学者在阅读了他的书以后，确信书中有关于他到过中国及其境外的大量证据，至于他的遗漏，则必须置于他的社交圈（即蒙古上层）的背景中来考虑。[2]这是不容忽视的。正如浩史悌（Stephen Haw）、彼得·杰克逊（Peter Jackson）、罗依果（Igor de Rachewiltz）及大卫·摩根所阐述的那样，马可·波

1　Manuel Komroff, 'Afterword', in Marco Polo, *The Travels of Marco Polo*, trans. William Marsden（New York, 2001）, p. 313.

2　Frances Wood, *Did Marco Polo Go to China?*（Boulder, CO, 1996）; Stephen G. Haw, *Marco Polo's China*（London, 2009）; Peter Jackson, 'Marco Polo and His "Travels"', *Bulletin of the School for Oriental and African Studies*, XLI/1（1998）, pp. 82-101; Igor de Rachewiltz, 'Marco Polo Went to China', *Zentralasiatishe Studien*, XXVII（1997）, pp. 34-92; David Morgan, 'Marco Polo in China – or Not', *Journal of the Royal Asiatic Society*, 3rd ser., VI（1996）, pp. 221-225.

罗是从蒙古人的角度，或者至少是从蒙古人的雇员的角度来看世界的。他的地位并没有书中暗示的那么高，但他确实服务于忽必烈汗的朝廷之中，从商人和蒙古帝国政府官员的角度为欧洲人提供了大量全新的信息。

其他欧洲史料包括约翰·柏朗嘉宾（John of Plano Carpini）和威廉·鲁布鲁克（William of Rubruck）等方济各会士极为重要的旅行记。柏朗嘉宾是在蒙古入侵波兰和匈牙利之后不久，奉教皇英诺森四世（Innocent IV）之命前去搜集蒙古人情报的。柏朗嘉宾让我们能够近距离观察到蒙古人对帝国之外的人而言有多么恐怖，代表了一位地方僧侣的狭隘世界观——这次旅行是柏朗嘉宾第一次离开西方基督教王国。鲁布鲁克在蒙哥汗统治时期到达了哈剌和林，也大致描绘出了基督教王国之外的世界，但他几乎是满怀欣喜地拥抱这一经历，尝试新的事物，例如饮用他喜爱的忽迷思（kumiss，发酵的马奶酒，蒙古人的首选饮品），以及参加宗教辩论。

向东去，有志费尼（'Ala al-Din Ata Malik Juvaini）的《世界征服者史》（Ta'rîkh-i-Jahân-Gusha）。志费尼也是蒙古朝廷的雇员，在蒙哥汗的弟弟旭烈兀统治时期，在巴格达撰写了这部史书。书中不仅包含了截至1256年的蒙古史，以亦思马因人（通常也被称为阿萨辛人）的毁灭为终结，也包括蒙古所吞并的花剌子模帝国和哈剌契丹的历史。志费尼像自己的父亲一样成为蒙古政府的核心官员，为我们描绘出蒙古朝廷活动的鲜活图景。他的史书对中东的历史事件描摹最善，但显然也在试图展示蒙古草原发布的政令如何影响西南亚。可惜的是，他的史书止于1256年，并委婉地隐去了蒙古人对巴格达的毁灭，后来志费尼就在那里担任长官。

尤兹扎尼（Minhaj Siraj Juzjani）的《纳昔儿史话》
（*Tabaqat-i Nasiri*）是一部对蒙古帝国持完全敌视态度的史
料。他从蒙古人的屠戮中死里逃生，在相对安全的德里苏丹国
撰写了这部著作。作为一名难民，尤兹扎尼撰写这部蒙古史的
角度是试图理解伊斯兰世界，尤其是诸穆斯林王朝。无论如
何，这部作品中有很大篇幅专注于描写蒙古人以及他们到来的
可能后果。在某些穆斯林王朝的章节中，与蒙古人有关联之处
也有一些相关信息。

另一部重要著作（并且是无可争议的最重要的一部），
就是拉施特[*]（Fazullah Rashid al-Din）的《史集》（*Jami'al-
Tawarikh*）。拉施特的重点是蒙古帝国，但他的目的是编纂
一部世界史，将尽可能多的地区包含在内。尽管最终没能成
功，但他对蒙古帝国有着细致入微的研究，利用了很多后来佚
失的史料，并用不同的史源进行订正和对照。不仅如此，这
部史书也让我们能够管窥拉施特乃至蒙古朝廷对其境外地域
（例如法兰克人的领地或西欧）的看法。现在，我们可以利用
威廉·萨克斯顿（William Thackston）的英译本。在某种程度
上，这部史书已经改变了研究蒙古帝国东部的学者们对它的
看法。

尽管波斯文史料还有很多，但阿拉伯文史料也十分重
要。马穆鲁克史研究者鲁文·阿米泰（Reuven Amitai）所做
的大量目录和研究工作显示，马穆鲁克苏丹国的阿拉伯文材

---

* 又译拉施都丁、刺失都丁。——译者

料使蒙古帝国研究产出了丰富的成果。不仅对于最靠近马穆鲁克苏丹国的蒙古地域伊利汗国是如此,对于蒙古帝国分裂前的帝国其他地区而言同样如此。尤为重要的是百科全书式的作家乌马里(ibn Fadl Allah al-'Umari)的《眼历诸国记》(*Kitab Masalik al-Absar wa Mamalik al-Amsar*),其中辟有专章记述蒙古帝国,始于成吉思汗的崛起,迄至作者所处的时代。其他的作家还有奴外里(Ahmad ibn 'Abd al-Wahhab al-Nuwayri)、达哈比(Muhammad ibn Ahmad al-Dhahabi)、曼苏里(Baybars al-Mansuri)和马格里兹(Ahmad ibn 'Ali al-Maqrizi)等。马穆鲁克作家虽然是在蒙古帝国境外,但他们作为敌对方,对蒙古帝国十分关注,而且记载的信息量很大。此外,我们经常能够确认,他们不仅阅读本国同侪的作品,也阅读蒙古帝国作家的著作。

严格来说,伊本·白图泰并非马穆鲁克作家,但他的游记是无价的。这位摩洛哥学者几乎行遍伊斯兰世界,在14世纪,这包含了除东亚的元朝之外的整个蒙古帝国。而且伊本·白图泰也去过元朝,以及蒙古帝国周边的马穆鲁克苏丹国和德里苏丹国。因此,伊本·白图泰这样的信息提供者是很少见的,他不仅行遍整个蒙古帝国,而且曾在蒙古的敌国担任过哈的(法官)。他的视角十分独到,颇有价值。不过,像其他所有史料一样,我们在阅读《伊本·白图泰行记》时也要谨慎。正如学者罗斯·敦恩(Ross Dunn)在为《伊本·白图泰行记》作的注中所阐述的,伊本·白图泰有时会在书中直接利用前人的著述——这在中世纪史料中是常有的现象。

马穆鲁克苏丹国崛起之前的阿拉伯作家也留下了一些重

要著作。伊本·阿西尔（Ibn al-Athir）撰写的《全史》（*al-Kamil fi al-Tarikh*）提供了关于蒙古入侵花剌子模帝国的详尽描述。他撰写此书时身在毛夕里*，信息多源于难民，因此其记述与同时代的德里的尤兹扎尼类似。书中处处传达出深深的恐惧，明确阐述了蒙古人为何被视为上帝的惩罚。

大多数史料的作者或者是蒙古的臣民，或者是逃离蒙古的难民，乃至敌国或遥远国度的观察者，而《札阑丁传》（*Sirat al-Sultan Jalal al-Din Mankubirti*）的作者奈撒维（Muhammad al-Nasawi）却完全不同。他是花剌子模帝国的官员，1219年蒙古的入侵导致花剌子模帝国灭亡，奈撒维是花剌子模最后一任国王札阑丁（Jalal al-Din）的秘书。札阑丁企图在其父王帝国的废墟上建立一座对抗蒙古人的堡垒。因此，奈撒维详细记录了花剌子模帝国灭亡前的历史、蒙古人的破坏以及难民的生活。奈撒维为读者们打开了一扇窗口，由此可以观察到一个帝国的崛起与衰落，以及另一个帝国的勃兴。同时也填补了空白，描述了一位试图阻止蒙古人的国王。

东方的史料同样重要。仅存的蒙古文史料是《蒙古秘史》（约成书于1252年），最佳的英译本是罗依果的译注本，但其他译本也非常有用。《蒙古秘史》描述了截至窝阔台汗（1229—1241年在位）时期的蒙古世界，主要内容的重点是成吉思汗。这份文本可能很难阅读，因为它的撰写有着特定的受众（限于蒙古宫廷之中，因此是"秘史"）。所以很多东西的记载并不详细，因为它预设的是读者知道历史背景和细枝末

---

*　今译摩苏尔。——译者

节。此书主要内容集中于蒙古草原上的活动，蒙古草原以外地区的事件则记述得很简略，让读者明显感受到在蒙古人心中什么才是重要的。13世纪其他的蒙古文史料都已散佚，例如《金册》（*Altan Debter*）。不过，部分蒙古文史料见于拉施特的《史集》，以及关于成吉思汗征战活动的汉文文献《圣武亲征录》。

最主要的汉文史料是《元史》，由明朝在1369年依据元朝的材料编纂而成，体例依照西汉司马迁以降的正史传统。尽管编纂过程中有缺憾，但无论如何，《元史》提供了丰富的传记资料以及关于征战和行政的细节。传记资料是极为重要的，因为除了拉施特的《史集》，多数史料并没有详述大汗之外蒙古政府中多数人物的生平。篇幅达4,000页的《元史》是一种无价的史料，其提供的关于蒙古帝国最初100年的记载是超出了元帝国范围的。不幸的是，只有个别篇章段落被译成了其他语言，只是其主要内容有蒙古文和其他汉文史料可加以参照。希望到本书付梓时，这一状况能够有所改观，因为一部全译本的翻译工作正在进行当中。它无疑会改变学者处理蒙古帝国史的方式，就像萨克斯顿的《史集》英译本对于非波斯文读者那样。

明朝编纂了《元史》，而元朝也编纂了其所征服的中国王朝的史书，即《金史》和《宋史》。这两部史书的关注点更具区域性，但是合起来有益于我们认识蒙古兴起之前的整个东亚，以及蒙古对金、宋和西夏的征服。其他汉文史料还包括《广舆图》《回回药方》和《饮膳正要》。

这些都是中国和伊斯兰学术融汇的产物，只有在蒙古帝国才有可能出现。朱思本的《广舆图》中细致的地理信息贯穿整个东亚，并延伸出欧亚大陆而远达西非。[1]《回回药方》是一部伊斯兰医药百科全书，现正被译为德文。据信蒙古人最钟爱的就是伊斯兰医药，这部书的出版证明蒙古朝廷意图将其推广。[2]《饮膳正要》是一部很吸引人的食谱，正如后文将要讨论的，这部书明确反映出蒙古帝国不同地区之间的关联，也为我们展示了大汗宫廷食谱中可能出现的菜品。这部书已经被译成英文，并有大量的注释和一篇详细的导言。[3]

此外还有一些汉文基本史料，但其关注点更具区域性和本土性。《蒙鞑备录》是蒙古入侵金朝时期宋朝使者赵珙前往蒙古的行记，从金朝敌国的角度，热切地观察蒙古的军事状况，详细记录了蒙古军事机器的方方面面，包括他们如何训练马匹。宋朝使者彭大雅的《黑鞑事略》也是一部行记，对蒙古早期征服有更多的记载。这一时期的第三种史料是长春真人丘处机的弟子李志常的《长春真人西游记》，记录了长春真人受成吉思汗之召请，从华北到蒙古草原再到撒马尔罕乃至阿富汗的旅程。成吉思汗召见丘处机是为了寻求长生之道。这部行记令人难忘，因为其中不仅记载了丘处机与成吉思汗的哲学性谈话，还从一个独特的角度记载了在东亚和中亚形成的蒙古帝国。亚瑟·威利（Arthur Waley）的《长春真人西游记》英译

1　Buell, *Historical Dictionary*，pp. 68-69.

2　同上，p. 69。（根据宋岘的研究，《回回药方》应该成书于明代洪武年间，并非元朝官方行为。参看宋岘：《回回药方考释》，北京：中华书局，2000 年，第 31 页。——译者）

3　Paul D. Buell and Eugene N. Anderson，trans. and eds，*A Soup for the Qan*（London，2000）.增补第 2 版于 2010 年出版。

本曾多次重印。[1]

　　二手材料方面也有显著的进步。关于帝国东部，詹姆斯·德尔加多（James P. Delgado）的《忽必烈汗失落的舰队》（*Khubilai Khan's Lost Fleet*）一书可读性很强，对于蒙古在世界历史上地位的研究做出了有价值的贡献。[2]该书引人入胜地撰述了忽必烈汗试图跨海攻打日本、越南和爪哇的历史，并阐述了这些事件如何影响了这些地区在后世的国族认同。大卫·巴德（David Bade）的《忽必烈汗与美丽的杜马班公主》（*Khubilai Khan and the Beautiful Princess of Tumapel*）也有突出的贡献，这是少有的关于蒙古攻打爪哇的研究。巴德不仅对战争活动做了学术分析，还翻译了几种极其难找的印度尼西亚史料。但讽刺的是，巴德的书也非常难找，因为这虽然是一本英文书，却是在蒙古国出版的。巴德经过分析，得出了一个有价值的结论，即爪哇文史料并不关注世界的征服或毁灭。确实，其中没有提及那些作为征服目标的城市，也没有提及通常伴随蒙古人而来的杀戮。爪哇文史料更关注的是外交、贸易以及忽必烈企图得到印度尼西亚诸王国的公主。因此，相较于关于大陆的史料，这些史料提供了一种观察蒙古人的不同视角。

　　本书的第1章是成吉思汗的传略，现存的传记中有一些很有价值。拉契涅夫斯基（Paul Ratchnevsky）的《成吉思汗的生平与遗产》（*Genghis Khan: His Life and Legecy*）可能至今仍是权威性和学术性最强的传记著作，但对外行人而言则比

1　Arthur Waley, trans., *The Travels of an Alchemist*（London, 2005）.

2　James P. Delgado, *Khubilai Khan's Lost Fleet: In Search of a Legendary Armada*（Berkeley, CA, 2008）.

较难读。对于一般读者来说，最佳的读物是彭晓燕（Michal Biran）的著作，该书也十分重视成吉思汗对伊斯兰世界的重要影响。邓如萍（Ruth Dunnell）的成吉思汗传记也相当好，对于课堂教学尤其有用，因为其内容简明扼要。参考书目中还列有其他一些著作，但以上三部是最好的。传记并非蒙古帝国的主要特点。除了大约12种成吉思汗的传记，我们还有莫里斯·罗沙比（Morris Rossabi）关于忽必烈的经典成名著作，以及他的《来自上都的旅人》（*Voyager from Xanadu*）一书，后者讨论了景教（即基督教聂思脱里派）的两位高级僧侣的生平，其中一位曾作为使者前往欧洲。此外还有理查德·加布列尔（Richard Gabriel）充满热情的《大将军速不台》（*Genghis Khan's Greatest General: Subotai the Valiant*）。其他的传记则较为零散，收录于各种研究著述中，例如前述爱尔森著作中的蒙哥传记。译注《蒙古秘史》的罗依果可能是蒙古研究的第一权威，他主编的《蒙元初期名人传》（*In the Service of the Khan: Eminent Personalities of the Early Mongol-Yuan Period, 1200-1300*）中包括蒙古帝国主要人物的小传，既有速不台这样的蒙古将军，也有赛典赤·赡思丁（Sayyid Ajall）和耶律楚材这样的非蒙古人官员。无论如何，关于蒙古帝国的重要人物我们仍有很多工作要做，不论是蒙古人还是非蒙古人。

正如本节开头所说，这篇史料综述并不会面面俱到。那些研究蒙古以及将蒙古纳入世界史之中的著作，在参考文献中都能找到。我也加了一些评注，说明某本书与本书某个章节之间的显著关联。

理论思考

如果有人想要解释蒙古在世界历史上的影响，很容易被斥为"蒙古狂热"。[1]学者们可能会堕入陷阱，不考虑其他因素而仅仅关注蒙古。本书试图避免这一缺陷，而只有读者才能评判作者的得失。考察蒙古帝国或者任何一个国家、政体或民族的影响时都必须辨明，如果没有某个特定事件的推动，是否同样会发生变化。尽管历史学家们倾向于蔑视"不可避免"这一说法，但是赋税和死亡背后有些东西可能确是如此。因此，我们所讨论的应该与蒙古人直接相关，或者虽然间接相关但却是蒙古人的活动所产生的后果。

即便如此，我们也必须谨慎，不能在间接影响上走得太远。例如，人们很容易因为十月革命而称赞（或指责）蒙古帝国。这大概就走得太远了，但列宁确实有卡尔梅克蒙古人的血统。卡尔梅克是卫拉特*的一支，1636年因厌倦卫拉特内部的纷争而迁徙至伏尔加河一带。卫拉特是西蒙古草原上一个强大的部落联盟，不承认成吉思汗后裔为唯一的合法统治者，也就是说，他们未曾承认一位拥有成吉思汗血统的汗。"卫拉特"（斡亦剌）之名得自贝加尔湖畔的林中百姓，他们在1209年臣服于成吉思汗。但他们的首领自称是脱斡邻勒

1　最典型的例子见 Jack Weatherford，*Genghis Khan and the Making of the Modern World*（New York，2004），以及 Richard Gabriel，*Genghis Khan's Greatest General: Subotai the Valiant*（Norman，OK，2006）。

*　元代称斡亦剌，明代称瓦剌。——译者

（王罕）的后裔，他是被成吉思汗击败的克烈部的首领。[1]随着1260年至1265年间蒙古帝国的分裂，成吉思汗后裔诸王的统一性不断衰退，只得听任其他族群逐渐走向独立。在15世纪，卫拉特成为今蒙古西部、哈萨克斯坦及新疆地区的一支主要势力。如果没有蒙古帝国，成吉思汗的后裔就不会那么显赫，从而就不会出现反对他们的势力，于是也就不会有卫拉特。因此，卫拉特就不会发生内战，也不会导致一支部族在困窘中西迁伏尔加河，于是也就不会有列宁的祖先和列宁本人。而如果没有列宁，可能也就不会有十月革命以及其后的一切。在100年前，这种说法可能还会将列宁的冷酷与他的蒙古血统联系起来，而不考虑每个社会中其实都有性格严厉的人。但几个世纪以来，将俄国的一切缺点都归咎于蒙古人的确是很流行的，例如确实有很多科学家就将俄国人的酗酒之风归因于蒙古人。[2]

当然，我们还可以走得更远。随着苏联的建立，我们可以附会地说，从根本上讲是蒙古帝国引发了冷战，影响了肯尼迪总统的当选，并导致了他被刺杀。苏联的建立及其对蒙古帝国大部分疆域的统治，将我们带进了苏联入侵阿富汗的战争，很多蒙古人的支系（例如乌兹别克人）都卷入其中。苏联的解体导致了美国的称霸，这时需要一个新的"敌人"，即伊斯兰激进分子，于是出现了塔利班、"9·11"事件以及美国入侵阿

1　Hidehiro Okada and Junko Miyawaki-Okada, 'Haslund's Toregut Rarelro in the Parallel Text in Ulaanbaatar', *Mongolian Studies*, XXIX（2007），p. 127.

2　Jeremy Page, 'Russians Who Get Drunk as a Warlord', *The Times*（19 January 2004）.

富汗和伊拉克的战争。如果这样联想的话，我们可以证明历史确实是一种循环而不是演进，因为无论是入侵阿富汗还是伊拉克，蒙古国部队都服役于所谓的"自愿联盟"之中——如果我们从阴谋论的角度来看，他们可能是一个新蒙古帝国的先锋。进行这类联想是很容易的。另一个容易让人产生联想的事实是，由于蒙古人采用了新的音乐风格，"蒙古治世"（Pax Mongolica）使很多新的乐器、品味和时尚得以传播，他们与作为最强大的人性之鞭之一的迪斯科音乐的诞生有关。由于他们热爱酒精和纳失失（nasij，织金锦），我们很容易联想到哈剌和林城中天花板上悬挂着的迪斯科舞球。事实上，迪斯科时代的一支德国乐队不仅取名为"成吉思汗"（德文拼作"Dschinghis Khan"），而且还有一位成员负责扮成成吉思汗。他们还有两首以成吉思汗为主题的热门单曲，其中一首差点让他们赢得了1979年的欧洲电视歌曲大赛。[1]

　　上面这种说法当然是很荒唐的。关键在于，我们可能把很多关系不大的事件联系到了某件事上，但无视了其他一些事件，例如第一次世界大战、欧洲的殖民和帝国主义、ABBA乐队和唐娜·莎曼（Donna Summer）的成功以及涤纶的意外发明。列宁与成吉思汗之间的关联是茶余饭后的绝佳谈资，但不

1　'Eurovision Song Contest 1979'，见 www.eurovision.tv，2010 年 8 月 12 日访问。他们与蒙古有关的歌曲见于各种网站（如 'Dschinghis khan eurovision'，见 www.youtube.com）；稍晚一些的热门单曲是《摇摆的成吉思汗之子》，可能是在解释窝阔台继位的真正原因（'The Rocking Son of Dschinghis Khan'，见 www.youtube.com）。日本流行乐团 Berryz Koubou 翻唱了《成吉思汗》这首歌，将其拼作"Jingisukan"（'Berryz Koubou-Jingisukan [Dschinghis Khan]'，见 www.youtube.com）。

是学术著作中的严肃讨论。我所希望避免的正是这类陷阱，以及其他细微的隐患。本质上，虽然我认为蒙古人产生了巨大的影响并且很有可能奠定了现代世界的基础，但他们并不是唯一的因素。

不过我也将证明，创造了蒙古帝国的征服战争，必须被视为造成世界史上伟大历史变化的关键和直接原因。它们不仅催化了这种变迁，而且并没有导致世界各地区的倒退。民族主义史学常常持这一观点，例如据传说是"蒙古之轭"（Mongol Yoke）阻碍了俄国迈出与西欧相同的步伐。在中东和中国，蒙古征服也曾被用作一种托辞。但是若没有蒙古征服，很多进步就不可能也不会出现。

蒙古征服在很多方面都是一种催化剂，本书在具体章节中会进行探索。最明显且最直接的就是对世界地图的改变。在征服结束时，消失的国家超过20个，包括西夏、金、宋、哈剌契丹、花剌子模帝国、亦思马因王国、阿拔斯王朝、鲁木塞尔柱王朝、大马士革和阿勒颇的阿尤布王朝、弗拉基米尔-苏兹达里公国、钦察部落联盟、克烈汗国、乃蛮部落联盟以及蒙古草原上的塔塔儿部。这只是一些例子，很多独立的公国、王国、汗国和苏丹国在蒙古帝国崩溃之后都消失了。在50年之内，欧亚版图无可挽回地改变了。本书的第一部分将考察蒙古征服及其对欧亚政治地理直接和长期的影响，并为第二部分"成吉思大交换"（Chinggis Exchange）提供一个背景架构。

哥伦布、海因茨·古德里安（Heinz Guderian）、达赖喇嘛、莎士比亚、约翰·韦恩（John Wayne），这些形形色色的名字看似毫无关联，却有着共通之处。他们以各种不同的方式与成吉思汗间接地联系了起来，确实是所谓的"成吉思大交换"的一部分。正如哥伦布"发现"（更确切地说是意外登陆）了新世界，通过新旧世界之间动物、植物、微生物和文化等方面直接和间接的交流改变了多个社会，即阿尔弗雷德·克罗斯比（Alfred Crosby）提出的所谓"哥伦布大交换"（Columbian Exchange），蒙古征服和蒙古帝国在技术、思想、文化、宗教、战争以及其他许多领域中也引发了显著的转变。哥伦布大交换在很多方面是成吉思大交换的延续，同时也迥然有异。成吉思大交换并不局限于前述关于蒙古人和十月革命的诡辩。本书的第二部分试图避免陷入这种诡辩，同时希望能够最终阐明，蒙古对世界历史的影响是不可否认的，也是十分巨大的。

那么，为什么是"成吉思大交换"呢？原因之一是它比"蒙古对世界史的影响"这个说法要简洁一些，同时又可传达出这一理念。没有成吉思汗的崛起，就不可能有蒙古帝国及其对世界的影响。"伟大人物"的观念在学术研究中已不再时髦，但我们必须承认，有些伟大人物确实极大地改变了世界，或者至少将历史带上了一条截然不同的道路。尽管每个人都是时代和社会的产物，但总有一些人拥有超凡的远见和能力。但我们当然不能误解为，是成吉思汗计划好了一切。事实上，我不相信成吉思汗想要一个帝国，对他而言，统治蒙古草原可能就已经很满足了。但他的成就启发了其他人，设定了力量的方向，而且无法逆转。因此，即使在蒙古帝国分裂之后，他的后裔们统治的土地仍有约3,300万平方千米，毗邻的国家不得不与成吉思汗后裔产生一定的关系。在成吉思汗去世几十年乃至几百年之后，他的阴影仍然笼罩着他曾统治过的土地乃至更遥远的地方。如果我们观察和比较蒙古帝国之前与之后的时代，可以发现显然存在巨大的差异，相互联系多了很多。尽管我们常说蒙古人开启了全球化，但我们对于这一点应该更克制一些。事实上，尽管蒙古人创造了条件并成为推动者，但成吉思大交换大部分是蒙古的臣民和境外居民努力的结果。但无论如何，我们不应该低估蒙古人对于成吉思大交换的直接作用，正如本书第二部分将要阐述的那样。

第一部分

作为催化剂的蒙古征服

第 1 章

蒙古帝国的形成

由成吉思汗（Chinggis Khan，在西方也被称为Genghis Khan）建立的蒙古帝国成为史上疆域最广的帝国，从日本海绵延至地中海和喀尔巴阡山脉。在它的巅峰时期，有超过100万人被武装起来，加入了蒙古帝国大汗（或皇帝）的军队。只要蒙古人的妻女们掌控住维持游牧生活的牧群和鸟群，家庭单元就可以为其提供支持与后勤。蒙古大汗们决定征服世界，确实，有这么多资源可供使用，他们没有理由会失败。然而，帝国最终还是崩溃了，部分是由于其自身的体量以及内部的斗争。下文是一部简史，概述蒙古帝国的崛起，随后穿越亚洲直至欧洲的扩张，乃至分裂成四个独立的、较小的但依然强大的王国。

成吉思汗崛起

毫无疑问，蒙古帝国崛起过程中最困难的阶段，就是在成吉思汗的领导下统一蒙古草原的过程。铁木真*（成吉思汗年轻时的名字）在年幼时先后经历了父亲之死、自己被奴役、弑兄、妻子被掳走以及兵败，没有任何明显的征兆预示他将成为蒙古草原乃至整个世界的至上权威。当时仍存在着其他更强大、更引人注目的首领和部落。

草原政治和权力的混乱状态大部分应归咎于辽朝（907—1125）的崩溃。尽管辽朝通常被视为（也理应是）一个中国王朝，但"辽"是契丹人的国号，这个操蒙古语的民族的统治者既是中国的皇帝，也是统治着蒙古草原大部的汗。其统治区域北至贝加尔湖和西伯利亚针叶林带，东至大兴安岭，西至阿尔泰山脉以及戈壁沙漠以南、河套地区以北的草原地带。辽朝对蒙古草原的控制不仅依靠其对各部落的掌控，也依赖驻扎在草原上的契丹军队，以及为这些移动的边防部队提供工匠、粮食以及其他后勤支持的"城镇"。

东北地区女真部落的反叛终结了辽朝的统治，其残部逃至今天的哈萨克斯坦和吉尔吉斯斯坦地区并建立了西辽，即哈剌契丹帝国。而在华北，女真取代了辽朝，建立了金朝（1115—1234）。尽管金朝也试图维持对草原的控制，但效果不佳。事实上，契丹的许多属部都获得了独立，并相互争斗，不仅是为了巩固自身的自主权，也在图谋君临他部，同时也要反抗金朝对草原事务的干预。而蒙古不过是在蒙古草原上为了生存而竞争的诸部族之一。

在铁木真出生的1162年，蒙古仍是一个虚弱的政权，败

---

* 又作帖木真。——译者

北于他们的世敌——蒙古草原东部的塔塔儿人，以及华北的金朝。[1]这次败北的后果十分严重，导致蒙古从草原上的一支主要势力败落成一个小政权，经常需要向更有势力的政权求援，以对抗塔塔儿人的持续威胁。实际上，塔塔儿的复兴和蒙古的衰落缘于金朝及之前的中原王朝玩弄的制衡策略，以阻止草原民族变得过于强大。然而，尽管蒙古当时并没有一位真正的汗，但某些首领依旧颇有影响力，继续对抗着塔塔儿人。被称为"拔都儿"（Bahadur，意为"英雄"或"勇士"）的也速该，就是孛儿只斤蒙古人中一位这样的首领。作为塔塔儿人劲敌的也速该，是12世纪剩余的时间里横扫蒙古草原的所有巨变的源头。

也速该用草原上传统的（但相当无道的）绑架手段抢诃额仑为妻，生育了铁木真以及其他三个儿子和一个女儿。诃额仑出自斡勒忽讷兀部，在随她的新婚夫婿蔑儿乞部的赤列都返回牧场时，遭到了也速该和他的兄弟们的袭击。赤列都逃走，也速该抢走了诃额仑，然后她成了他的正妻。诃额仑在大约1162年生下了铁木真，然后生下了拙赤合撒儿、合赤温和帖木格，以及最小的女儿帖木仑。也速该也娶了第二个妻子，名叫豁阿黑臣，她给他生了两个儿子，即别克帖儿和别勒古台。[2]

然而，孩子们与他们的父亲只相处了很短的一段时间。在铁木真八九岁的时候，也速该领着他去求娶未婚妻。在旅途

1　1162 年是蒙古国政府承认的时间。据学者们推测，1165 年或 1167 年也是有可能的。无论如何，铁木真的出生日期尚无法完全确定，只能确定是在 12 世纪 60 年代。这些相互矛盾的时间，使得成吉思汗早期年表的构建十分困难。

2　Paul Ratchnevsky, *Genghis Khan: His Life and Legacy*, trans. Thomas Nivison Haining（Cambridge，MA，1992），pp. 15-16.

中，他们遇到了东蒙古草原的突厥部落弘吉剌部的一名首领德
薛禅。德薛禅令也速该相信，他的女儿孛儿帖（年龄仅比铁木
真略大一些）会是一位好妻子。更重要的或者决定性的因素
是，德薛禅预言了这个蒙古小男孩的伟大，他说：

> 你的这个儿子，眼中有火，脸上有光。[1]

德薛禅向也速该讲述了自己前一晚做的一个梦，梦中一只
白色海东青抓着太阳和月亮飞向他。这位弘吉剌部的族长解释
了这个梦，认为铁木真就是那只海东青，而抓着日月则明显说
明他将统治世界。[2]

也速该接受了这个吉兆，将他的儿子留在弘吉剌部，自己
返回了孛儿只斤蒙古。在归途中，也速该停留在一个营地休息
进食。在草原游牧民族中至今依然有这样的习俗，如果有人进
入某人的营地寻找食物或庇护，主人理当盛情款待。这是在草
原的严酷环境中生存的互惠而重要的传统行为。不幸的是，也
速该造访的这个营地是一些塔塔儿人的。尽管蒙古人和塔塔儿
人是世仇，但在一次毫无敌意的造访中，塔塔儿人理当接受
并满足来客的需求。然而，这些塔塔儿人认出了这位蒙古族
长，并在他的饮食中下了毒。因此，也速该在回到家的时候已
经濒临死亡。他最后的要求是将铁木真带回家，不过他在铁木

---

1 Igor de Rachewiltz, trans. and ed., *Secret History of the Mongols*（Leiden，
2004），p. 14. 这句话和下述的梦的真实性都十分可疑，可能是后来增加的，以
解释成吉思汗异于常人的成功。

2 同上。

真回来之前就去世了，当时是12世纪70年代初期。

也速该之死给蒙古造成了严重的后果。因为也速该是蒙古的重要分支之一孛儿只斤蒙古的首领，而现在孛儿只斤失去了首领。尽管铁木真回来了，但没有人接受一个十岁男孩或者比他略为年长一些的异母兄弟的领导。因此大部分曾经追随也速该的族人跟从了蒙古的另一个主要分支泰亦赤兀，其他族人也在他处找到了首领并得到保护。因此，铁木真的家庭变得十分贫穷，只能勉强维持生计；如果没有他的母亲诃额仑的带领，他们很可能都会死掉。

就在这段被放逐的时期内，铁木真和他的异母长兄别克帖儿之间发生了权力争夺。尽管生活艰难，别克帖儿还是藏起了食物，并偷走了铁木真和他弟弟拙赤合撒儿捕获的一条鱼和一只鸟。别克帖儿通过藏起食物保证了自己的生计，却无视了自己的兄弟。于是，铁木真在拙赤合撒儿的协助下谋杀了别克帖儿。这一争执在根本上是关乎权力的。[1]尽管铁木真是正妻诃额仑的长子，确实最有可能在他成人时（15岁时）成为首领，但别克帖儿比他大几岁。别克帖儿率先成人，因此他可能不想屈居于自己的异母弟弟之下。别克帖儿也可以通过收继婚成为首领。这是游牧民族中的一种传统，一个人的儿子或弟弟

1　Igor de Rachewiltz, trans. and ed., *Secret History of the Mongols*（Leiden, 2004）, p. 20. 铁木真和拙赤合撒儿成功抓到了一条鱼。这是一个重要的成就，不仅是在获得食物的意义上，也是因为蒙古人传统上既不抓鱼也不吃鱼。然后，别克帖儿和别勒古台从诃额仑的孩子们那里夺走了这条鱼。虽然铁木真告了状，但诃额仑没有介入，而是告诉他们一定要学着和睦相处。对铁木真而言，这是压垮骆驼的最后一根稻草，因为几天前他和拙赤合撒儿射落了一只云雀，结果被别克帖儿夺走了。为此，兄弟两人密谋杀害了别克帖儿，但放过了别勒古台（年龄比他们小）。

可以娶他的妻子（自己的生母除外）。因此，别克帖儿收继诃额仑是可行的，这样一来别克帖儿就会成为铁木真的父亲，即实际上的主人。铁木真之所以谋杀他的兄长，十有八九与这一威胁有关，而不是因为他偷了一条鱼和一只鸟。

尽管铁木真成功地除去了对他在家中首席地位的威胁，却引起了其他蒙古人的反应。这场谋杀亵渎了游牧民族的传统习俗，尽管铁木真的家族已经不再是草原政治中的一支主要力量，但依旧受到关注。而后果就是，泰亦赤兀人袭击了铁木真的营地。尽管铁木真和他的兄弟暂时免于被捕，最终泰亦赤兀人还是抓获了铁木真，并将他带到他们的营地，他可能在那里被关押了几年。[1]

铁木真最终逃脱了，并通过一些冒险逐渐确立了自己的领袖地位，在他的家族以外拥有了一批少量但忠诚的追随者。正是在这一时期（12世纪80年代初期），他从德薛禅那里娶到了他的新娘。除了娶到孛儿帖，他还用诃额仑从孛儿帖的母亲搠坛那里得到的一件礼物，与克烈部强大的首领脱斡邻勒建立了臣属关系。[2]脱斡邻勒作为克烈部的统治者，控制着蒙古草原中部的色楞河、鄂尔浑河以及图拉河流域。铁木真得到诃额仑的允许，用她的财产进行政治结盟投资，并利用他父亲和脱斡邻勒的关系赢得其支持，展现了他的政治天赋。也速该曾经不止一次地帮助脱斡邻勒获得或夺回王位，而且二人曾经结

---

1 Ratchnevsky, *Genghis Khan*, pp. 24-28；Rachewiltz, *Secret History of the Mongols*, pp. 22-26. 我们并不知道铁木真究竟被关押了多久，只能确定这件事一定发生在别克帖儿死后。铁木真很有可能被抓捕了好几次，因为《蒙古秘史》中暗示，铁木真在年幼时曾经因为多种理由遭到他的亲戚们的毒手。

2 Rachewiltz, *Secret History of the Mongols*, p. 30.

为安答（结义兄弟）。铁木真当时所需要的正是这一安答盟誓，但是他的胜利并不长久。

铁木真娶亲并得到克烈部强大的汗的庇护之后不到一年，蔑儿乞人为报诃额仑被劫之仇，袭击了铁木真的营地。铁木真等人不清楚是谁袭击了他们，仓皇逃走。在混乱中，孛儿帖在仓促之间落在了后面，被蔑儿乞人抓走了。随后，铁木真向脱斡邻勒求助。尽管从大局来看，铁木真不过是脱斡邻勒统治集团中的一个小角色，不过脱斡邻勒还是同意帮助他。脱斡邻勒的决定可能不是源自对一个新来效忠的无足轻重的随从的赏识，而更有可能是为了抢掠活动的潜在收获。脱斡邻勒吩咐另一名蒙古人札木合参加这次行动。札木合不仅是脱斡邻勒的属臣，也是他的军队统帅，同时也是铁木真的安答。札木合早年也是蔑儿乞人抢掠的受害者，确实也对他们有所图谋。[1]接下来攻打蔑儿乞人的战斗非常成功，不仅抢回了孛儿帖，也严重扰乱和削弱了蔑儿乞人。

但有一些后果是不可预见的。其一就是当孛儿帖被解救时，已经过了好几个月。她在归途中生了一个儿子，叫作术赤。这个名字的意思是"客人"，很可能是因为术赤看起来不像是铁木真的儿子。他真正的父亲是孛儿帖被许配的一个蔑儿乞人。尽管铁木真终其一生都承认术赤是他的婚生长子，但这最终还是成了他的孩子们之间紧张关系的一个源头。

攻打蔑儿乞人的另一个结果就是，铁木真与札木合合兵一

1　Ratchnevsky, *Genghis Khan*, pp. 34-37；Timothy May, 'The Mechanics of Conquest and Governance：The Rise and Expansion of the Mongol Empire，1185-1265'，威斯康星大学麦迪逊分校博士学位论文（2004），pp. 169-176。

年。在此期间，他作为札木合的助手，学习了很多关于草原战争的技巧。[1]但是，札木合与铁木真之间的紧张关系最终导致两人分道扬镳。正是在这个节点上，铁木真的个人魅力变得非常明显。尽管铁木真和他的追随者离开了札木合，但一些札木合军队的成员加入了他们。尽管也有一些孛儿只斤贵族阶层的成员追随铁木真，但铁木真的支持者大部分是平民，其中许多人的地位仅仅高于奴隶。这些人看到的是一个不迎合贵族阶层利益的铁木真。

与札木合分开，使铁木真加速获得了权力。1185年，就在他和札木合分道扬镳后，铁木真的亲戚选举他为孛儿只斤蒙古的汗。尽管他的支持者脱斡邻勒甚至札木合都恭贺他得到了一个新头衔，但这次选举是虚伪的。传统上，一名草原的统治者是根据他的经历以及供养和庇护部落的能力，从游牧贵族阶层的领导者中间选出的。选出的汗并没有绝对权力，而是要与选举他的那些人协商共议。[2]铁木真当时还很年轻，与选举他的叔伯以及其他亲戚相比十分缺乏经验，但他的确具有极大的个人魅力。事实上，那些人之所以选他，正是因为他们认为他比较柔弱，因此可以充当他们所需要的傀儡。但令他们十分懊恼的是，他们发现铁木真完全不是一个傀儡，而且他的母亲诃额仑与他的妻子孛儿帖这样意志坚强且聪慧过人的女性还常常向他建言。

1　May，'The Mechanics of Conquest and Governance'，pp. 169-176；Timothy May，'Jamuqa and the Education of Chinggis Khan'，*Acta Mongolica*《蒙古学报》），VI（2006），pp. 273-286.

2　David Sneath，*The Headless State: Aristocratic Orders, Kinship Society, and Misrepresentations of Nomadic Inner Asia*（New York，2007）.

　　尽管铁木真当选为汗，但他的麻烦才刚刚开始。铁木真和他的安答札木合之间的紧张关系不断升级，两人最终兵戎相见，脱斡邻勒作为双方的支持者没有参战。1187年，两支军队在答阑·巴勒主惕交锋[*]，札木合获胜，铁木真被击败后很可能逃到了金朝。¹尽管如此，从某些方面而言，这次交锋增强了铁木真的力量，因为札木合的许多追随者加入了他的阵营。这是因为胜者札木合对前几年离开他军队的那些人施行了可怕的报复，他煮杀了许多人。这些极端行为使得之前留在他身边的许多人离开了他。

　　铁木真在12世纪90年代初期返回了蒙古草原，而且很明显又聚集了足够的力量，成为草原上一个有影响力的人。尽管札木合仍然是一个威胁，但铁木真感觉是时候处理塔塔儿人了，他们一直在草原上平稳发展自己的力量。确实，甚至连华北的金朝也开始关注他们的实力，这或许是铁木真回归的一个潜在缘由。因此，孛儿只斤蒙古和克烈部与金朝协同，于1197年发起了一次对塔塔儿人的袭击。克烈部和蒙古军队在一侧，金朝军队在另一侧，对塔塔儿人展开夹击，塔塔儿人被打败。尽管塔塔儿人的力量并没有被完全摧毁，但他们不再像之前那样对所有势力都能构成直接威胁了。为此，金朝承认了脱斡邻勒是草原的主要统治者，而铁木真则是他的重要封臣之一。

　　在12世纪90年代剩余的几年中，铁木真的力量和影响都增

---

*　史称十三翼之战。——译者

1　Ratchnevsky, *Genghis Khan*, pp. 45-47, 49-50. 另一种可能是，他如阿里夫·阿利耶夫和谢尔盖·波德罗夫合作拍摄的电影《蒙古王》（*Mongol*，2007）中描述的那样逃到了西夏，但这种情况的可能性较小。

强了。他和脱斡邻勒继续打击蔑儿乞人以及西蒙古草原上的乃蛮人，因为当时克烈部和乃蛮部正处在战争状态。铁木真也变成了一位杰出的军事首领，他不止一次救了自己的领主，第一次是从乃蛮人手中，第二次是在一次叛乱后帮助他复位。到了1200年，铁木真已经成为蒙古本土斡难河－怯绿连河流域无可争议的统治者。孛儿只斤蒙古与泰亦赤兀蒙古之间的冲突再次开始，最终演变成两个部落之间的一场主要战役。铁木真获得了胜利。这次胜利并不是结束，因为许多泰亦赤兀人逃走了，但他们在东部的势力已崩坏了。

铁木真和泰亦赤兀人之间的争斗不久就有了结果。一些较小的部落看到脱斡邻勒实力的增强——部分是由于铁木真自己的成功，遂组成一个联盟来对抗这两个同盟者。他们选择了脱斡邻勒之前的属臣札木合作为自己的首领。1201年，这一联盟推戴札木合为"古儿罕"（Gur-Khan，意为"全体之君"），然后开始向克烈部和蒙古进军。两军相会于阔亦田。这一次，札木合的指挥不太奏效，脱斡邻勒和铁木真击败了这个联盟。当脱斡邻勒追袭札木合并使之投降时，铁木真追上了泰亦赤兀人并打败了他们，而他几乎死于一支伤及颈部的箭。这一部落的主体被并入了孛儿只斤蒙古。为了确保泰亦赤兀人不再成为自己的威胁，铁木真处死了这个部落的首领们——这开启了一种模式，成为未来的成吉思汗的一个特征。一个意外收获是，孛儿帖的娘家弘吉剌部也成了铁木真的追随者。

乘着胜利的浪潮，铁木真决定一劳永逸地解决塔塔儿人，他们之前参加了札木合的联盟，对抗克烈部和蒙古。随着弘吉剌和泰亦赤兀的加入，蒙古的实力得到了很大的提升。也正是在这个节点上，我们开始看到蒙古战争的一个转变。在交战前，铁木真议定了一条引人注目的军法：在他下达命令之前，任何人不得停下战斗去抢掠。[1]传统上，游牧军队一旦到达敌人的营地，便在抢掠之后带着他们的战利品骑马离开。突袭和交战的关键不在于杀死敌人，而在于获得财富。但是，铁木真发现了一个战争的新理由——肃清外来的威胁。他领会到的智慧，对现代观察者而言大概是一种共识，即在完全战胜敌人之前绝不享受战利品。

1202年，铁木真在蒙古草原东部合勒合河畔的答阑·捏木儿格思击败了塔塔儿人。正如他对泰亦赤兀人所做的那样，铁木真下令消灭塔塔儿的贵族阶层。其平民则被同化并入蒙古，并被分进众多氏族之中，以免他们造成麻烦。随后，铁木真处理了他的亲戚们。当他们推举他为汗时，这些孛儿只斤贵族将铁木真当作傀儡，所以他们在攻击塔塔儿人时无视铁木真不准抢掠的禁令。铁木真纠正了这一错误，没收了他们的战利品，并重新分配给其他蒙古人。

当时，铁木真虽然还只是脱斡邻勒属下的一名诸侯，但已经成为东蒙古草原之主。他的实力突然增强，这改变了他和脱斡邻勒之间的关系。脱斡邻勒越来越警惕自己的这位门生（protégé），担心铁木真寻机推翻自己。其他人也助长了脱斡邻勒的疑心，比如铁木真同族的长辈们，他们不满自己抢掠塔塔儿人所得的战利品被他没收。札木合又重新追随脱斡邻勒，且经常诋毁自己的安答。而且，脱斡邻勒的儿子桑昆视铁

1　Rachewiltz，*Secret History of the Mongols*，p. 76.

木真为自己继承脱斡邻勒汗位的竞争者。铁木真为了维系与脱斡邻勒的关系而做出的努力未能减轻桑昆的忧虑，尽管铁木真提议他的儿子尤赤娶脱斡邻勒的女儿察兀儿为妻，而他的女儿火臣则嫁给桑昆的儿子秃撒合。桑昆对铁木真的放肆感到愤怒，他认为铁木真的地位低于自己，遑论他的儿子尤赤。随后，这些阴谋策划者将求婚作为毁掉铁木真的一次机会，他们接受了求婚，认为许婚筵席大概是发动袭击的良机。[1]铁木真险些踏进了这个陷阱，但是蒙力克（曾是也速该的一名属臣，后来可能娶了诃额仑）劝他要警惕，并搜寻更多信息。由于蒙力克的介入，铁木真看穿了他们的计划。在这次公然的背信弃义之后，克烈部和蒙古之间的冲突便开始了。尽管一开始，铁木真于1203年在合剌合勒只·额列惕*遭到挫败，但他召集起自己的军队，成功突袭了正在者折额儿庆祝的克烈部营地。

1203年打败克烈部后，铁木真的实力和威望都急速增长，当时他统治着蒙古草原的中部和东部。而且，他吸收了克烈部，发展了自己的军队。但他并没有彻底消灭克烈部的贵族阶层，他们大部分被尊敬地对待，有着很高的地位。铁木真曾作为一名将军服务于脱斡邻勒多年，因此很了解克烈部的贵族阶层。克烈部和蒙古之间没有真正的敌意，不像蒙古和塔塔儿那样是世仇。铁木真将脱斡邻勒的许多女儿和孙女嫁给了自己的儿子和追随者，由此将克烈部与孛儿只斤皇族紧密联系起来。但是脱斡邻勒逃走了，不过他的逃亡很短暂，因为一名乃

---

1 Rachewiltz, *Secret History of the Mongols*, pp. 84-86.

* 又译哈阑真沙陀。——译者

蛮人意外地抓住了这位年迈的汗,而且在不知道他是谁的情况下就把他杀了。而桑昆则向南逃到了西夏(今中国宁夏和甘肃一带)。

铁木真统一草原遇到的最后的反抗是乃蛮人联盟。乃蛮人发动了双方之间的战争,认为这是一次统治蒙古草原的机会。他们对蒙古的评价不高,自信如果他们先发制人,就可以轻易打败铁木真的军队。[1]由于乃蛮人聚集力量并试图在对蒙古有敌意的部落中寻找盟友,他们的计划泄露了。经过慎重的讨论,1204年春,铁木真率领军队西进到了纳忽山崖的察乞儿马兀惕地方。同时,乃蛮人不仅聚集起了他们自己可观的力量,还找来了蔑儿乞人和札木合率领的一支主要由反对铁木真统治的蒙古人组成的军队。

尽管蒙古方面积极部署,乃蛮人在数量上依旧占据优势。因此在到达乃蛮人的驻地后,铁木真下令晚上每个人点一处篝火,以掩盖他们的真实数目。*这一计策起了作用,延缓了乃蛮人的进攻。对蒙古人真实力量的认知混乱引发了乃蛮人首领之间的纷争。年迈的乃蛮汗塔阳汗想要引诱蒙古人穿过阿勒泰山脉,深入乃蛮人的土地。而他的儿子古出鲁克**和其他人则竭力主张直接向蒙古人发起进攻。塔阳汗最终同意了这一计划,但结果却是灾难性的。铁木真凭借自己超凡的军事领导能力和在征服草原过程中建立的训练有素的军队,成功击败了乃

1　Rachewiltz, *Secret History of the Mongols*,pp. 111-112.

＊　据《蒙古秘史》记载,每人烧火五处。——译者

＊＊　又译屈出律。——译者

蛮人。察乞儿马兀惕之战是铁木真军队的无上成就。[1]这次胜利以及之后的几次小规模战斗，摧毁了乃蛮人和蔑儿乞人的势力。古出鲁克和蔑儿乞人的首领脱黑脱阿·别乞向西逃到了现在的哈萨克斯坦。[*]这次胜利也摧毁了札木合的势力，札木合在遭到他的同伴们背叛之后，成了铁木真的俘虏。铁木真处死了这些背叛前主的人，但想要赦免札木合。根据传说，札木合拒绝了，他认识到双方之间的巨大嫌隙会一直存在，只求有尊严地死去。因此，出于对贵族流血禁忌的尊重，札木合被卷进一块地毯，因窒息或脊柱折断而死。

打败乃蛮人后，铁木真完成了对蒙古草原的控制。达成相对和平的局面之后，他在1206年的大忽里勒台（国会）上，被尊为"成吉思汗"（意为"坚定、强力的统治者"）。在这次忽里勒台大会上，成吉思汗（此后他就一直被这么称呼）开始组织他的新帝国以及军队。在忽里勒台大会上，成吉思汗也重新定义了"蒙古"。在统一蒙古草原的过程中，他通常会消灭敌人的贵族阶层，从而使自己的家族成为唯一留存的贵族——这也是那些被他打败的人（比如乃蛮人和蔑儿乞人）宁可选择离开蒙古草原也不投降的原因之一。随后，成吉思汗将

---

1 Rachewiltz, *Secret History of the Mongols*, p. 164; 何秋涛《圣武亲征录》(*Bogda Bagatur Bey-e-Ber Tayilagsan Temdeglel*), ed. Arasaltu (Qayilar, 1985), pp. 39-40; Rashid al-Din, *Jami'al-Tawarikh*, ed. Muhammad Rushn Mustafi Musavi (Tehran, 1995), pp. 422-423; Rashid al-Din, *Jami'al-Tawarikh*, ed. B. Karimi (Tehran, 1983), pp. 308-309; Rashid al-Din, *Jami'u't-Tawarikh: Compendium of Chronicles*, trans. W. M. Thackston, (Cambridge, MA, 1998), vol. I, p. 204. 拉施特提到，忽都合·别乞在回历602年（公元1208年）投降，成吉思汗在征服西夏后，是他带领军队去也儿的石处理古出鲁克和蔑儿乞的脱黑脱阿·别乞。很可能是术赤率领一翼军队，在也儿的石打败了蔑儿乞人和乃蛮人。

* 据《蒙古秘史》记载，脱黑脱阿·别乞被乱箭射死。——译者

失败者重新分配，编入忠诚于自己的军事单元，以十人、百人、千人为单位组织起来。而且，他通过创建"全体蒙古兀鲁思"（Khamag Monggol Ulus），将旧的部落认同感抹去，或者至少是将其吸纳了进来。自此，不再有克烈部或乃蛮部，所有毡帐（ger，游牧民族的圆顶帐篷，或称蒙古包、禹儿惕）中的百姓现在都是蒙古人了。这种身份认同不断扩大，最终，当蒙古人向蒙古草原以外扩张时，所有游牧民都容纳在"也可蒙古兀鲁思"（Yeke Monggol Ulus，即大蒙古国）的外衣之下了。由此，所有草原游牧民在身份认同上都成了蒙古人，至少在大汗的眼中是这样的。创造一种新的身份认同以取代原有的敌意并不容易。成吉思汗找到了把全体蒙古兀鲁思和他的新国家黏合到一起的一个方法，那就是以团队协作的方式侵略邻国，绝不给任何人以时间来反抗或抵制他强制施行的社会变革。

帝国的扩张

　　成吉思汗是否想要"征服世界"，这个问题是有争议的。尽管如此，在稳定了蒙古草原之后，他确实把自己的邻居们视作对他的新兴王国的直接威胁。潜在的危险包括在成吉思汗崛起时期逃离蒙古草原的难民，比如克烈部的桑昆、蔑儿乞部的脱黑脱阿·别乞和乃蛮部的古出鲁克。他们都是被蒙古人打败的，但不接受领袖层的新变动而逃走了。此外，金朝继续对草原事务指手画脚，试图控制蒙古草原上的各个部落。另一个族群槐因亦儿坚（Hoyin Irgen，意为"林木中的百姓"）居住在蒙古草原北部，实际上是一些截然不同的民族，包括斡亦剌、不里牙惕和乞儿吉思等部。他们与草原部落不同，因为其生活方式是半游牧的，往往建立固定的村落，更依赖于狩猎、钓鱼以及有限的农业，而不是放牧。通常，槐因亦儿坚在蒙古草原游牧部落的战争中倾向于保持中立。当然总有一些例外，比如少数人曾加入了札木合的联盟。因为这个理由，以及由于毗邻蒙古人，他们成了最早被征服的族群之一。

1207年，成吉思汗派他的儿子术赤率领一支军队去北方征服这群"林木中的百姓"。斡亦剌部的忽都合·别乞前来投诚，然后作为术赤的向导带领他找到了万众斡亦剌，他们在失黑失惕投降。[1]忽都合通过迎娶成吉思汗和孛儿帖的次女扯扯亦坚而巩固了自己的地位，他的儿女也与成吉思汗家族联姻。联姻成为成吉思汗掌控其边疆部族的一个重要手段。

术赤迅速地使斡亦剌以外的槐因亦儿坚诸部的投降。[2]在叶尼塞河谷地，乞儿吉思人控制了上游，而谦谦州人则居于谦河（今叶尼塞河上游）的支流。从经济角度而言，成吉思汗将这一地区纳入自己的版图是正确的，因为穆斯林和畏兀儿商人

1　Rachewiltz，*Secret History of the Mongols*，pp. 164-165. 包括不里牙惕、巴儿忽惕（《蒙古秘史》中作巴儿浑）、兀儿速惕、合卜合纳思、秃巴思、失必儿、客思的音、秃合思、巴亦剌、田列克、脱额列思、塔思和巴只吉惕。不里牙惕居住在贝加尔湖东侧，巴儿忽惕在他们的北边。兀儿速惕与合卜合纳思的居住地尚不确定，但很可能是在贝加尔湖西侧，而秃巴思则居住在现在的唐努图瓦地区。

2　Rachewiltz，*Secret History of the Mongols*，p. 164；Rashid al-Din，*Jami'u't-tawarikh*，vol. I，p. 204；H. Desmond Martin，*The Rise of Chinggis Khan and His Conquest of North China*（Baltimore，MD，1950），p. 102. 据拉施特记载，乞儿吉思人向成吉思汗的使者阿勒坛和不忽剌投降。

多年来一直从这片肥沃的土地上进口毛皮以及谷物。乞儿吉思人和谦谦州人都选择了投降，而并未抵抗蒙古军队。[1]掌控着伊亚河与安加拉河流域的秃马惕人也随之投降，从而稳定了在经济上极为重要的地区以及蒙古的北方边疆。[2]

尽管蒙古以武力稳定了北方边疆，但在南方，为汉文化所主导的诸国则有着较多的不确定性。尽管其人口大部分是汉族，但三个王国中有两个是非汉族政权，不过他们也受到了儒家和汉式朝廷制度的影响。军事上最强有力的是前文提及的金朝，由女真人统治。位于西南方的是西夏，是一个佛教国家，汉人、突厥人和藏人混杂其中，后者被称为"唐兀"（Tangut），是统治阶层。最后，在更南方，与草原没有直接接壤的是宋朝。在10世纪辽朝崛起之前，宋朝也曾统治过华北地区。尽管比金朝或西夏更为繁荣且人口众多，但宋朝的北伐在面对金朝的军事优势时屡屡失败。

蒙古首先侵略的定居性政权是西夏。[3]对西夏的侵略经常被视为侵略金朝的垫脚石，或是出于一些经济方面的原因。但是蒙古的侵略更有可能是为了蒙古草原的安全，而不是针对更有力的敌人的一次活动，或者纯粹为了经济利益，因为这可以通过贸易或者抢掠而获得。[4]西夏的军事力量虽然比东方的金

1　Martin，*The Rise of Chinggis Khan*，p. 102.

2　同上。

3　西夏由唐兀人、藏人和汉人组成，在文化上混杂了游牧文明和定居文明。

4　David O. Morgan，*The Mongols*（Oxford，1986），pp. 64-65. 与许多研究者一样，大卫·摩根将对西夏的袭击看作一次针对金朝的军事行动的预演："进袭一个主要依靠中国的商道组建起来的国家，如果成功了，将在西边开辟一条进入中国的道路，从而增加更为直接的侵略北方的途径。毫无疑问，蒙古人总是很在意商贸的重要性，因此也对控制经过西夏的主要贸易路线很有兴趣。"

朝略弱，但也是一个强大的国家。首要的威胁来自西夏对草原的影响。由于贸易的关系，及其能将克烈部避难者用作蒙古草原上的棋子的潜在可能，西夏常常成为被废黜的克烈部首领们的避风港。[1]事实上，桑昆最初就逃到了西夏，直到这个国家发生战乱，他才被迫离开。[2]

1205年，成吉思汗入侵西夏，借口是桑昆身在西夏国内。[3]他也有可能选择通过攻击西夏来破坏这个王国的稳定，同时稳固蒙古草原。成吉思汗通过保留一个潜在的敌人（特别是一个收留竞争对手的敌人）来打破平衡，如此一来就能让他的军队离开蒙古草原，以稳固自己对刚取得的王国的掌控。

起初，蒙古人在西夏边境抢掠。西夏的唐兀人这个来自吐蕃的统治族群仅采取了有限的行动，试图击退机动性更强的蒙古军队。直到1209年，成吉思汗才真正开始大举入侵。在1209年5月到达西夏都城中兴之前，许多城市已经被蒙古人攻陷。对中兴的围攻持续到了10月，蒙古人在围城战方面的这一次早期尝试是不太成功的。他们尝试构筑一道堤坝，使黄河改道冲向这座城市。到了1210年1月，改道的河流几乎冲垮了城墙，

1　Isenbike Togan, *Flexibility and Limitation in Steppe Formations: The Kerait Khanate and Chinggis Khan*（Leiden，1998），p. 70. 西夏总是为草原提供庇护，例如脱斡邻勒的叔叔古儿罕（并非哈剌契丹的古儿罕），就在被脱斡邻勒和也速该击败后在西夏得到了庇护。在克烈的土别燕部和唐兀拓跋族之间，也可能存在一些族缘关系。

2　Ruth Dunnell, 'The Hsi Hsia', in *The Cambridge History of China, Alien Regimes and Border States, 907-1368*, ed. Herbert Franke and Denis Twitchett（Cambridge，1994），vol. VI, p. 164. 我们不清楚他是否的确在西夏找到了庇护所，或者只是试图让自己被接受。无论如何，他之后在被赶往塔里木盆地之前去了吐蕃的东北方。

3　Martin, *Rise of Chinggis Khan*, p. 112.

但由于堤坝断裂，反而使蒙古人的军营被淹，迫使他们撤往高处。无论如何，唐兀人决定和蒙古人谈判，而不再继续抵抗。[1]

同时，成吉思汗的新政权与华北的金朝之间的关系愈发紧张。一些位于金朝边境的部落叛离金朝而加入蒙古，同时，例如乣[*]等其他部落则直接起兵反金。[2]1211年，蒙古开始入侵金朝，部分是为了报过往之仇（金朝曾处死了铁木真崛起之前的一位蒙古汗），更直接的原因则是为了抢掠。西夏当时已经是蒙古的属国了，向蒙古进贡以免于被袭。尽管蒙古人摧毁了金朝的许多地区，但他们在1212年撤回了草原，只占据了一小部分地区，主要是控制了连接两个地区的山口和关隘。此外，他们还强迫金朝支付数量相当可观的贡金。[3]

两国之间的和平十分短暂。1212年秋，成吉思汗再次入侵

1　Rachewiltz, *Secret History of the Mongols*, pp. 177-178. 亦可参看 Rashid al-Din, *Jami'al-Tawarikh*, ed. Musavi, p. 572；Rashid al-Din, *Jami'al-Tawarikh*, ed. Karimi, p. 427；Rashid al-Din, *Jami'u't-tawarikh*, vol. II, pp. 289-290；及 Martin, *Rise of Chinggis Khan*, p. 119. 以上皆将唐兀视为封臣，如罗依果称，西夏国王确实臣服了，并自愿成为蒙古军队的右翼。谈判达成的条约规定，成吉思汗将得到李安全（西夏襄宗）的女儿察合，西夏进贡骆驼、毛织物和鹰隼，唐兀则成为成吉思汗的封臣并提供军队。

*　又译"主因"。——译者

2　Paul D. Buell, 'Tribe, Qan, and Ulus in Early Mongol China, Some Prolegomena to Yüan History', 华盛顿大学博士学位论文（1977），p. 47；Martin, *Rise of Chinggis Khan*, pp. 101, 149；Thomas Allsen, 'The Rise of the Mongolian Empire and Mongolian Rule in North China', in *The Cambridge History of China, Alien Regimes and Border States, 907-1368*, ed. Herbert Franke and Denis Twitchett（Cambridge, 1994）, vol. VI, pp. 348-349. 汪古部向蒙古投诚，我们不清楚乣是否也向蒙古寻求庇护。爱尔森将乣描述为一支"居住在金 - 唐兀 - 汪古敏感边境地区的种族混杂的民众，常作为辅助军服务于金朝"。

3　Rachewiltz, *Secret History of the Mongols*, pp. 177-178；《圣武亲征录》, p. 45. 成吉思汗同意停战，并娶了金朝的公主为妻，而金朝皇帝则进献金银绸缎和其他货物。

金朝，发动两面夹攻，另一支军队由其幼子拖雷率领。两支军队都带了围城所需的工匠。1214年，蒙古军队撤回草原，再次获得了巨额贡金以及大量抢掠所得。也许更重要的是，蒙古军队证明了金朝的军队在野战中无法打败他们，也无法依靠防御工事来自卫，因为蒙古人夺取了大量城市，渐渐封锁了金朝的首都——中都（今北京）。蒙古虽然仍未占领金朝的领土，但已掌控了战略性的关口。此时形势已很明确，金朝军队无法向蒙古发起进攻，因为他们无法进入蒙古草原，同样，他们在对抗蒙古军队时也无法获得持久性的胜利。

1214年，战事在蒙古撤军后不久重启。由于蒙古驻军离开了山中的关口而向南深入，金宣宗从中都迁都开封。成吉思汗认为这违反了和平条约，认为不能信任金宣宗，因此下令再度入侵。尽管中都面对围攻坚持抵抗，但蒙古军队在正面战场上保持了胜利，击退了所有试图解围金朝首都的行动，迫使中都在1215年6月投降。金朝皇帝和他的宰执们似乎越来越不知该如何应对蒙古了，所以在中都陷落后，一些金朝将领倒戈，部分地区起兵反金。

蒙古军队攻陷了中都并入侵中国东北地区（金朝发祥之地），稳固了蒙古帝国的北部和东北部。尽管成吉思汗于1216年撤军去处理槐因亦儿坚的一次叛乱，但到1218年，大部分金朝领土已经落入蒙古之手。越来越多的金朝将领和女真人（金朝的基石），也同叛乱的契丹人和汉人一起加入了蒙古。金朝似乎已经处在崩溃的边缘，但西边的战事将其败亡推迟了15年。

蒙古人在入侵西夏和金朝时，成吉思汗也没有忘记西通的乃蛮和蔑儿乞逃难者。事实上，成吉思汗在入侵金朝的同时，也在他的帝国西部边境部署了一支军队，以防乃蛮首领古出鲁克有任何攻击的可能。这样一来，也让他在西部获得了新的封臣。随着成吉思汗的权力越来越大，吐鲁番的畏兀儿人与其他一些更小的政权（如哈剌鲁突厥人）在1206年至1209年间归附于他，并通过联姻加入了蒙古帝国。这些政权多遭受乃蛮人和蔑儿乞人的攻击，为了避免被抢掠而寻求一位保护者。

古出鲁克在逃离蒙古草原后，最终选择进入中亚，到达了哈剌契丹王国，并在那里得以与王室联姻。但是，他和他的乃蛮部族人失去了蔑儿乞人的帮助。1209年，一支蒙古军队在也儿的石河*击败了乃蛮和蔑儿乞反叛者的联军。蔑儿乞人继续西迁，最终得到了康里（生活在咸海北岸的一支突厥游牧部落）的庇护。在哈剌契丹的古儿罕的保护下，乃蛮人得以在若干年中避开蒙古，但蔑儿乞人则没那么幸运。1211年，古出鲁克篡夺了王位，但在1213年古儿罕去世之前没有公开施行统治。由成吉思汗手下两位最为天才的将军哲别和速不台率领的一支军队，追逐蔑儿乞人到了康里地区，并打败了这两个部落。当时，哲别和速不台并未试图将康里纳入蒙古帝国，他们在完成了自己的任务后便回师了。

然而，事情并没有他们期望的那样简单。他们在回师途中遇到了花剌子模帝国的一支军队，由该国苏丹摩诃末二世（Muhammad II，1200—1220年在位）率领。两位将军严令禁止向蔑儿乞人的庇护者之外的任何人挑起战斗，但是摩诃末

---

* 今译额尔齐斯河。——译者

将他们视为威胁并发起了进攻。夜幕降临，而战斗未止，但双方都因为夜晚到来而退出战场，蒙古人在黑夜的掩护下撤退了。而摩诃末则显然十分震惊，因为在此次遭遇战中，他的军队数量远超蒙古人，却未能击败他们。据一位编年史家记载，"蒙古人让摩诃末的内心充满了恐惧"，因为他从未见过一支在战斗中如此凶猛的军队。[1]

随着时间流逝，摩诃末的恐惧渐消，他将自己的帝国扩张至阿富汗及波斯，其佞臣称他为"第二位亚历山大大帝"。因此在1218年，当锡尔河畔的讹答剌城的长官以间谍罪屠杀了一支由蒙古赞助的商队时，摩诃末并未感到担心，尽管蒙古此时已经是他的邻国。在同年的早些时候，蒙古大将哲别推翻了古出鲁克在哈剌契丹篡位建立的政权。蒙古人之后追杀这位王子直至其死亡，并吞并了哈剌契丹帝国。毫无疑问，讹答剌城长官的怀疑是正确的，因为蒙古人利用商人作为间谍通过交谈从他们那里搜集情报。成吉思汗要求进行外交惩罚，但摩诃末拒绝平等对待蒙古统治者。他甚至处死了其中一名使者，并烧掉了他的随从的胡须。或许摩诃末苏丹坚信，蒙古正处在与金朝的战争中，应该不愿意在中亚也开启战端。他也可能相信了佞臣对自己的盛赞，坚信自己将近40万人的军队的能力。无论如何，他都错了。

这一消息传到成吉思汗那里，他便延缓了消灭金朝的计划，而将自己的注意力转向了花剌子模帝国。成吉思汗安排他

1　Muhammad al-Nasawi, *Sirah al-Sultan Jalal al-Din Mankubirti*（Cairo, 1953）, pp. 44-45；Muhammad al-Nasawi, *Histoire du Sultan Djelal ed-din Mankobirti*, trans. O. Houdas（Paris, 1895）, pp. 19-20.

信任的助手木华黎管理蒙古控制的金朝地区，如果有可能就灭掉金朝。成吉思汗聚集了将近15万名骑兵发动西征，这已占到蒙古军队中的大部分。木华黎只留下了一支3万人的蒙古军队，而成千上万的契丹、女真、唐兀和汉人军队则加强了他的力量。

　　此次西征开始于1219年夏末或秋初。蒙古人攻下了屠杀发生之地讹答剌，该城迅速陷落，长官被处决，蒙古人将熔化的银水灌入其耳目，诡称以此来满足其贪欲。蒙古军队从讹答剌出发，兵分五路。每支军队袭击不同的目标，以阻止花剌子模人使用其数量极大的军队进行野战，因为他们不得不守卫帝国数量众多的城市。河中地区（阿姆河与锡尔河之间的地区）的城市一个接一个地陷落了。摩诃末很快渡过阿姆河逃走了。成吉思汗派出哲别和速不台追击，而他自己则继续摧毁花剌子模帝国。摩诃末最终逃到了里海中的一个岛上，摆脱了哲别和速不台的追杀，但于1221年毫无帝王风范地患上了痢疾或胸膜炎，衣衫褴褛地死在了那里。与此同时，他的儿子札阑丁试图阻止蒙古人。在几次对蒙古军队的胜利之后，他被成吉思汗注意到了。成吉思汗穿过阿富汗追击他至印度河，在战争中打败了他。但这位王子和他的马跳下了悬崖，游过印度河进入印度而免于被捕。这一事迹令成吉思汗都深为叹服。札阑丁的主力军队因缺少其领袖才能而被摧毁，而他的妻妾此时已变成了成吉思汗的财产。

　　尽管蒙古人已彻底击败了花剌子模帝国，但他们还是慢慢从波斯和阿富汗撤军了。蒙古人并未试图吞并整个帝国，而只将河中地区纳入囊中，以阿姆河为国界。这成为蒙古帝国的一种趋势，即只保留他们征服地区的一部分，因此就无需过分地扩军。同时，哲别和速不台继续西进，越过了高加索山脉。在那里，他们打败了谷儿只*的军队。1221年至1222年间的这次遭遇战造成了更大的后果，因为谷儿只人已打算加入第五次十字军东征，但蒙古人不合时宜的入侵阻止了这次计划。尽管哲别在翻越山脉时去世了，但速不台继续前行。在他回师蒙古之前，在现在的哈萨克斯坦的草原上，他打败了阿兰人和钦察突厥人，之后又于1223年在喀尔喀河之战中打败了突厥和罗斯**诸王公的联军。速不台不仅打败了几支军队，完成了近8,050千米的往返行程，而且是在没有后援及现代导航设备的情况下完成的。事实上，他经过的许多国家对蒙古人都深感困惑，因为不知道他们是谁，他们就这样出现、毁灭然后绝迹于草原。一位困惑的罗斯史家对于罗斯在喀尔喀河战役中的神秘对手留下了这样的描述："同年，由于我们的罪恶，出现了不知名的部落，一些人称呼他们为'鞑靼'……只有上帝知道他们是谁，来自何方。"[1]

在速不台在哈萨克斯坦草原与其他蒙古军队会师的同时，蒙古人继续进行其他的军事活动，例如处置唐兀的叛乱，这也导致了他们从花剌子模帝国撤军。尽管通常的说法是，成吉思汗灭西夏是因为唐兀的统治者拒绝提供军队参与征服花剌子模的战争，但这种说法并不完全正确。1223年之前，唐兀人确实

---

* 今译格鲁吉亚。——译者

** 元代称斡罗思。——译者

1 Serge A. Zenkovsky, ed., *Medieval Russia's Epics, Chronicles, and Tales*（New York, 1974）, p. 193.

曾跟随蒙古人征金，之后反叛并联合金朝抵抗蒙古。1223年木华黎去世，迫使成吉思汗回师处理这里的局势。1225年之前，成吉思汗并未入侵西夏，但在1226年末就横行于该国。1227年时，西夏仅有国都幸免。当年过六旬的成吉思汗在打猎过程中从马上坠落时，唐兀人只有极小的机会将蒙古人驱走。成吉思汗此次受伤延缓了围城，因为诸王和诸将更关心他的健康，催促他结束围城并返回蒙古草原。但成吉思汗还是促成了这次围城。由于落马造成的内伤，成吉思汗死于1227年8月18日，但他命令他的将领们秘不发丧，直至城陷，且绝不能有妇人之仁。他的诸子和诸将成功地执行了他的命令。

窝阔台

随着成吉思汗去世和唐兀王国的灭亡，对蒙古人而言，迫在眉睫的事就是选出一位新的统治者。尽管从军事能力和领导能力上看，拖雷可能是最佳的候选人，但蒙古精英层最终选择了窝阔台，在1229年至1230年间将其推上汗位。据成吉思汗指定其为继承者时所言，窝阔台被选中的首要理由是他的性格。窝阔台睿智而沉静，拥有一种天赋，能够在他好斗的兄长术赤和察合台之间找到妥协点。尽管术赤已于1225年去世，窝阔台还是越过了察合台而被选为继承人，因为他拥有遵循中庸之道的天赋，远胜于他的酗酒之性（在蒙古人当中十分有名）。[1]

　　窝阔台即位后不久，1230年，蒙古军队再次入侵金朝。随着木华黎于1223年去世，之前的许多同盟者动摇了，背叛了蒙古甚或与金朝联手。事实证明，木华黎的副手十分无能，蒙古人因此失去了他们之前掌控的许多地区。窝阔台即位后发动的第一次征战，关注的不是单纯地夺回这些土地，而是一劳永逸地灭亡金朝。带着这样的想法，他和拖雷率军进入金朝地域，对诸多城池进行隔离和打击。

　　尽管拖雷于1231年去世，但蒙古人在速不台的领导下加速前进。到1231年，金朝仅占有河南东部，1233年，蒙古人攻下了其都城开封。在城破前夕，金朝皇帝哀宗（1224—1234年在位）逃往蔡州。非常不幸的是，哀宗无视了他的将领请他逃到别处的建议，而蔡州极难守卫。蒙古人一到，哀宗立刻意识到了蔡州是多么无助。围城开始于1233年10月，一直持续到1234年2月，蔡州城被改道的河流淹没，民众因无食而举城投降蒙古。

　　即使是在窝阔台入侵金朝期间，蒙古人在其他战线上也十分积极。1230年，窝阔台命令蒙古将军绰儿马罕[*]渡过阿姆河，在中东继续与札阑丁交战。在绰儿马罕进入外高加索地区（高加索山脉南麓）之前，札阑丁就已逃跑了。当他的副官泰马思指挥一支分遣队追杀札阑丁时，绰儿马罕在1231年迅速

1　关于窝阔台及其酗酒习惯，以及蒙古精英层中酗酒习惯扩张的一个极佳的研究，可参看Thomas Allsen, 'Ögedei and Alcohol', *Mongolian Studies*, XXIX（2007），pp. 3-12.

* 又译搠力蛮。——译者

接受了波斯各个政权的投降，只有亦思法杭[*]一直抵抗到1237年。札阑丁被泰马思追袭，穿过外高加索地区，最终在1231年被库尔德农民杀死。尽管札阑丁的威胁已经消除，蒙古人也只给了外高加索地区短暂的喘息时间。绰儿马罕在整合了蒙古在波斯的统治后，于1236年发动入侵。由于札阑丁的入侵以及之前蒙古人在1221年至1222年间的侵略，谷儿只人和亚美尼亚人并不想与蒙古人进行野战，因为他们已经从之前的经验中汲取了教训，自知无力在野战中击败蒙古人。于是，经过一系列围城战，谷儿只人和亚美尼亚人在1239年投降蒙古。

　　1236年，在绰儿马罕进入外高加索地区的同时，一支由速不台和尤赤之子拔都率领的15万人的军队，攻打了钦察突厥人和伏尔加河畔的不里阿耳人^{**}。尽管钦察人和不里阿耳人坚决抵抗，但二者都无法抵御蒙古人的猛烈袭击。许多钦察人在蒙古人到来之前就逃跑了，其中一些到了匈牙利，剩下的则被吸纳进了蒙古的军事机器。

　　1238年冬，蒙古人以冰冻的河流为道路，推进至罗斯公国。分裂的罗斯人发现他们无法在野战中击败蒙古人，也发现蒙古人在围城方面同样熟练。罗斯北部的城市接二连三地陷落。到1238年下半年及1239年，罗斯南部的城市也屈服于蒙古人的攻袭，如同黑海草原上的钦察部落一样。作为罗斯文明中心的伟大的基辅城，在经历了蒙古围城武器的多日轰炸之后，成了最后陷落的城市之一。在蒙古人入侵时，未曾投降的

---

* 　今译伊斯法罕。——译者

** 　今译保加尔人。——译者

罗斯主要城市只有诺夫哥罗德，其得以免于被毁要归功于及时的春季化冻阻止了蒙古骑兵继续北进。然而，诺夫哥罗德人认为应该和平地向蒙古人投降，而不是招致他们的盛怒。事实上，诺夫哥罗德成了蒙古人最为顺从的附庸国之一。

1241年，速不台率领蒙古军队大部西征。军队分为两路，较小的一支军队由拜答儿和哈丹率领，入侵波兰。而速不台和拔都率领另一支军队，翻过了喀尔巴阡山脉。拜答儿和哈丹率领的军队最多只有20,000人，因此他们避免正面交战而进行了多次突袭。最终，他们还是在列格尼茨与波兰人、日耳曼人以及条顿骑士团（一个源自1193年十字军东征的军事教团）的联军进行了一次阵地战。蒙古军队在波西米亚国王温塞拉斯（Vaclav/Wenceslas）的增援到来之前击败了这支联军，然后南下与主力军队会师。

与此同时，拔都和速不台率军强行翻过了喀尔巴阡山脉，兵分五路入侵匈牙利。与花剌子模不同，匈牙利国王贝拉四世（Bela IV）未在其城堡中坐等蒙古人。相反，贝拉四世与其军队一起行进到了穆希平原上的塞育河畔某处。许多人认为，匈牙利军队拥有欧洲最好的骑兵，然而事实证明这是毫无用处的。1241年4月，蒙古人对这支军队展开了大肆屠戮。蒙古人凭借汹涌不绝的箭网和抛石机投弹，攻下了一座重兵把守的桥梁，同时，另一支军队从另一处渡河，绕到后方进行了突袭。匈牙利人立刻发现，他们已被困在营中了。蒙古人并未立刻发动最后的攻击，事实上，他们在己方分界处留下了一道空隙。匈牙利人将其视为蒙古人犯下的一个错误，于是从此处逃亡。然而事实上，这道空隙是一个阴谋。匈牙利人逃亡时溃不成军，如小溪涌入洪流，蒙古骑兵追亡逐北，消灭了匈牙利军队。随后，蒙古军队扩散至整个匈牙利，以及瓦拉几亚和塞尔维亚。贝拉四世仅以身免，在蒙古军队到达之前逃到了亚得里亚海。

对整个欧洲而言，蒙古人似乎已即将入侵欧洲的剩余地区，但这之后他们突然从匈牙利撤军了。撤军的确切理由是学者们争论的热点，但有一个原因一定至少起到了最小的作用，那就是窝阔台在1240年至1241年间去世了。[1]窝阔台之死剧烈地改变了蒙古帝国。正是在他的治下，蒙古人开始想象征服世界。尽管这个想法经常被归于成吉思汗，但实际上他的行为似乎并非如此。他的目标似乎更像是保护蒙古草原免受外敌侵扰，而不是掌控定居文明。侵略并迫使定居国家纳贡有助于推进这一过程，并带来经济利益。而窝阔台则信奉征服的理念，并坚信长生天让成吉思汗及其继承者统治世界。

窝阔台也支持创建一套有效的行政机构来治理帝国，这将在第2章中进行讨论。他奠定了治理帝国的真正基石，这造就了他的关键性成就之一——在蒙古草原上的鄂尔浑河谷地建造了帝国的正式都城哈剌和林。这为国家行政以及处理前来投降

---

[1] Greg S. Rogers, 'An Examination of Historians' Explanations for the Mongol Withdrawal from East Central Europe', *East European Quarterly*, XXX(1996), p. 8. 在这篇文章中，作者列出了几种主要的假说：（1）1241 年 12 月蒙古大汗窝阔台去世后关于汗位继承的政治纠纷；（2）匈牙利平原无法为大量骑兵提供牧场；（3）在中东欧、罗斯和伏尔加地区中部难以计数的不停征战后，蒙古军队变弱了。一定要在一开始补充说明的是，这个特定的解释曾经被一些历史学家用来提出不合逻辑的有偏见的观点，论证是哪个民族从蒙古强盗手中拯救了西欧和中欧是（4）蒙古的军事政策是"渐进式征服"。最后，他将这些原因视为单因果理论而置之不理，但认为所有这些结合起来对蒙古的撤军起了作用。

的使臣提供了一个中心——蒙古人难以理解，如果不投降，为什么要派来使臣。哈剌和林的建成不仅有助于帝国的行政管理，也为帝国创建了一个商业中心。窝阔台在全国扩建了成吉思汗所创建的驿站系统，作为一个物流后勤系统来支援帝国。但是他的离世引发了一场危机，因为他未曾确立继承人。事实上，他的死不论是缘于酗酒还是中毒，都让成吉思汗孙辈之间的紧张关系显现了出来。

贵由和监国皇后

在1241年窝阔台去世后，他的寡妻六皇后脱列哥那承担了摄政监国的职责。她的首要责任之一就是组织一次忽里勒台大会，以选出一位新的大汗。她个人的选择是自己的儿子贵由，但出于对权力的渴求，她慢吞吞地组织会议。作为监国皇后的脱列哥那实际上控制着帝国，那些对其野心不满的人（包括许多身居高位的大臣）都有着生命危险。

脱列哥那上台的过程由一连串有趣的事件组成。她真心诚意地开始了她的上位过程，并获得了成吉思汗家族中最年长的察合台（成吉思汗次子）以及诸王的照顾和保护。他们宣布，由于她是有权继承汗位的皇子之母，所以她应该摄政监国，直至选出新的大汗。诸王或许是试图限制监国之权，规定老臣们保留其现任职位，以确保新旧札撒（法令）不变。[1]

然而，窝阔台的其他妻子似乎也有一些权力和影响力，因为直到窝阔台心爱的哈敦（Khatun，后妃）木哥于1241年去世后，脱列哥那才能掌控国家的方方面面。此外，她通过向成吉思汗家族的许多成员提供大量礼物和好处，赢得了他们的支持。[2]如此一来，她在朝堂中的影响力加强了。我们必须记住，此时她依旧享有察合台的赞助和保护，察合台作为诸王中的年长者受到极大的尊敬，对朝堂有着很大的影响力。她在稳固了自己的位置后，开始改变朝堂的基础结构，清除与自己有宿怨的近臣和宰执。因为她的位置已经无懈可击，所以无人可以有效抵制她的清洗。[3]

脱列哥那替换掉的一位关键人物，就是有能力的契丹大臣及华北的长官耶律楚材。而接替其职位的，是之前曾为商人的波斯人奥都剌合蛮（'Abd al-Rahman）。奥都剌合蛮之所以能够获得监国皇后的注意，是因为他以重税的方式使行省的岁入翻倍。[4]他指控耶律楚材对汉人过于仁慈。罢免耶律楚材，是脱列哥那与过去的领导者之间的一个主要区别。耶律楚材很有

1　'Ala al-Din Ata Malik Juvaini, *The History of the World-Conqueror*, trans. J. A. Boyle（Seattle, WA, 1997）, p. 240; 'Ala al-Din Ata Malik Juvaini, *Ta'rîkh-i-Jahân-Gusha*, ed. Mirza Muhammad Qazvini（Leiden, 1912, 1916, 1937）, 3 vols, pp. 195-196.

2　Juvaini, *History of the World-Conqueror*, p. 240; Juvaini, *Ta'rîkh-i-Jahân-Gusha*, vol. II, pp. 195-196.

3　Juvaini, *History of the World-Conqueror*, p. 241; Juvaini, *Ta'rîkh-i-Jahân-Gusha*, vol. II, pp. 196-197.

4　Rene Grousset, *The Empire of the Steppes*, trans. Naomi Walford（New Brunswick, NJ, 1970）, p. 268.

才干，是成吉思汗和窝阔台都信任的顾问。当时，耶律楚材意识到自己的谏言已被无视，不久就在哈剌和林去世了，终年55岁。[1]其他宰执也发现自己身处危机之中。

同时，脱列哥那也试图让一些地区与她的关系更为紧密，从而建立起一个支持自己的势力根基。当时，河中地区的长官阔儿吉思被逮捕收监，其职位由阿儿浑接替，后者的权力扩展至蒙古控制下的中东地区的所有行政事务。[2]1241年绰儿马罕死后，脱列哥那晋升拜住为军事长官，凌驾于其他军官之上，随着这一任命，她对该地区的控制更为深入。尽管她根据政治需要和贿赂来挑选人选，但一些任命被证明是相当有效的。事实证明，绰儿马罕的副手之一拜住是一位有能力的将领，他将蒙古的影响扩张至鲁木（位于今土耳其中部）。与奥都剌合蛮不同，阿儿浑是一位有能力且守法的大臣。但是阿儿浑任命舍里甫丁（Sharaf al-Din）为自己的次官，使得自己的形象受损。舍里甫丁继续对全民课以重税，对寡妇和孤儿强行收税，而这些人本应该"在真主的律令中被免除赋税，在成吉思汗的札撒中不承担差役"。[3]

除了清洗帝国的宰执和长官，脱列哥那还一手策划推选自己的儿子贵由为大汗。贵由虽然是窝阔台之子，但如果没有他的母亲的努力，他是不太可能赢得汗位的。尽管当所有蒙古王

1　Rene Grousset, *The Empire of the Steppes*, trans. Naomi Walford（New Brunswick, NJ, 1970）, p. 268.

2　Juvaini, *History of the World-Conqueror*, pp. 507, 534；Juvaini, *Ta'rîkh-i-Jahân-Gusha*, vol. II, pp. 243-244, 270.

3　Juvaini, *History of the World-Conqueror*, p. 540；Juvaini, *Ta'rîkh-i-Jahân-Gusha*, vol. II, pp. 275-276.

公和将领投票时，曾被提名为继承人的失烈门无法保证得到汗位，但贵由似乎也只是一位希望不大的候选人。他的病史确实使得一些人不敢支持他。[1]此外，令人感到拿不定主意的是，窝阔台是否曾经考虑贵由为大汗的候选人。贵由与另一位"长子"拔都之间怀有敌意的事众所周知，且不为窝阔台所容。[2]在两人间的竞争初现端倪时，窝阔台甚至一连几日都不与自己的儿子说话。但是脱列哥那作为监国皇后，能够操纵形势使之有利于己方。

1246年，诸王齐聚推选大汗，脱列哥那在幕后收聚支持。脱列哥那反复强调失烈门的年龄问题，主张他的年轻是不利条件，而曾被成吉思汗提议为窝阔台继承人的次子阔端则身患疾病。[3]她对贵由身上的病情轻描淡写，而在幕后游说时则强调阔端的病情更为严重。事实上，阔端死于贵由任内，而且是在颇为神秘的情况下。脱列哥那以高明而巧妙的恶意中伤模糊了真相，将贵由推上了汗位。[4]

贵由的即位并非未受质疑。成吉思汗的幼弟铁木哥斡赤斤便试图强行夺取汗位，他向帝国宫廷进军，但听说贵由在附近

1　Rashid al-Din, *Jami'u't-tawarikh*, vol. II, p. 305; Rashid al-Din, *Jami'al-Tawarikh*, p. 445.

2　Rachewiltz, *Secret History of the Mongols*, p. 207. 亦可参看金浩东（Hodong Kim）, 'A Reappraisal of Güyüg Khan', in *Mongols, Turks, and Others: Eurasian Nomads and the Sedentary World*, ed. Reuven Amitai and Michal Biran（Leiden, 2005）, pp. 309-338.金浩东认为，贵由可能比《蒙古秘史》中所暗示的更有能力。

3　Rashid al-Din, *Jami'u't-tawarikh*, vol. II, p. 393; Rashid al-Din, *Jami'al-Tawarikh*, ed. Karimi, p. 568.

4　Rashid al-Din, *Jami'u't-tawarikh*, vol. II, p. 305; Rashid al-Din, *Jami'al-Tawarikh*, ed. Karimi, p. 445.

时就撤军了。[1]在军事上，拔都是一个更大的威胁，但他忙于在贵由未曾介入的西方新占领地区建立自己的统治。然而拔都确实试图拖延召开忽里勒台大会，因为严格来说，只要他不到场，大会就无法召开，因为自1242年察合台去世后他就是诸王之中最年长的。但是在他到达之前，脱列哥那的影响就已占据了优势，诸王推选了贵由为大汗。

尽管贵由已经是大汗了，但脱列哥那仍在继续颁布法令。直到1246年贵由的权力稳固后，她才放宽了控制，而两三个月后她就去世了。[2]在从贵由即位到脱列哥那放权这段时期内，贵由与其母逐渐疏远，也许是意识到她忽视了对帝国的正确管理。贵由开始纠正这一点，让许多大臣官复原职，包括一些在脱列哥那监国时期逃亡的人。他处死了腐败的官员，比如乞台（Khitai，蒙古人对华北的称呼）的长官奥都剌合蛮。但帝国还是失去了两位有能力的行政官员，即原河中地区长官阔儿吉思和帝国的中书令耶律楚材。

尽管贵由纠正了脱列哥那监国期间推行的许多腐败的习惯，但帝国内部的一切并不理想。尤赤之子拔都与贵由在许多事情上无法统一意见。他们之间的敌对在很大程度上源自尤赤的身世之疑，而且两人在西征时就决裂了，只是速不台阻止了实质性冲突的爆发。贵由被送回窝阔台处，如前所述，窝阔台对自己的儿子很生气。贵由未曾忘记自己与拔都之间的夙怨，而拔都拒绝参加贵由登临汗位的忽里勒台大会，从而加剧

---

1 Rashid al-Din, *Jami'u't-tawarikh*, vol. II, p. 391；Rashid al-Din, *Jami'al-Tawarikh*, ed. Karimi, p. 566.

2 同上。

了这一夙怨。贵由确实组建了一支军队，表面上是为了结束对欧洲的征伐，但很多地方都暗示是要与拔都开战。然而最终什么都没有发生，因为贵由于1248年去世了。

此后，贵由之妻斡兀立海迷失获得了监国的权力。在她监国期间（直至1251年），帝国开始陷入停滞。与脱列哥那一样，蒙古诸王命令她听取镇海等行政官员的建议，但她并未听从。事实上，她对安排忽里勒台大会表现得毫无兴趣。她的儿子忽察和脑忽也许是由于对母亲没有帮助自己登上汗位而感到失望，他们最终建立了自己的宫廷。令人难以置信的是，三人无一听从高官们的告诫。而且他们各自颁发令旨，因此一个人很有可能收到三份来自这些自命的统治者的不同命令。蒙古社会的精英成员对此愈发失望，遂开始改变现状。拔都在他的兄弟别儿哥的支持下，下令举行忽里勒台大会。出席者推选了拖雷和唆鲁禾帖尼的儿子蒙哥为大汗。忽察和脑忽颁发令旨，不承认这次他们没有出席的推选。事情一直拖延，最后拖雷和术赤家族的成员发动政变，结束了监国时期，将蒙哥推上了汗位。

尽管领导层数次更迭，监国皇后屡屡统治不力，以及贵由在位短暂，但是，蒙古人的扩张活动即便零星也依然活跃。在窝阔台在位期间，对南方的宋朝的战争已经开始，时有时无地延续了整个13世纪40年代。在中东，拜住于1243年征服了鲁木塞尔柱苏丹国（今土耳其），蒙古军队入侵了叙利亚和十字军国家，威胁到了安提阿*。他们也发动了对报达**的侵略，但

---

* 又译安条克。——译者

** 今译巴格达。——译者

由于政局不稳定，蒙古人未能组织任何大规模的征服活动。之后，这些活动在蒙哥汗的统治下得以继续推进。

蒙哥

斡兀立海迷失的懈怠，引发了1250年蒙哥（1251—1259年在位）在成吉思汗家族诸王支持下发动的夺权政变。在蒙哥汗在位期间，蒙古军队再次出征，蒙古人的权力达到了巅峰。蒙哥一登上汗位，就在他具有政治智慧和影响力的母亲唆鲁禾帖尼的帮助下，依靠其堂兄拔都的军事实力，改变了在脱列哥那和斡兀立海迷失监国期间帝国官僚机构中出现的腐败行为。另外，他清洗了很多试图发动政变的窝阔台和察合台的后裔。蒙哥主动出击，处理了所有对拖雷家族的优势地位构成威胁的势力。

在恢复了行政效率并处理了政治威胁后，蒙哥开始扩张帝国。这一次蒙古人的军队有近百万人马，蒙古军队的核心之前是游牧的马上弓箭手，这时则变成了工程兵和围城炮手，当然还有负责卫戍城市和边境的常备步军。蒙古人一直习惯将阻碍骑兵的防御工事夷为平地。

蒙哥打算进行两次主要的军事活动。在本质上，这些是针对之前未曾投降的政权的一些清除活动。首先发动的战争是由蒙哥亲自领导的，其弟忽必烈（卒于1295年）负责协助，他们侵略了南方的南宋（1127—1279）。蒙古人从窝阔台在位期间起就开始与南宋交战，但毫无进展。中国南方的地形从山陵变成了适宜种植水稻的多水的平原，因此不适合骑兵作战，而且南宋坚固的城池也阻碍了蒙古的扩张。尽管蒙古人在围城战方面已经极其熟练，但南宋的守军在守城方面同样极具天分，而且利用最新的技术优势（例如火药）来对抗蒙古。

其次，在中东，蒙古人针对那些没有明智地投降以及统治者未曾亲身前来示忠的地区发动了战争。有两个政权引起了蒙古人的特别注意。首先是阿剌木忒的尼扎里亦思马因派，位于里海南岸的伊朗厄尔布尔士山脉以及伊朗中部的忽希思丹地方。尼扎里亦思马因派是什叶派穆斯林，在西方被称为"阿萨辛人"。在蒙古人入侵花剌子模帝国以及绰儿马罕统治中东期间，亦思马因曾是蒙古人的盟友。1240年以后，亦思马因开始视蒙古人为威胁——这是一个精准的看法，因为蒙古人在窝阔台时期明确了长生天让他们统治世界的观念，所以亦思马因试图暗杀蒙哥。[1]由蒙哥的另一个弟弟旭烈兀率领的蒙古军队的第二个目标，是报达的阿拔斯哈里发国。理论上，作为先知穆罕穆德的继承者，哈里发木思塔昔木·伊本·穆斯坦绥尔（Mustasim ibn Mustansir）是伊斯兰世界的统治者。但事实上，阿拔斯哈里发国自8世纪创建以来已经缩小了很多。边疆地区的世俗统治者崛起并掌权，一开始还要由哈里发祝福，但

1　Guillelmus de Rubruc, 'Itinerarium Willelmi de Rubruc', in *Sinica Franciscana: Itinera et Relationes Fratrum Minorum Saeculi XIII et XIV*, ed. P. Anastasius Van Den Vyngaert（Florence, 1929）, p. 286; William of Rubruck, 'The Journey of William of Rubruck', in *The Mission to Asia*, trans. a nun from Stanbrook Abbey, ed. Christopher Dawson（Toronto, 1980）, p. 184; William of Rubruck, *The Mission of Friar William of Rubruck: His Journey to the Court of the Great Khan Mongke, 1253-1255*, trans. Peter Jackson（London, 1990）, p. 222.

后来就无视哈里发而进行统治了，如同花剌子模帝国的苏丹摩诃末二世那样。到了13世纪50年代，哈里发国实际上只是一个以报达城为中心的小王国，除了控制其周围地区外毫无世俗权力。

旭烈兀的军队于1255年出发，他以缓慢的节奏开始了这场战争。当他们向前推进时，斥候和官员先行出发，设法为他们找到牧场。这引发了探马赤军（驻扎在蒙古帝国边境的军队）的重新分配，这些军队前往新的地点，将他们之前的母巢留给这位蒙古王子。此外，在中东的军队已经开始进行针对亦思马因的行动。1252年，旭烈兀的将领之一怯的不花开始入侵忽希思丹。

尽管尼扎里亦思马因派的首领忽儿沙（Khwurshah）确实向蒙古人投降了，但他始终推迟前往旭烈兀处。尽管谈判已经开始，但怯的不花最终还是横行于忽希思丹地区，常常利用忽儿沙的信件来夺取他们坚固的堡垒。尽管忽儿沙的军队已经明显耗尽，但他仍未亲身前往旭烈兀处。这使得这位蒙古王子十分愤怒，而后果就是，针对尼扎里亦思马因派的军事打击进一步加紧了。不久，阿剌木忒这个尼扎里亦思马因派最大的堡垒也投降了蒙古。最终，忽儿沙看到自己已失去了一切，便来到了旭烈兀面前。随后，旭烈兀利用这位尼扎里亦思马因派的首领，得到了上百个其他堡垒的臣服。此后，已然无用的忽儿沙被处死，一同被处死的还有尼扎里亦思马因派主要家族的首领们。许多逊尼派穆斯林为此而庆祝，他们对尼扎里亦思马因派极为惧怕，因为阿萨辛人是伪装大师，即使在严密的保护之下，他们也能够让敌方要员丧命。他们曾利用暗杀进行恐吓，并在中东各地施展影响。事实上，在蒙古政府中工作的波斯史家志费尼便对令人惧怕的亦思马因的毁灭陶醉不已，他写道：

> 被他们妖氛沾染的尘世因此得到澄清。路人们现在来回通行，而不需担惊受怕或遭受缴纳过境税之忧，并且为拔除他们根基并把他们消灭干净的福王的（永久）幸福而祈祷。[1]

随后，旭烈兀转向了报达的阿拔斯哈里发国。尽管报达和阿拔斯哈里发国已经承受了蒙古军队好几年的攻击，但依旧保持独立并与蒙古对抗。事实上，至少对蒙古人而言，攻击报达的结果是毫无疑问的。之前的试探相当于抢掠，蒙古人未曾对这座城市本身进行攻击，直到旭烈兀的到来。甚至在蒙古人到来之前，这座城市的防御已经支离破碎，因为内部的斗争使哈里发的有效领导权被夺走。实际上，哈里发的瓦即儿（wazir，大臣）伊本·阿勒合迷（Ibn 'Alqami）被认为已经与蒙古人结盟。而理所当然地，哈里发木思塔昔木确实是个无能之辈，沉迷于寻欢作乐而无意于处理政事。哈里发拒绝投降，但也对守城毫无贡献，只是在蒙古人破城后接受了这一事实。1258年，蒙古人抢掠了报达，终结了哈里发在逊尼派中的地位。旭烈兀将哈里发裹进一条毯子中踩踏处死，但一些史

1　Juvaini, *History of the World-Conqueror*, p. 725; Juvaini, *Ta'ríkh-i-Jahân-Gusha*, vol. III, p. 278.

料中记载了更加精彩的故事，说哈里发被置于他未曾花费在守城上的金银财宝之中被饿死。[1]随后，这座城市被放纵抢掠达30天以上。

将哈里发国置于蒙古的统治之下后，旭烈兀移军今阿塞拜疆水草丰美的牧场。该地区的大多数本土国王前来输诚，但是合列卜*与大马士革的阿尤布系统治者纳昔儿·优素福（al-Nasir Yusuf）并不在其中。旭烈兀开始着手处理此事。蒙古军队在1260年1月袭击了合列卜。城堡自身又坚守了一个月，但城市被翻来覆去地抢掠了五天。合列卜最终屈服了。合列卜陷落后，其他叙利亚城市也迅速陷落。纳昔儿听闻蒙古人逼近，便逃离了大马士革。旭烈兀在攻下合列卜后返回了阿塞拜疆，而他的大将怯的不花则继续行动。大马士革在1260年3月蒙古人到达时很明智地不战而降。另一支蒙古军队在纳布卢斯城外经过一场小规模的战斗抓住了纳昔儿，并利用他获得了其他城堡的投诚。随后，他被送往身在阿塞拜疆的旭烈兀处示忠。

但是，旭烈兀在听到蒙哥死于对宋战争中的消息后，于1259年至1260年间撤走了大部分军队。同时，怯的不花率领一支偏师留在了叙利亚。然而，蒙古对叙利亚的控制是短暂

---

1 Muhammad ibn Ahmad al-Dhahabi, *Kitab Duwal al-Islam*, trans. Arlette Negre（Damascus，1979），pp. 266-267；Grigor of Akanc，'The History of the Nation of the Archers'，trans. R. P. Blake and R. N. Frye，*Harvard Journal of Asiatic Studies*，XII（1949），pp. 333-335；Minhaj Siraj Juzjani，*Tabaqat-i Nasiri*，ed. 'Abd al-Hayy Habibi（Kabul，1964-1965），vol. II，p. 708；Minhaj Siraj Juzjani，*Tabaqat-i Nasiri*，trans. H. G. Raverty（New Delhi，1970），pp. 1252-1253. 格里哥尔·阿堪赤写道，在处决之前，旭烈兀斥责哈里发聚敛钱财而不将其花费在守卫报达城上。

* 今译阿勒颇。——译者

的。在埃及，马穆鲁克（Mamluk，被专门训练成士兵的奴隶）已经掌握了权力。他们意识到，如果蒙古决意入侵，自己便难以抵挡，因此决定攻其不备，主动发动进攻。确保十字军（他们曾招致蒙古人对西顿和加利利的进攻）的中立后，马穆鲁克进军至艾因扎鲁特（又称"歌利亚之井"）。在那里，他们在一次激战中打败了怯的不花。蒙古阵营中的一些叙利亚人军队临阵脱逃，这可能是这次战役的关键点。这次战役常常被视为历史的一个转折点，因为蒙古人的进军被遏止了。但这次战役之所以能获得这样的历史地位，并不完全归功于马穆鲁克的胜利——尽管这确实是一场大捷，而更应该归功于在中国发生的历史事件。

在帝国的东部势力范围，忽必烈被派去开辟对南宋作战的新战线。蒙哥无法攻破北方防线，因此想从西南进行攻击，从而迫使南宋重新调遣和部署一些部队。1252年至1253年间，蒙哥命令每十人中有两人服务于忽必烈，每十人中有两人服务于旭烈兀，而忽必烈的军队只是对宋战争的四支军队之一。[1]对南宋的正式攻击开始于1257年，而动员早在1255年已经开始，之前已进行过一些袭击。

入侵一开始十分顺利，四支军队在各自的战场上都进展颇佳，但最终由于地形原因而停滞不前。1258年至1259年间，蒙哥率领一支40,000~100,000人的军队，从陕西兵分三路攻入四川。在1258年预定的进攻开始后，他连下成都、铜川以及

1　Juvaini, *History of the World-Conqueror*, p. 607；Juvaini, *Ta'rîkh-i-Jahân-Gusha*, vol. III, p. 90.

数个山城。1259年，当蒙哥移军合州时，该城的官员将州治迁到了钓鱼城，抵御住蒙古人并拖延了其进攻。蒙哥在围城期间去世，他或是死于箭伤，或是死于痢疾，而钓鱼城一直坚守至1279年。[1]

在蒙哥入侵期间，他也让其他将领攻掠南宋的其他地区，但大多数只是抢掠，并无太大效果。[2]忽必烈对鄂州城[*]进行围攻，遇到了许多困难。[3]蒙古人在对宋战争中遭遇的许多困难都是因为地形。忽必烈的大臣郝经（1223—1275）相信，蒙古人在四川受限于山脉和谷地，而且南宋占据了战略要地。这迫使蒙古军队采取迂回的路线，但这又被对方的游击战弄得更为复杂，从而延缓了进程。山城易守难攻，在四川尤甚，迫使蒙古人只有在攻占南宋其他地区后才能拿下四川。[4]他们在高丽的山中和岛上也遭遇了类似的问题。

当忽必烈到达淮河并收到蒙哥去世的消息后，对宋战争进一步推迟。起初，他将其作为错误消息而不予理会，继续前进渡过长江并攻打鄂州。不久之后，忽必烈从他的妻子察必那里

1　Huang K'uan-chung（黄宽重），'Mountain Fortress Defence: The Experience of the Southern Sung and Korea in Resisting the Mongol Invasions', in *Warfare in Chinese History*, ed. Hans Van de Ven（Leiden, 2000）, p. 237; Morris Rossabi, *Khubilai Khan: His Life and Times*（Berkeley, CA, 1988）, p. 45.

2　Rashid al-Din, *Jami'al-Tawarikh*, ed. Musavi, pp. 851-852; Rashid al-Din, *Jami'al-Tawarikh*, ed. Karimi, pp. 602-603; Rashid al-Din, *Jami'u't-tawarikh*, vol. II, p. 415.

*　拉施特记作"Yauju"。——译者

3　Rashid al-Din, *Jami'al-Tawarikh*, ed. Musavi, pp. 851-852; Rashid al-Din, *Jami'al-Tawarikh*, ed. Karimi, pp. 602-603; Rashid al-Din, *Jami'u't-tawarikh*, vol. II, p. 415.

4　K'uan-chung, 'Mountain Fortress Defence', p. 238.

收到了消息，证实了自己兄长的死讯。[1]这一消息引发了蒙古帝国的解体。

1　Rashid al-Din，*Jami'al-Tawarikh*, ed. Musavi, p. 853; Rashid al-Din, *Jami'al-Tawarikh*, ed. Karimi, p. 604; Rashid al-Din, *Jami'u't-tawarikh*, vol. II, p. 416.

第 2 章

帝国解体

由于缺乏明确的继承规则，只要是成吉思汗的后裔便有权继承，所以汗位竞争者之间的战争越来越频繁。蒙哥死后，他的两个弟弟因争夺汗位而爆发了内战。由于忽必烈和他的弟弟阿里不哥都想成为大汗，两人之间的关系日益紧张。在蒙哥率军攻打南宋时，阿里不哥留在蒙古草原上监国。两人分别在不同的忽里勒台大会上获取了汗位——阿里不哥在蒙古草原，忽必烈在华北。于是内战爆发，最终忽必烈于1264年获胜，但是这对帝国领土完整性的损害是永久性的。尽管其他大多数诸王在名义上接受了忽必烈作为帝国的大汗，但是他在蒙古草原和中国以外的影响逐渐减弱。忽必烈及其继承者们（即元朝，1264—1368）与旭烈兀及其继承者们结成了最亲密的同盟。旭烈兀的王国即波斯的伊利汗国，统治着伊朗、伊拉克、土耳其、亚美尼亚、阿塞拜疆和格鲁吉亚。中亚由察合台家族统治，他们是成吉思汗次子察合台的后裔，然而常常只是窝阔台的后裔海都的傀儡，而海都也是忽必烈的敌手。同

时，在黑海草原和里海草原，成吉思汗长子尤赤的后裔统治着
尤赤汗国（以此处主要的游牧部落而被命名为钦察汗国，后来
被称为金帐汗国）。

大汗之国

蒙古帝国分裂后，蒙古草原的历史实际上就是元朝的历
史。1260年，阿里不哥挑战蒙古帝国汗位失败，从而鸣响了
蒙古草原的丧钟。阿里不哥代表了旧有的草原精英的利益，
而忽必烈则代表了一种新的帝国视野，更关注定居地区。随
着忽必烈的即位，蒙古帝国的首都从鄂尔浑河谷地的哈剌和
林迁到了华北。他建造了两座都城，其中之一是大都，即今
北京一带。从很多方面来说，大都代表了忽必烈的帝国。大
都模仿的是当时存在的汉式城市，但很多部分都是由非汉人
规划并建设的。[1]大都是他的冬都，而另一座都城则建在距离
今北京约200千米的地方，他将其命名为"上都"（他在每年
夏天前往这里）。在塞缪尔·柯勒律治（Samuel Coleridge）
的诗歌《忽必烈汗》（Kubla Khan）中，上都被称为"仙那
度"（Xanadu）。在奥莉维亚·纽顿-约翰（Olivia Newton-
John）主演的电影《仙那度的狂热》（Xanadu）中，也出现
了这个词。她饰演一位希腊缪斯，化身为迪斯科女神，协助建

---

1 Morris Rossabi, 'The Vision in the Dream: Kublai Khan and the Conquest of
China', in *Genghis Khan and the Mongol Empire*, ed. William W. Fitzhugh,
Morris Rossabi and William Honeychurch（Bellingham, WA, 2009）, p. 209.

立了一家旱冰夜总会。[1]事后看来，如果阿里不哥赢了，世界可能会变得更好。

将都城从蒙古草原迁出，对蒙古有着负面的影响。原因很简单，没有了都城，蒙古草原就成了帝国的落后地区。忽必烈和他的继承者们确实都试图获得蒙古草原的支持，因为那里仍是一个重要的兵员储备库——蒙古骑兵的重要性并未随着时间的推移而减弱。事实上，元朝的隐忧在于，蒙古草原上的蒙古人可能会投向中亚更为保守传统的蒙古领主，这种情况在忽必烈和阿里不哥内战期间确实发生过。但是元朝成功地遏止了这种情况的发生。1294年忽必烈死后，内战逐渐消弭，这种担忧也消减了，元朝不再那么重视维系其与蒙古草原之间关系的重要纽带。

忽必烈的战略性迁都的确有其战略合理性，并非仅仅因其个人倾向于华北和汉文化。征服了宋朝之后，哈剌和林就不再处于他统治的新帝国的中心位置。而且哈剌和林相当不安全，因为忽必烈之后的主要挑战者海都的军队能够从今哈萨克斯坦出发进攻此地。最后，要想维持哈剌和林的宫廷以与大汗的地位相衬，其费用令人望而却步。即使是在他的前任们在位之时，供养这里的人口就需要满满900车的供给品。上都和大都的地理位置更便于物资供应，远离西边的威胁因而更为安全，且能够更好地治理从贝加尔湖绵延至北部湾的帝国。尽管两座都城都不在农耕地区附近，但忽必烈通过延长长达217千

1　Richard Christian Danus and Marc Reid Rubel, *Xanadu*, dir. Robert Greenwald （1980）.

米的京杭大运河而化解了这一困境，由此，生活物资和其他商品能够以更低的成本有效地运抵大都。[1]

事实上，随着时间流逝，统治王朝越来越多地吸收汉文化和佛教文化的因素，因此在蒙古草原上的蒙古人看来，表现得非常"不蒙古"。在许多方面，忽必烈是个中典型，可能他的长寿加剧了他的形象从蒙古大汗向中国皇帝的转变。忽必烈出生于1215年，活了非凡的79年——有明确的证据表明，最好的医疗（以及运气）对他的长寿很有帮助。尽管忽必烈晚年体态发福，常常对其政府的放纵视而不见，但这在他的早年生涯中并没有征兆。尽管他意识到了成为一名中国皇帝的重要性，但他从未学习过汉语。[2]

尽管如此，他意识到自己需要行走于两个世界之间，即游牧民的世界和他的定居臣民的世界。所以他采用了"元"（意为"起始、根源"）为国号，并使用年号。他并非第一个处在这一位置上的人，其前朝如辽（907—1125）、金（1115—1234）以及中亚的哈剌契丹，都曾试图既对其游牧军队坚称自己的正统性，同时又统治拥有更多人口的定居族群。[3]一般而言，当统治者丧失了自身的游牧特性，就会被新兴的王朝推翻；而至于新王朝是游牧式的还是定居式的，则无关紧要。作为皇帝，忽必烈并未完全接受自己身份认同中的中国部分。尽管他允许在各处保留一些汉式官僚体制，但也有一套相

---

1 Rossabi, 'The Vision in the Dream', p. 209.

2 Morris Rossabi, *Khubilai Khan: His Life and Times* (Berkeley, CA, 1988), p.13.

3 Michal Biran, *The Empire of the Qara Khitai in Eurasian History: Between China and the Islamic World* (Cambridge, 2005), pp. 202-211.

应的蒙古式行政机构，在其中供职的大部分是非汉人——包括
蒙古人、畏兀儿人、波斯人和中亚人等。汉人大臣尽职侍奉忽
必烈，促使其成为理想的儒家贤王，而事实上则由蒙古式行政
机构运作着帝国。忽必烈对这一形象的回应就是建立了太庙以
祭祀祖先，建立了孔庙以祭祀孔子，接着任命学者编纂前朝
（金和宋）的历史。[1]

　　巩固了自己的权威后，忽必烈继续进行征服活动。对宋战
争一直持续到1276年。直到蒙古人采用了新技术，并调整了
他们的战争方式，才最终征服了宋朝。从西方传入的配重式抛
石机（当时已在欧洲和中东使用了近一个世纪）以及有所发展
的水军是关键所在。但早在征服宋朝之前，忽必烈已试图在
其他地区扩张自己的统治区域。高丽在13世纪30年代就已经
是蒙古的附属国，这时则对蒙古王权依附得更加紧密了。日
本则比较麻烦。元朝对日本的第一次远征是试探性的攻击，
第二次则是尝试全方位的征服，但因不合时宜（对蒙古人而
言）的台风而终止。忽必烈也试图征服爪哇，但这更像是推
翻篡位者，保持与这一地区的贸易联系，而不是完全征服。[2]
在东南亚（今越南和缅甸）的其他行动应该被视作蒙古征服的
延续，但这也证明忽必烈试图将这些地区纳入自己的势力范
围。在忽必烈看来，作为中国的统治者，应该恢复与这些国
家之间的朝贡关系。越南的诸国自唐朝（618—907）以来从
未向中国进贡，直到蒙古人入侵。而完全征服的失败不仅是因

1　Rossabi, 'The Vision in the Dream', p. 209.

2　David Bade, *Khubilai Khan and the Beautiful Princess of Tumapel*（Ulaanbaatar, 2002）.

为越南的激烈反抗，也是由于热带气候、疫病以及后勤等多方面的原因。蒙古军力的强大也证实了，更加审慎的选择是朝贡，而不是抵抗蒙古的征服。[1]

尽管忽必烈并未征服宋朝以外的任何地区，但他证明了他的帝国是地球上最强大的政治体。尽管蒙古帝国此时已经解体，但仍然以"黄金家族"（即成吉思汗后裔）的形式保持了某种意义上的统一。帝国已经被视为黄金家族的祖产。尽管蒙哥使帝国的中央集权更为强化，但作为祖传的国家，在帝国其他地域的家族成员也拥有封地，或者远距离获取收入。因此，很可能尤赤汗国的统治者在华北获得收入，而统治西藏的诸王能从亚美尼亚的城市获取岁入。事实上，即使在与海都开战期间，忽必烈也没有阻止他从自己统治下的地区征收岁入——如果他阻止的话，海都也会如法炮制，于是整个系统可能就会崩溃。无疑，要是失去了如此可观的收入，黄金家族的其他成员就会疏远忽必烈。

尽管忽必烈在位期间的大多数时间都充斥着战争，诸如征伐南宋、对外侵略、与其他汗国开战以及内乱等，但他的统治为元帝国奠定了基础。蒙古统治精英对汉人态度冷淡，而偏爱帝国内的其他族群。他们偏爱藏传佛教，不过仍然继续实行宗教宽容政策。尽管忽必烈逐渐衰老，而且皇后察必的去世可能引发了他的抑郁情绪，导致他日渐怠政，腐败现象随之出现，但帝国依旧安定繁荣。[2]

1　James P. Delgado，*Khubilai Khan's Lost Fleet: In Search of a Legendary Armada*（Berkeley，CA，2008），pp. 154-164.

2　Rossabi，'The Vision in the Dream'，p. 213.

他的继承者继承了一个拥有极大财富和权力的庞大帝国。尽管忽必烈的继承者、他的孙子铁穆耳（元成宗，蒙古语中称他为"完泽笃合罕"，1294—1307年在位）延续了其大部分的统治计划，但是他停止了对外征战，这无疑为帝国节省了巨额的财富和资源。（忽必烈曾打算三征日本，但因为木材短缺，以及考虑到为了支持远征要对汉人农民征收沉重的赋税，最终中止了发兵。[1]）尽管铁穆耳继续与海都作战（这将在下文深入讨论），但也力争保持蒙古帝国的表面和平。他与伊利汗国保持了良好的关系，主要利用的是绕过印度洋进入波斯湾的海路。在海都死后，他与察合台系汗国的关系也得到了发展。尽管如此，铁穆耳的统治未能讨好所有人，因为他越发作为一位汉人的皇帝进行统治，至少在较为传统的蒙古人眼中是如此。

1307年成宗铁穆耳驾崩后，他的侄子海山（元武宗，1307—1311年在位）即位，标志着一系列短命统治者的开端，只有海山的继承者、他的弟弟爱育黎拔力八达（元仁宗，1311—1320年在位）是例外。妥懽帖睦尔（元顺帝，1333—1370年在位）之前的其他六位皇帝，在位时间从几个月到五年不等。尽管帝国继续运行，但是他们短暂的在位时间标志着赞成游牧和赞成定居的两派之间摩擦的升级。仁宗爱育黎拔力八达偏向于赞成定居派。他鼓励理学的发展，重开了被忽必烈废除的科举考试，然而蒙古人在官僚制度中依旧受到偏爱。但这还是未能缓解朝中赞成游牧派的担忧，而结果就

1　Delgado，*Khubilai Khan's Lost Fleet*，pp. 155-156.

是，内战和叛乱在14世纪20年代周期性地爆发。由于朝廷专注于内战，从而忽视了南方汉人的不满。

重税、对蒙古统治的不满以及对前朝（宋）的忠诚，点燃了中国南方零星的反叛。反叛自南宋灭亡的1279年起就已开始，但从未被完全镇压。反叛死灰复燃，部分应归因于蒙古对南方的忽视。最终，这些通常互不关联的反叛汇聚成了一个更为广阔的现象，即红巾军。对海都的战争和帝国内部的赞成游牧派占据了朝廷更多的注意力，使得他们并未完全将旧宋帝国的大部纳入元朝。相反，他们松散地统治那里。而且，气候和土地使他们无法在这些地区驻扎大量蒙古军队，因此主要依靠当地的汉人驻军。尽管他们大多数由蒙古人率领，并忠于元朝，但与此同时，他们的忠诚是可疑的。

因此，当妥懽帖睦尔即位时，他也继承了无数问题，且无法令人满意地解决任何问题。由于首都迁离了哈剌和林，蒙古草原上的人对统治者愈发不满。其他的问题包括：中国南方的反叛，边境的战争（这并未威胁到朝廷，但仍消耗了资源），政府和皇家内部普遍的腐败，以及一系列的自然灾害（包括黄河严重的泛滥）。元朝似乎已不再拥有天命，而这是对朝廷掌握正统性至关重要的一个概念。在中国人的观念中，统治者是天子，只要上天愿意，就会继续支持他，并通过繁荣、丰收和对敌胜利等体现出来。正如旧时谚语所说，"天所与之，亦可取之"——或者可以将其归因于运气不佳和治理不善。当上天不再保佑一个王朝，将会授天命于一个新的王朝。

本质上，妥懽帖睦尔在位期间就是如何丧失天命的一次教训，不过这并不全是他的错，因为许多问题都是他继承来的。1368年，红巾军颠覆了元朝，从红巾军的一支中发展而来的明朝（1368—1644）刚刚建立，末代元帝妥懽帖睦尔自中原逃入蒙古草原。据传说，40个万户中只有6个得以逃走，余下的或是战死，或最终投降。尽管明朝对蒙古人十分厌恶，但蒙古战士太过重要因而不能屠杀。如果这个传说是真的，一些学者指出，这也暗示着蒙古草原上有大量人口损失。[1]但我们必须记住，这40个万户并非驻守在蒙古草原上，因此不能认为蒙古草原损失了大量人口。事实上，他们中的许多人构成了所谓的"云南蒙古人口"，在现代中国仍然存在，但这一问题将在第9章中进行更详细的讨论。[2]

妥懽帖睦尔带回蒙古草原的人大部分是士兵，因此他拥有相当数量的军队，约40,000~60,000人。尽管退回了蒙古草原，他仍然将自己视为统治者，但他失去了长城（后来由明朝修建）以南的地区。他撤向斡难河–怯绿连河谷地（蒙古人传统的故乡），以维护自己的权威。同时，明朝军队继续追击，以确保蒙古人无法发动反攻。尽管蒙古人失去了大片领土，但我们有理由假定，元朝能够在蒙古草原重整旗鼓并有可能发动反攻。这只是一个虚幻的想法。尽管妥懽帖睦尔驻军在蒙古草原，但他在那里无法找到对自己作为统治者的支持。对

1　Paul D. Buell, *Historical Dictionary of the Mongol World Empire*（Lanham, MD, 2003）, p. 66.

2　Henry G. Schwarz, 'Some Notes on the Mongols of Yunnan', *Central Asiatic Journal*, XXVIII（1994）, pp. 102-103. 蒙古人在云南的统治延续到1381年，比他们在中原还多了13年。作者评论道："由于云南的战略重要性，蒙古人在这个省驻扎了不成比例的大量军队。"

皇室长达几十年的厌恶主要存在于阿里不哥的后裔中，他们是蒙古草原上最有势力的人物。除了阿里不哥和忽必烈之间依旧一触即发的夙怨，蒙古草原上的蒙古人也将妥懽帖睦尔与归来的蒙古人视为外人——基本上视之为汉人和非蒙古人。因此，双方之间的战争爆发了。

西蒙古草原上阿尔泰山脉周围的瓦剌成为卷入争斗的第三方因素。他们在蒙古帝国史的大部分篇幅中都是一个边缘集团，与皇室没有什么联系，因为瓦剌人的血统与成吉思汗无关。随着其力量在14世纪后期逐渐增强，他们开始觊觎汗位，并凌驾于其他蒙古人之上，令人深恶痛绝。事实上，正如第1章中提到的那样，一些瓦剌人将他们的祖先追溯到了克烈部的汗脱斡邻勒。不过，瓦剌（斡亦剌）是槐因亦儿坚部落之一，与克烈部无关。

在14和15世纪的大部分时间里，战争都是局部性的。明朝皇帝屡次攻入蒙古草原，结果喜忧参半。尽管他们打败了蒙古军队，但明朝军队一出发就会遭到连续不断的攻击。使问题复杂化的因素是，明朝因后勤问题无法在草原上长期驻军。明朝除了试图让蒙古草原上的许多派别互相攻击，还采用了汉族用于草原的传统对外政策，即将名号授予统治者以使之合法化。明朝的最终目的是通过分化和控制的政策削弱蒙古人，然而其努力并非总能成功。明朝并不在意合作对象是谁，无论是黄金家族还是瓦剌首领。但同时也存在一个威胁，即一名首领可能聚集足够的力量来攻击明朝。这些攻击并不足以颠覆明朝，但无论如何也是一个威胁。一个例子就是极端危险的瓦剌首领也先（1439—1455年在位），他创造了一个从巴尔喀什湖绵延至明朝边境的游牧帝国。

　　在他去世后，蒙古草原又爆发了内战，具体而言就是由黄金家族统治的蒙古人与瓦剌人之间的战争。直到达延汗（1479—1517年在位）崛起，并被选为成吉思汗的第28任继承者，蒙古草原才重获和平。达延得益于他的叔父*满都鲁（1473—1479年在位）统一了喀尔喀蒙古（黄金家族蒙古族群之一），打败了瓦剌人并将他们逐出蒙古草原。然后达延汗开始攻击明朝，并成为明朝真正的威胁，直至其死去。

伊利汗国

　　蒙古帝国其他地区的分裂也在继续。由于阿里不哥和忽必烈展开内斗，帝国的其他部分也分裂了。中亚这片被遗赠给察合台的地区成为一个独立的汗国，并反对忽必烈的统治。这片地区将先后被察合台的后裔和海都统治。海都是窝阔台的孙子，也是忽必烈最难对付的对手。同时，拔都死于1255年，他的弟弟别儿哥（1257—1266年在位）在拔都之子撒里答（1256—1257年在位）以及孙子兀剌赤（1257年在位）的短暂统治之后继位。别儿哥立刻与旭烈兀开战。开战的理由是，别儿哥作为一名皈依伊斯兰教的穆斯林，由于阿拔斯哈里发国的毁灭而震怒。事实上，更核心的问题是术赤后裔宣称拥有中东地区，而旭烈兀此时宣称此地是他的王国（波斯的伊利

---

* 原文误作父亲。——译者

汗国）的一部分，与哈里发之死当然毫无关系。旭烈兀和他的继承者处在一个艰难的位置上，不仅要与后来被称为“金帐汗国”的尤赤后裔争斗，也要与察合台的后裔争斗。此外，金帐汗国与埃及和叙利亚的马穆鲁克苏丹国结成了联盟。因此，伊利汗国被敌人包围，无法与其唯一的盟友忽必烈的元朝建立直接的交通路线。然而，这导致了海路使用率的增加，如马可·波罗与伊本·白图泰描述的那样。

而旭烈兀和他的继承者承认忽必烈为帝国的大汗，他们自己则使用“伊利汗”（Ilkhan，意为从属之汗）的名号。然而1294年忽必烈去世后，伊利汗继续使用这一名号，却不再对他们在东方的堂兄弟表示恭敬。借助大量波斯文、阿拉伯文、亚美尼亚文以及格鲁吉亚文史料，相较于察合台后裔和尤赤后裔，我们更了解伊利汗后裔的历史。当然，拉施特的《史集》将使我们相信，在合赞汗崛起之前，一切都是混乱而无序的。随后，合赞汗任命拉施特为其首相，让一切步入正轨。正如兰天德（George Lane）所言：“1295年之前的那些年……仅仅是贪婪、无政府而混乱的荒废的几十年，通常是被人们忘却的。”[1]尽管在某些方面，合赞汗的统治或许可以被认为是一个巅峰，但伊利汗国在他即位之前也未曾失控。

与邻国的战争占据了伊利汗国的大多数时间，特别是与尤赤后裔之间的战争。尤赤后裔本着自己理应继承蒙古人马蹄所及的极西之地这一理念，要求获得外高加索地区的牧场

1　George Lane, *Genghis Khan and Mongol Rule*（Westport，CT，2004），p. 56.

和城市。[1]彼得·杰克逊已经证明，事实上，在旭烈兀到达之前，尤赤后裔的确对这一地区拥有某种行政管理权。[2]然而，当旭烈兀出现在这片地区后，在帝国朝廷看来这些权力便失效了，但在尤赤后裔的观念中却并非如此。我们有理由相信，旭烈兀在完成蒙古对中东的征服中的任务之一，就是限制尤赤后裔对这一地区的影响，特别是在尤赤之子、拔都之弟别儿哥崛起的情况下。[3]蒙哥似乎不太信任别儿哥，甚至拔都也感觉或许伊斯兰教影响了别儿哥的蒙古情感。[4]但并非所有学者都同意这一解释。兰天德提出了一个诱人的观点，即旭烈兀的任务之一可能是为自己开创一个王国，包括巴格达、叙利亚和埃及。[5]蒙古人在艾因扎鲁特的战败以及蒙哥的去世终止了这种可能性。事实上，除了合赞汗在1299年至1300年间对叙利亚的短暂征服，蒙古人在1260年以后从未控制叙利亚，更不必说埃及了。

尽管四处开战消耗了其大部分的注意力，伊利汗国还是缓慢而平稳地创造了一个理性国家，铸造并发行新钱币，与多数欧洲政权交涉以寻求结成对抗马穆鲁克的联盟，并进行集权统

1　'Ala al-Din Ata Malik Juvaini, *Ta'rîkh-i-Jahân-Gusha*, ed. Mirza Muhammad Qazvini（Leiden，1912，1916，1937），3 vols. p. 31; 'Ala al-Din Ata Malik Juvaini, *The History of the World-Conqueror*, trans. J. A. Boyle（Seattle，WA，1997），p. 42.

2　Peter Jackson, 'The Dissolution of the Mongol Empire', *Central Asiatic Journal*, XXII（1978），pp. 212-220.

3　George Lane, *Early Mongol Rule in Thirteenth-Century Iran: A Persian Renaissance*（London，2003），pp. 39-40.

4　William of Rubruck, *The Mission of Friar William of Rubruck*, trans. Peter Jackson（Indianapolis，IN，2009），p. 127.

5　Lane, *Early Mongol Rule*, p. 40.

治。[1]包括在必要时改换和强化当地王朝，并偶尔直接实行蒙古统治。[2]而且，伊利汗的后裔开始将他们的军队转变为亦黑塔（或提马尔）体制，即士兵从封赠的土地上获得岁入。以前有学者认为，蒙古军队变成了定居者并转变成波斯式的中型或重型装甲部队，这是一种误解。[3]事实上，蒙古军队也未接受封地，这并不是亦黑塔的目的。亦黑塔持有者并不"拥有"土地，甚至也不管理土地，他们仅仅接受岁入的一部分。其考虑就是，有了这些土地（无论是农村、市场还是果园）上产出的稳定收入，他们就不太可能去抢掠或让他们的畜群践踏农民的田地。而蒙古人则保持游牧。[4]

同时，与他们在尤赤汗国和察合台汗国的同胞一样，伊利汗国的蒙古人也皈依了伊斯兰教，这是他们大部分属民的宗教。事实上，伊利汗国在合赞汗在位期间接受了伊斯兰教，从而成为第一个皈依伊斯兰教的蒙古国家。这次皈依对该地区的非穆斯林有着明显的影响。基督徒认为，自己至少在蒙古人皈依伊斯兰教之前是受青睐的，并亲历了日益增多的迫害。佛教和萨满教的活动也被禁止了。但是，局外人并不认为这一变化十分显著。欧洲的基督徒仍然试图让伊利汗皈依"真正"形式的基督教，寻求夺回圣地的盟友。马穆鲁克政权以及

1 Judith Kolbas，*The Mongols in Iran: Chingiz Khan to Uljaytu, 1220-1309*（London，2009）.

2 Lane，*Early Mongol Rule*，pp. 145-150；*Genghis Khan and Mongol Rule*，p. 71.

3 A. P. Martinez，'Some notes on the Il-Xanid Army'，*Archivum Eurasiae Medii Aevi*，VI（1986），pp. 143-145.

4 Reuven Amitai，'Continuity and Change in the Mongol Army of the Ilkhanate'，国际中东研究大会提交论文（巴塞罗那，2010 年 7 月 23 日）。

马穆鲁克苏丹国中的许多宗教学者，例如伊本·泰米叶（Ibn Taymiyya），仍然视蒙古人为异教徒，相信伊利汗的皈依只是一种策略，蒙古人是披着羊皮的狼。后一个指控确实引出了一个问题，即为什么蒙古人在中东的炎热气候中仍穿着毛皮长袍（deel），尽管这可能也解释了他们对其他织物的渴求。[1] 无论如何，伊利汗国的皈依严重威胁到了马穆鲁克，因为马穆鲁克苏丹国建立的基础是几无间断的弑君，作为领导性的伊斯兰王朝而缺乏优越的出身。事实上，伊斯兰教成为国教后，合赞汗发布了一份声明，暗示商人可以在马穆鲁克苏丹国和伊利汗国之间和平往来。而且，合赞汗宣称其权力来自神授，这并不是一个新观念，因为自窝阔台时代起蒙古人就如此宣称，但此时这一观念以伊斯兰教的方式表达，就可能暗中颠覆对马穆鲁克的支持。马穆鲁克认为这是巨大的威胁，甚至伪造书信暗示伊利汗的皈依是谎言。[2]有趣的是，同样的争辩者对马穆鲁克与尤赤汗国之间的关系却礼貌地保持了沉默，尤赤汗国也有一些穆斯林，但后来才全体皈依伊斯兰教。

在14世纪30年代初期，由于皈依了伊斯兰教，和平逐渐降临整个蒙古帝国。这一点将在第7章中进行更详细的讨论。这也包括蒙古帝国与马穆鲁克苏丹国之间的和平。尽管军事活动终止了，宗教竞争却在两国之间发展起来。[3]对上述的争辩者

1　Thomas T. Allsen，*Commodity and Exchange in the Mongol Empire: A Cultural History of Islamic Textiles*（Cambridge，1997）.

2　Anne Broadbridge，*Kingship and Ideology in the Islamic and Mongol Worlds*（Cambridge，2008），pp. 84-85.

3　Anne Broadbridge，*Kingship and Ideology in the Islamic and Mongol Worlds*，pp. 102-103.

而言，和平未曾改变他们对伊利汗国的观点，尽管马穆鲁克政权确实采取了措施来钳制他们的言论。

因此，在伊利汗国最后的统治者不赛因（1316—1335年在位）治下，伊利汗国终于在所有边境都得到了和平与稳定。不赛因是所有伊利汗中在位时间最长，或许也是最伟大的一位统治者。战争的终止使得贸易再度开启。应该明确的一点是，贸易从未停止，但此时叙利亚和外高加索地区的边境不再是无人区，商人和所有教派的朝圣者均可自由前往耶路撒冷、麦加和麦地那。奇怪的是，不赛因平稳而长久的统治并未保证帝国的长寿，最终，不赛因在对一位统治者而言至关重要的领域失败了——他未能生出一名继承者。不赛因于1335年去世，将领和宗亲们开始争夺汗位。由于竞争者之间爆发了内战，当地王朝获得了独立，庞大的帝国发生分裂，出现了大量独立政权。

察合台汗国

察合台汗国在伊利汗国分裂之后不久就走向了末路，或者根据帝国"衰亡"标志的不同，我们可以认为它持续得更久一些。在某些情况下，我们很难准确定义察合台汗国。在蒙古帝国分裂的时候，一位名叫兀鲁忽乃（1251—1260年在位）的女主统治着察合台汗国。1251年，蒙哥确认了兀鲁忽乃的地位。她作为哈剌旭烈（1242—1246年在位）的守节寡妇，在他们的儿子木八剌沙未成年期间摄政监国。在阿里不哥与忽必烈之间的内战爆发时，她统领自己的国家保持中立，因为其东部边境与两者统辖地区都毗邻。不幸的是，她无法躲避这场争端。

为了确保获取更多的资源来供给与忽必烈之间的战争，并开辟另一条战线，阿里不哥支持了另一位察合台系诸王阿鲁忽（约1260—1265年在位），以保证来自察合台汗国的后勤供给。尽管阿里不哥的计划取得了些许成功，但是阿鲁忽最终将自己的利益置于赞助者之上。他对兀鲁忽乃治下地区发动了掠夺性的攻击，导致这位监国以及帝国官员（其中许多人都在等待最终谁会是真正的皇帝）向阿里不哥抱怨，迫使他介入以阻止阿鲁忽。这些努力失败了，因为阿里不哥无法同时与阿鲁忽以及忽必烈开战，从而迫使兀鲁忽乃寻求与阿鲁忽和平相处。这一和平协定也导致了他们之间的婚姻。尽管忽必烈试图谋求阿鲁忽的支持以对抗阿里不哥，但毫无结果，因为内战于1264年结束了。

最终这一切都无所谓了，因为察合台汗国的统治权落入了海都（1235—1301）之手，他是窝阔台与脱列哥那的孙子，是少数免于遭到蒙哥清洗的窝阔台后裔之一。海都的崛起，似乎开始于1263年阿鲁忽扩张自己权威的尝试。[1]阿里不哥失败后，海都联合别儿哥以对抗他们共同的敌人阿鲁忽，因为他也侵占了尤赤汗国的领土。

尽管双方之间的战争只是互相僵持，但一些事件的发生给了海都在中亚攫取权力的机会。阿鲁忽死于1265年，而尤

---

[1] Michal Biran, *Qaidu and the Rise of the Independent Mongol State in Central Asia*（Richmond，Surrey，1997），pp. 22-23.

赤汗国的别儿哥和伊利汗国的旭烈兀分别死于1265年和1266年。与此同时，忽必烈更关心巩固自己的帝国。而海都向东扩张进入塔里木盆地，这里在名义上处于忽必烈的保护之下。为了处理这一威胁，忽必烈任命八剌（1266—1271年在位）为新的察合台汗，有效地解除了兀鲁忽乃和木八剌沙的权力。争夺察合台汗国的战争再次陷入僵持，海都统治了今哈萨克斯坦的大部，而八剌汗则控制了锡尔河以南地区。1269年，战争通过一次忽里勒台大会落下了帷幕，这次忽里勒台大会的参加者包括了八剌、海都和尢赤汗国的统治者蒙哥帖木儿。

这次会议产生了所谓的"塔剌思盟约"，这是一份中亚的和平协定，特别认可了尢赤汗国的利益（及权力）。本质上，该盟约将察合台汗国分给了八剌和海都。八剌得到了三分之二的岁入，而剩下的三分之一由海都和蒙哥帖木儿平分，但蒙哥帖木儿似乎从未收到自己的那份岁入。[1]但盟约没有分割海都自己的世袭食邑。此外，海都和八剌也分配到了领土，包括牧场以及聚落。例如，不花剌被分给了海都，尽管那里是八剌的领土腹地。虽然有时不太方便，但这一协定还是得到了贯彻。[2]塔剌思忽里勒台大会也证明了，忽必烈不再被认为是一个真正的蒙古人，所以他未被邀请，这是对他的汉化和以定居地区为中心的政策做出的明确评判。[3]

这一盟约使三人都能将注意力转移到别处。八剌转向了伊

1　Biran，*Qaidu and the Rise of the Independent Mongol State*，pp. 26-29；Buell，*Historical Dictionary*，pp. 82-83.

2　Biran，*Qaidu and the Rise of the Independent Mongol State*，pp. 26-27.

3　同上，pp.27-28。

利汗国，着眼于越过阿姆河扩张自己的领土。海都和蒙哥帖木儿鼓励了八剌，尤其是当时尤赤系的统治者正与伊利汗国争斗。但伊利汗阿八哈于1270年7月22日在也里*挫败了八剌。八剌溃退至不花剌，试图从海都处寻求支持，但发现自己的大部人马已经叛投海都。而且，这位窝阔台系诸王已与阿八哈结盟以对抗八剌。八剌被他的前任盟友和自己的军队抛弃，不久之后就死了。随后，海都得以控制了察合台汗国，尽管他还是放置了一位察合台系的傀儡在汗位上，试图掩饰自己对权力的不合法篡夺，但并不成功。胜利带来了战利品，其中包括帝国的官员马思兀惕伯，他自蒙哥时代起就经营和管理这片地区。

随后，海都将自己的注意力转向忽必烈。但他仍不得不抵御阿鲁忽和八剌的儿子们的袭击，这些袭击自伊利汗国发动，得到了阿八哈的支持，这证明他们之间的联盟最多只是临时性的。尽管这些袭击有时是毁灭性的，但与忽必烈的力量比起来只是小小的威胁。由于海都从未承认忽必烈为大汗，所以他们之间的敌意极为强烈。尽管他们之间的战线范围广大，但主要集中于今天中国的新疆（特别是吐鲁番地区）。尽管战争持续了几十年，且常常因为两位统治者都将注意力转移到其他事件上而缩减为小规模的冲突，但双方都未获得决定性的优势。事实上，在忽必烈去世后，他的孙子铁穆耳继位，战争仍在继续。最终决战发生在1301年，元朝军队入侵阿尔泰山以南的海都的王国。一开始，海都被打败，但他在援军的帮助下迫使元朝军队后退，战役因僵持不下而告终。元朝军队可能因

---

* 今译赫拉特。——译者

为后勤问题而撤退了，但通过焚烧草原阻止了海都的进攻。海都当时已年过六旬，此后不久便去世了。

随着海都的去世，蒙古帝国进入了和平时代。元成宗铁穆耳被认可为蒙古帝国无可争辩的汗，尽管他的真实权力并未超出自己的领土。这一时期的蒙古治世，使察合台的后裔拿回了自己的权力。八剌之子、海都之前的傀儡都哇成为察合台汗国真正的统治者。而海都之子察八儿在北方统治着已缩水的窝阔台汗国。尽管都哇曾支持察八儿继位，但双方之间的战争还是爆发了，最终察八儿落败。尽管名义上独立的窝阔台汗国继续存在，但实际上它逐渐被察合台汗国吞并。

1307年都哇死后，察合台汗国陷入了一连串的继位争斗。尽管大部分汗的在位时间都在五年以上，但内战以及与邻国的战争削弱了察合台汗国，阻碍了其获得稳定。察合台汗国常常同时面临继位危机和边境战争。因此战争和权力斗争成了察合台汗国的核心，直到答儿麻失里（1331—1334年在位）即位。他皈依了伊斯兰教，并鼓励察合台汗国伊斯兰化。他的尝试与蒙古帝国中发生的其他事件相一致。事实上，在13世纪的最后几年和14世纪初，其他汗国都已经皈依了单一的世界性宗教（尤赤汗国和伊利汗国皈依了伊斯兰教，元朝皈依了佛教）。察合台汗国的蒙古人与蒙古草原上的蒙古人一样，本质上更偏向于保守传统，相较于他们居住在较为多姿多彩的社会中的同胞，更乐于保持成吉思汗的传统。[1]

---

1 Michal Biran，'The Chaghadaids and Islam：The Conversion of Tarmashirin Khan（1331-1334）'，*Journal of the American Oriental Society*，CXXII/4（2002），p. 748.

　　答儿麻失里的政策遭到了保守派的激烈抵抗，特别是在锡尔河以外地区。因为河中地区在几个世纪前就已经伊斯兰化，居住在那里的游牧部落成员逐渐选择了伊斯兰教，尽管更多的人选择的是苏非派而不是逊尼派。事实上，有足够的证据表明，答儿麻失里只是追随了察合台汗国的大趋势，因为他的大部分官僚和普通士兵都已经是穆斯林了。[1]答儿麻失里在宗教以及政治和经济方面的政策，最终导致他在1334年被杀。[2]此后，尽管察合台汗国继续存在，但迅速被分解，居住在锡尔河以北的保守派蒙古人大部分保留了游牧和萨满传统（尽管部分人皈依了伊斯兰教），而河中地区则在许多军阀的控制下多多少少继续走自己的道路——其中一名军阀将成为异密*（Emir）帖木儿，即著名的跛子帖木儿（1370—1405年在位）。

　　帖木儿逐渐巩固了自己的权力。尽管他是驻军在这一地区的一个蒙古部落（巴鲁刺思）的后裔，但他在出身上比较偏向突厥，而不是成吉思汗家族。尽管帖木儿娶了成吉思汗家族的公主，并使用"驸马"（güregen）的名号，但他从未称汗，而是通过出身于察合台系或窝阔台系的傀儡汗进行统治，不过所有人都看穿了这一诡计。同时，在北方，蒙古人依旧坚持他们的权威，但那里以及南方的贵族仅仅给予他们象征性的承认。事实上，在河中地区，察合台后裔被视为土匪或强盗，而

1　Devin DeWeese, 'The Eclipse of the Kubraviya in Central Asia', *Iranian Studies*, XXI/1-2（1988）, pp. 48-49; Biran, 'The Chaghadaids and Islam', p. 751; John Woods, *The Timurid Dynasty*（Bloomington, IN, 1990）, p. 12.

2　Biran, 'The Chaghadaids and Islam', pp. 749-750.

*　今译埃米尔。——译者

不是一个政权。帖木儿的统治终结了他们大部分的威胁，尽管察合台汗国的身份仍持续了一个世纪。帖木儿的王国最终覆盖了察合台汗国大部以及伊利汗国的领土，而来自前察合台汗国领土的游牧部落成员构成了他的军队的主体。他与尤赤汗国之间的战争，理论上可以让他征服尤赤汗国，因为他在每次遭遇战中都获胜了。然而，由于他缺少黄金家族的身份，从而无法统治尤赤汗国，甚至无法试图将其纳入自己的帝国。最终，帖木儿几乎重建了蒙古帝国，但1405年，他死于前往入侵明朝的路上，未能重建蒙古的统治。他的帝国迅速分裂成由他的后裔统治的许多小国家。至于他的帝国和继承者们是否为蒙古帝国的延续，将在第3章中讨论。

尤赤汗国

　　蒙古诸国之间的内战侵蚀了帝国，由于统治者们持续交战，诸汗国最终分裂为更小的王国，或者一起消失在自相残杀的战争中。尤赤汗国在前50年中的重心是与伊利汗国交战，尤赤汗国又称"金帐汗国"，以某种形式一直存在到了18世纪。在几个世纪的进程中，它逐渐分崩离析，直到俄国人逐渐吞并了它的分支，如伊凡雷帝（Ivan the Terrible）统治时期吞并了喀山汗国（1552年）和阿斯特拉罕汗国（1556年）。最终，克里米亚汗国于1783年屈服于叶卡捷琳娜大帝（Catherine the Great）。

　　尤赤汗国可能是最为多样化的一个汗国：其疆域跨越欧

亚，从今天的保加利亚到哈萨克斯坦；其人口包括突厥人、斯拉夫人和芬兰-乌戈尔人，没有任何一个族群的人口数量占有绝对优势，这与元帝国很不一样。钦察突厥人在人口数量上可能稍有优势（足以使很多人称尤赤汗国为钦察汗国），但是这与汉人在元帝国、伊朗人在伊利汗国中的人口比例是无法相比的。尽管尤赤汗国保留了很多游牧特征，但也接纳了伊斯兰教，建立主要城市以主导贸易，同时控制突厥草原游牧民、森林城镇以及斯拉夫人和芬兰-乌戈尔人的村庄。无论如何，尤赤汗国的统治精英的文化逐渐突厥化，而不是蒙古化。

　　尤赤汗国的地理范围很容易在1260年以后的蒙古世界地图中标出，但是其确切的政治认同则颇难定位。在尤赤汗国内部，又分为白帐汗国、青帐汗国和金帐汗国。在突厥语和蒙古语中，"orda"（或"ordu"）意为"帐"或"宫"，也是英语中"horde"（部落）一词的词源。各个汗国的确切地点很难确定，在一些史料中，同一个地方既被称作白帐汗国又被称作青帐汗国。通常认为，金帐汗国位于伏尔加河以西地区，白帐汗国位于伏尔加河以东至哈萨克斯坦地区。青帐汗国则有些模糊不清，有时包括白帐汗国的部分地区，但通常认为是由西伯利亚地区构成的。金帐汗国（"金"代表其皇室地位）倾向于指代尤赤汗国统一时汗的领地，不过其他汗国常常是自治的，能够将其意志强加于金帐汗国之上。在17世纪的俄国史料中，金帐汗国被用来指称整个地域，从此成为学者和大众惯用的名词。提及尤赤汗国和金帐汗国的出版物大多关注的是其与罗斯诸城之间的关系，或者是俄罗斯与尤赤系之间的关系。这有一些怪异，因为罗斯诸公国无疑是尤赤汗国的一部分，但蒙古人认为它们十分落后。蒙古人感兴趣的是草原和伏尔加河上的商路以及黑海沿岸的城市，而罗斯则处于外围。直到14世纪后期，罗斯地区的重要性才得到提升，因为当时莫斯科的地位提升了，而尤赤汗国的统一性则遭到了破坏。这并不是说蒙古人不重视罗斯地区，而是说这一地区在财富和地理战略方面不如其他汗国重要。无论如何，罗斯不像历史课本中的地图上展示的那样，看起来是一个附属国或诸侯国，而是完全并入帝国中的一部分。

　　草原是尤赤汗国的天然重心，因为钦察突厥游牧民的数量很大，他们构成了尤赤汗国军队的主体。蒙古人自身也仍然保持游牧，将汗的宫帐置于草原上是合乎逻辑的。萨莱和新萨莱这样的城市分布在伏尔加河畔，很像蒙古草原上的哈剌和林。它们位于丝绸之路北线上，不仅是贸易中心，也是管理帝国的官僚机构的所在地。黑海沿岸的商业殖民地（尤其是克里米亚半岛）变得越来越重要，因为这里不仅是意大利商人的首要商路，也是尤赤汗国与埃及马穆鲁克苏丹国之间交流的路线。后者是尤赤汗国的附属国或盟国——取决于你支持开罗还是萨莱。[1]

　　尽管尤赤汗国直到14世纪才皈依伊斯兰教，但从别儿哥统治时期开始，其统治政策就越来越向伊斯兰教倾斜了。与马穆鲁克苏丹国之间的协约，以及别儿哥对伊斯兰学者的资助，

1　Broadbridge, *Kingship and Ideology*, p. 58. 作者指出，别儿哥将自己与马穆鲁克苏丹拜巴尔斯之间的关系视为封君与封臣的关系，而马穆鲁克史料则表明二者之间是平等关系。考虑到蒙古人的观点以及黄金家族后裔的地位，我必须同意这一观点。多数马穆鲁克苏丹的钦察出身，意味着他们是金帐汗国的属臣，即使这在埃及不是真实情况，那么在金帐汗国大汗们的世界观中也确是如此。

导致伊斯兰教对政府官员、官制和礼仪等方面的影响越来越大。在别儿哥与伊利汗争夺外高加索牧地的交战过程中，南北轴线是十分关键的。牧地的占有量从现代视角来看似乎微不足道，但在当时则意味着牲畜的富足（可以想一下美国西部的大牧场战争），并能够部署军队和扩展控制力。马穆鲁克对波斯的蒙古人没有什么好感，因此成为第二条战线。同时，尤赤汗国的钦察人也为马穆鲁克提供了劳力，意大利商人在黑海购买钦察奴隶并运到马穆鲁克苏丹国的港口出售。这些人便被训练为马穆鲁克（即奴隶士兵）。1260年拜占庭帝国收复了君士坦丁堡（1204年第四次十字军东征时落入拉丁人或法兰克人之手）之后，这一切都成为了可能。但复国的拜占庭帝国并不是联盟中的一员，因为伊利汗国是其邻国。拜占庭帝国皇帝米哈伊尔八世（Michael Paleologus）夹在两大强国之间（尤赤汗国的保加利亚地区与拜占庭帝国接壤），寻求保持中立。但尤赤系势力派人抢掠了拜占庭帝国的领土，这让帝国皇帝确知了哪一边更危险。[1]有了博斯普鲁斯海峡支持尤赤系，就能保证尤赤汗国与马穆鲁克苏丹国之间的联系。

1266年（或1267年）别儿哥之死并没有终结金帐汗国对南部的关注。别儿哥的侄子（或侄孙）蒙哥帖木儿成为继任的汗，他在察合台汗国早期历史上的地位十分重要。尽管他不是一名穆斯林，但是他延续了前任汗的很多政策，包括与马穆鲁克苏丹国的关系。这并不令人惊讶，因为这会持续对伊利汗国

1　J. J. Saunders，'The Mongol Defeat at Ain Jalut and the Restoration of the Greek Empire'，in *Muslims and Mongols: Essays in Medieval Asia*（Christchurch，1977），pp. 71-76.

造成压力。如前所论，他也能够将察合台汗国拉进来对付伊利汗国，这符合他的南部战略。我们不应忘记，尤赤汗国将马穆鲁克看作附属国，但马穆鲁克则将二者间的关系视作平等的同盟。

蒙哥帖木儿统治的初期由将军那海主宰，他控制了尤赤汗国的西部边境，成为拥立汗的人。他的权力如此之大，以至于成了汗国之中完全自治的实体。在作为尤赤汗国最高统帅的一生中，他让邻国都见识到了尤赤汗国的军事力量，因为他不仅曾率领军队对抗伊利汗国，并曾入侵波兰和匈牙利，还经常干涉保加利亚以巩固尤赤汗国的影响。结果，保加利亚对那海权威的认可超过了汗。蒙哥帖木儿从未能将权力从那海处夺走，而不得不与之共享。结果就是，在下一位穆斯林统治者脱迭蒙哥（1280—1287年在位）治下，那海依旧是有影响力的人物。那海的影响力如此之大，以至于很难说谁是国家的真正统治者。与那海的影响力无关，尤赤汗国在脱迭蒙哥统治期间逐渐突厥化，反映了帝国的加速分裂。尽管一些人可能仍使用蒙古语，但尤赤汗国铸造的货币上有了突厥语铭文，突厥语在官府中的使用也增多了。

那海的权力在秃剌不花（1287—1291年在位）治下达到了巅峰，当时那海成为公开的共同统治者。秃剌不花十分不幸，这位年轻的汗表现出了一些独立的迹象，所以那海杀了他。然后，那海将秃剌不花的儿子脱脱（1291—1312年在位）扶上汗位。脱脱一开始扮演了恭顺的傀儡，但当他长大成人，就开始公开与自己的"监护人"发生冲突。那海死于1299年，使得有可能毁灭汗国的内战未曾爆发。但无论如何，损失仍是巨大的。

在剩余的时间里，脱脱致力于恢复金帐汗的领土和权力。最后，他向伊利汗发动了几次攻势，但更多的是通过外交手段，而不是军事行动。而且，他削弱了那海继承人的权力，将保加利亚重新纳入尤赤汗国的统治范围。他还曾向与威尼斯人争夺黑海贸易权的热那亚人施以羞辱性打击。他于1308年洗劫了卡法。热那亚人后来得以在那里重建自己的地位，但必须遵从脱脱制定的条款。

脱脱开创了金帐汗国的黄金时代，而月即别汗（1313—1341年在位）则是黄金时代的统治者。在他统治期间，尤赤汗国并未扩张帝国的领土，但通过与伊利汗国的和平相处而繁荣，因为各个汗国重建了遍及整个帝国的蒙古治世。然而，月即别汗确实也有其他烦恼，例如罗斯诸王公的日益躁动。罗斯诸公国很久以前就是尤赤汗国的补给点，主要是为军队和岁入施行盘剥的一个资源供应之处。尽管诸公国曾多次尝试脱离尤赤汗国的统治，但最终都失败了，因为月即别汗操弄王公们使之互相攻伐。他最终任命了非常弱小且无关紧要的莫斯科城的尤里·丹尼洛维奇（Yurii Danilovich）为大公，主要是作为蒙古人在这片区域的"负责人"，以对抗较为强大的特维尔公国。

月即别汗还率领尤赤汗国皈依了伊斯兰教，这可能引起了信奉东正教的罗斯人的不满。皈依并不是一夜之间发生的事，而是越来越多的游牧人口都皈依了伊斯兰教，其中包括月即别汗，然后他使伊斯兰教成为汗国的官方宗教。但是，他并未强迫他的吉玛（dhimmah，伊斯兰国家中享有权力的非穆斯林属民）属民（如信奉东正教的罗斯人）皈依。无论如何，当伊本·白图泰来到金帐汗国时，他看到的大概是世界上最强大的伊斯兰国家。[1]

然而，尽管尤赤汗国在不断发展，其衰亡的征兆也开始在国家边缘地带出现。1335年伊利汗国覆灭，诸突厥王国利用权力真空崛起，其中，来历不明的奥斯曼政权可能是由来自尤赤汗国的难民建立的，这将在下一章中讨论。在西边，波兰在摆脱尤赤汗国的攻击后获得了些许喘息的机会，并再次崛起。在西北，立陶宛趁尤赤汗国不注意，将自己的影响力扩张到了原先尊奉尤赤汗国为宗主的区域。波兰和立陶宛最终联合起来，组成了一个能够与尤赤汗国抗衡的国家，尽管两国的联合更多是与日耳曼人（而非蒙古人）的扩张有关。到了月即别汗统治的末期，莫斯科作为蒙古人的征税者在北方越来越强大。

月即别汗的儿子和继承者迪尼别在位时间很短（1341—1342），便被他的弟弟札尼别篡夺了汗位。札尼别汗（1342—1357年在位）试图在境外重新确立尤赤汗国的权威，但是很不幸，他在位时黑死病来袭，破坏了国家的根基，使尤赤汗国在政治、军事、文化和经济方面都受到了削弱，这将在第8章中讨论。黑死病加剧了尤赤汗国内部持续发酵的紧张情绪和权力斗争。札尼别死后，紧接着就是一连串的统治者更迭和一系列的争端。在此期间，金帐汗国、白帐汗国和青帐汗国逐渐成为独立的实体。同时，其他政权也力图填补因尤赤汗国的内部斗争而造成的权力真空。立陶宛继续统治着被尤赤汗国忽

1　Ibn Battuta, *Rihala Ibn Battuta*（Beirut, 1995）, pp. 255-257；Ross Dunn, *The Adventures of Ibn Battuta: A Muslim Traveler of the 14th Century*（Berkeley, CA, 2005）, pp. 160-161.

视的西部，而莫斯科则稳步发展对其他罗斯城市的统治，不过仍然打着忠实臣服于汗的幌子。内战使得尤赤汗国未能重建权威，而当一位统治者（例如马迈，一位非黄金家族的将领）出现时，其权威并非总会被接受。

莫斯科在顿河河畔的库利科沃平原获得了大胜，但并未能解放罗斯。尽管德米特里·顿斯科伊（Dimitri Donskoi，因此次胜利而获得了"顿斯科伊"的称号，意为"顿河之主"）于1380年打败了马迈，但并未终结蒙古人的统治。但是马迈失去了蒙古人的进一步支持，最终被杀。脱脱迷失（1377—1395年在位）是中亚的异密帖木儿的门生，他甫一崛起，莫斯科就迅速意识到自己仍然只是下属。在帖木儿的帮助下，脱脱迷失在白帐汗国中成为最有权力的人物。他从那里将自己的统治扩张到尤赤汗国西部，并成为尤赤汗国唯一的统治者。然后他洗劫了莫斯科，又将其置于蒙古权威之下达100年之久。

尽管脱脱迷失是帖木儿的门生，但两人之间的关系迅速恶化，主要是因为脱脱迷失作为黄金家族成员和合法统治者以及一位自行其是的统帅，无法忍受身居帖木儿的阴影之下。而在强有力的黄金家族统治者眼中，帖木儿不过是一个觊觎汗位的人。当然，帖木儿使用自己的黄金家族傀儡，但脱脱迷失除了在白帐汗国初次掌权之时，他的成就都是自己得来的。因此，随着脱脱迷失试图夺回阿塞拜疆以及曾经属于尤赤汗国的一些中亚地区，两人之间旧怨重生。尽管帖木儿曾数次打败脱脱迷失，但脱脱迷失总是卷土重来，甚至与马穆鲁克以及奥斯曼结盟以对抗帖木儿。最终他们都失败了，1395年，脱脱迷失在捷列克河被打败。他又一次逃脱了，但未能夺回汗位。帖木儿洗劫了萨莱和新萨莱，并烧毁了这两座城市——这就是金帐汗国留下的文献如此之少的原因。

帖木儿的行为造成了影响深远的后果，这将在第3章中进行详细讨论。他在获胜后，在汗位上放置了一个傀儡，但并未尝试统治金帐汗国，可能是意识到尤赤汗国绝不会接受非黄金家族的统治者。1405年帖木儿死后，尤赤汗国分裂，而立陶宛和莫斯科也卷入了草原事务之中。1480年，莫斯科终于结束了从属于蒙古人的状态，1502年，尤赤汗国终结。后继的国家持续存在到1789年，但到1502年，蒙古帝国的最后一块真正的领土已经消失了——然而事实果真如此吗？

第 3 章

1350年的世界：一个全球化的世界

在莎士比亚的戏剧《无事生非》（*Much Ado About Nothing*）中，倨傲的单身汉培尼狄克（Benedick）效忠于唐·彼得罗（Don Pedro），唐·彼得罗的原型就是阿拉贡国王彼得三世（Peter III，1239—1285）。培尼狄克为了证明自己的忠诚，提出要拔掉"汗"的一根胡须。[1]这出戏以13世纪为背景，与蒙古人同时代，彼得三世确实也与蒙古人有着外交联系，而莎士比亚的观众显然也能轻易理解他的比附。即使到1600年这出戏演出之时，人们对中国统治者的身份仍然不太清楚——至少在英格兰是如此。葡萄牙人在中国澳门和日本长崎落脚，由其支持的耶稣会也在中国和日本传教。葡萄牙人当然知道中国的统治者是谁，只是与之没有直接的联系而已。而英国人却很少进入东亚，因此不知道蒙古人已经不再统治中国了。自从哥伦布未能成功抵达中国和印度以来，欧洲大多数国家对于亚洲

1　William Shakespeare，*Much Ado About Nothing*，Act II，Scene II.

的了解一直没有什么变化。

而随着蒙古帝国的消失（或者说逐渐淡出），由于消失或衰亡的时间和速度不尽相同，后蒙古时代的世界在地理、文化、宗教和技术等方面都有了显著的不同。正如下文将要讨论的，很多变化可以上溯到成吉思大交换。无论如何，一个相当合理的问题是，后蒙古时代的世界是什么样子的？一些继承性的国家兴起了，直接受到了蒙古的影响，但也导致了其他的地理变迁。尽管蒙古帝国的主体在1350年仍然存在，但是伊利汗国于1335年便终结了，而且到14世纪50年代，混乱的局面基本平息，新的政权呼之欲出。这就是讨论后蒙古时代的出发点。

继承者们以及世界如何改变

如果我们检视地图，就能够了解最明显的变化。正如导言中曾提及的，蒙古人从地图上清除了一些王国、帝国以及一些小政权。主要的政权包括金朝、鞑靼部落联盟、克烈部、乃蛮部、西夏、哈剌契丹、花剌子模帝国、不里阿耳、钦察部落联盟、阿拔斯哈里发国、大马士革和合列卜的阿尤布政权、埃及的阿尤布王朝、毛夕里、鲁木塞尔柱苏丹国、弗拉基米尔-苏兹达里公国、基辅、阿剌木忒和忽希思丹的亦思马因国、南宋、大理、西里西亚和安提阿公国。

一些国家因为蒙古人而重新出现或者变强，例如谷儿只、亚美尼亚、特拉布宗、拜占庭帝国、诺夫哥罗德、特维尔、普鲁士条顿骑士团、匈牙利和德里苏丹国。诚然，蒙古人并没有征服所有这些国家，但是蒙古人的出现直接影响到了它们，不论这种影响是正面的还是负面的。例如，安提阿和西里西亚因为伊利汗国的支持而成长，但它们也成为马穆鲁克苏丹国的进攻目标。马穆鲁克没有冒险对蒙古地域展开大规模进攻，而代之以进攻伊利汗国较弱小的附庸国。

马穆鲁克苏丹国的出现也有赖于蒙古。蒙古的入侵导致大量钦察人在奴隶贸易中被买卖。法国国王路易四世（Louix IV）的第七次十字军东征最终导致了1250年马穆鲁克的崛起，但接下来的十年中他们一直在自相残杀，同时在表面上保留着阿尤布王朝的傀儡王（萨拉丁家族后裔）。直到蒙古人抵达叙利亚时，派系复杂的马穆鲁克才统一起来，由一位强大的领袖忽秃思（Qutuz）公开掌控国家。在艾因扎鲁特击败蒙古人之后，另一位异密拜巴尔斯（Baybars）刺杀了忽秃思。拜巴尔斯稳固了马穆鲁克苏丹国，将其转型为一个与蒙古人和十字军直接对抗的政权。他推行了一套准则，只要蒙古人的军队没有迫近，就开启清除十字军据点的程序。拜巴尔斯也强调摧毁蒙古的附庸国西里西亚、安提阿公国与特里波利公国。十字军东征与蒙古入侵的联合，是困扰马穆鲁克的一个梦魇，他们迫切需要消除这一可能性。十字军王国与伊利汗国消失之后，马穆鲁克苏丹国一直维持到1517年，面对着蒙古人在中东的众多继承者，最终陷落于最强大的继承者手中。

在蒙古诸汗国的灰烬中，几个国家拔地而起，但它们并不都是蒙古人的继承者。其中一个例子就是呼罗珊地区西部的撒尔巴达里政权（1337—1386），它由当地地主组成，并得到融合了救世什叶派的苏非教团谢赫叶（Shaikhiyya）的同盟支持。他们既不是蒙古人，也不是突厥人，尽管个别成员可能曾经是蒙古人或突厥人。他们不是蒙古人的继承者，因为他们不使用蒙古的意识形态或象征来确保合法性，而是一个独特的地方政治实体，一直维持到 1380 年跛子帖木儿的到来。真正的继承者与蒙古人之间有着明确的关联，其建立者或者是成吉思汗后裔，或者是与蒙古汗国有关的军事统帅。另一个标准则是使用蒙古汗国的政治因素，例如意识形态、世系和统治方式以建立合法性。最后，应该注意的是，一些学者可能不喜欢用"国家"这个概念来描述这些政权，因为其中很多只是游牧部落联盟。研究草原的史学家们长期以来一直认为，游牧民与欧洲、中东和中国的"国家"概念并不相符，但他们显然自视为独立的政权，并如此行动。[1]

伊利汗国灭亡之后，出现了很多继承者，正如安德烈·韦克（Andre Wink）所注意到的，它们采用了伊利汗国的因素。[2]这些因素中极为重要的就是"伊朗"这个被重新提出的概念。如前所述，波斯文化在伊利汗国的支持下走向繁荣。由于使用波斯文化，并在分裂之后的内战中强化边界线，一个清晰的"伊朗"概念渐渐浮现。伊利汗国当然比伊朗大，但值得注意的是，"伊朗"的概念是在伊利汗国时期奠定的，并在伊利汗国灭亡之后延续了下来。伊利汗国的首都大不里士仍然是

1　关于此问题的最佳讨论，参看 David Sneath，*The Headless State: Aristocratic Orders, Kinship Society, and Misrepresentations of Nomadic Inner Asia*（New York，2007）。

2　Andre Wink，*Al-Hind: The Making of the Indo-Islamic World*，vol. 2：*The Slave Kings and the Islamic Conquest, 11th-13th Centuries*（Leiden，1997），p. 16.

具有合法性的地方，蒙古的世系、政治概念、象征和习惯对于继承者巩固和维持权力是十分关键的。15世纪的继承者如黑羊王朝（1375—1468）和白羊王朝（1375—1508）都是土库曼部族，都坚持这些准则。[1]土库曼部落联盟政权的统治者缺乏成吉思汗系血统，他们便不使用汗号，而称"伊朗王"（padishah-i-Iran）或"伊朗胡思老"（kesra-yi-Iran）。这一做法无疑表明，他们是从伊利汗国中出现的伊朗统治者。虽然他们不是成吉思汗后裔，但是他们仍然与蒙古人有关联。更重要的是，关于采用蒙古的统治结构和象征这一点，我们必须认识到，他们的臣民期待一位与蒙古有关联的合法统治者。同时也应该注意到，继承者们套用了他们所知的蒙古制度，而不去发明新的范式。然而，强权并不等于真理。获取权力容易，但保有权力和维持统治者的可信度则要花费更多的精力——使用蒙古的象征和制度便能够获得这种可信度。

在巴格达和大不里士附近出现了札剌亦儿王朝（1336—1432），这个后蒙古时代的国家宣称，其血统来自蒙古札剌亦儿部千户。帖木儿的抢掠严重削弱了这个国家，最终使之屈服于自己的统治，后来受其以前的附庸黑羊王朝统治。类似的故事也发生在出班王朝（1335—1357），该王朝得名于伊利汗国末年的高阶将军和能够左右汗位的权臣异密出班（Choban，卒于1327年）。出班的后裔在阿塞拜疆创建了一个国家，统治着伊利汗国的西北大部。他们的统治异常残

1　Andre Wink，*Al-Hind: The Making of the Indo-Islamic World*，vol. 2: *The Slave Kings and the Islamic Conquest, 11th-13th Centuries*（Leiden，1997），p. 16.

暴，并与札剌亦儿王朝争夺大不里士。[1] 1357 年，尤赤汗国征
服大不里士，出班王朝灭亡。

在这种混乱的情况下，出现了一位成吉思汗的真正继承者
——异密帖木儿。他在西方世界更广为人知的名字是跛子帖木
儿，他继承了成吉思汗的一切（除了血统）。帖木儿因在青年
时期受箭伤而跛脚，但从未停止征战，他经常在各地征战，而
不待在首都撒马尔罕。他的生平在第 2 章中已述及，但要特别
注意的是，他重建了蒙古国的大部分，将察合台汗国与伊利汗
国各部统合了起来。不仅如此，他还利用自己的驸马身份，并
以成吉思汗系的汗为傀儡，来巩固他的国家在被征服者眼中的
合法性。事实上，诋毁他的人也将他视为合法的统治者，不是
因为他与蒙古有关联，而是因为他是异教徒。当时，中亚的苏
非派已经得不到中东传统乌里玛的同情了，因为他们经常被视
为离经叛道和亵渎神灵的人。尽管帖木儿于 1405 年去世了，
但他的帝国仍以某种形式持续存在到 16 世纪初。在他死后，
帝国立刻就出现了分裂，西部几乎马上陷落于黑羊王朝和白
羊王朝之手。中亚的东部和伊朗东部则延续得较久，也较为
稳定。

除了与尤赤系统治者脱脱迷失作战，帖木儿还击败了伊
朗的诸继承国，包括马穆鲁克、德里苏丹国以及另一个强大
的继承国——奥斯曼。1402 年，帖木儿在安卡拉之战中击败
了奥斯曼帝国苏丹巴耶济德（Bayezid），奥斯曼帝国的发展

1　Charles Melville, 'The Keshig in Iran: The Survival of the Royal Mongol Household', in *Beyond the Legacy of Genghis Khan*, ed. Linda Komaroff（Leiden, 2004）, p. 60.

遂陷入停滞，但后来又复兴了。奥斯曼帝国是蒙古人最长久
的继承者，直到1923年第一次世界大战之后和平条约的签订
才宣告终结，不过此前很久它就已经不是一个继承者了。关
于奥斯曼人的起源，我们仍不太清楚，其祖先在13世纪20年
代（或者稍晚）作为蒙古入侵中亚的难民抵达安纳托利亚。[1]
也有人提出，奥斯曼人可能是在1299年那海去世之后从黑海
草原而来的，一位阿塔曼（Ataman，非成吉思汗系的首领）
率领10,000户自克里米亚出走，途经卡法，最终在安纳托利
亚的索古德附近定居下来。[2]按照这种假设，则"奥斯曼"
（Ottoman）之名并非源于人名"奥斯曼"（Osman），而是
来自"阿塔曼"这一称号。

　　且不考虑其族源，我们知道奥斯曼人在1290年左右整合成
为以奥斯曼（埃尔托格鲁尔之子）为中心的政治组织。13世
纪末，蒙古人摧毁了鲁木塞尔柱苏丹国，对安纳托利亚的统
治十分松散，从而导致当地长官速列迷失于1298年发动了叛
乱。叛乱于次年被平定，但是1300年之后，安纳托利亚在伊
利汗国中不受重视，使得一些首领（beylik）得以崛起，其中
便包括作为蒙古人从属的奥斯曼人。[3]

1　Rudi Paul Lindner, *Explorations in Pre-Ottoman History*（Ann Arbor, MI,
2007）, pp. 21-34.

2　Cemal Kafadar, *Between Two Worlds: The Construction of the Ottoman State*（Los
Angeles, 1995）, pp. 44-45；Colin Heywood, 'Filling the Black Hole：The
Emergence of the Bithynian Atamanates', *The Great Ottoman-Turkish Civilization*,
ed. K. Cicek et al.（Ankara, 2000）, vol. 1, pp. 109-110.

3　Rudi Paul Lindner, 'How Mongol were the Early Ottomans?', in *The Mongol
Empire and its Legacy*, ed. Reuven Amitai-Preiss and David O. Morgan（Leiden,
2001）, pp. 287-289.

奥斯曼帝国早期使用了很多蒙古制度，但以奥斯曼代替成吉思汗作为其历史上的建立者。经过几个世纪之后，他们找到了使其权力合法化的新方法。随着君士坦丁堡的征服，他们能够使用"恺撒"的称号，并自称罗马帝国和拜占庭帝国遗产的继承者。1515 年至 1517 年间马穆鲁克苏丹国的征服，使苏丹可以使用"哈里发"的称号，由此强化其作为宗教捍卫者的宣言。很多苏丹也扮演圣战士（ghazi）的角色，尽管他们的行为并不总是符合这一宣言。值得注意的是，尽管奥斯曼人拥有草原的遗产，但从未使用汗号，可能是因为认识到自己的血统并非成吉思汗系，而选择使用伊斯兰称号"苏丹"。当然，随着他们的迅猛崛起，他们很快建立起自己的合法性，不再被视为蒙古人的继承者，而是自成一系。

萨法维帝国是奥斯曼帝国在中东统治权的竞争对手，其建立者为伊斯玛仪一世（Shah Ismail），国家的根源也可追溯至伊利汗国。萨法维苏非教派的建立者赛甫丁（Shaykh Safi al-Din，卒于 1334 年）曾得到伊利汗合赞、完者都和不赛因的赞助。赛甫丁也常与拉施特家族来往。由于他的交际活动，他的苏非教派在阿塞拜疆繁荣起来。他与伊利汗交往的声望以及教派在蒙古赞助下积聚的财富强化了赛甫丁家族的地位，使他的后人伊斯玛仪一世得到了合法性。伊斯玛仪一世也获益于与白羊王朝的家族关系，最终，他于 1508 年灭亡了白羊王朝。伊斯玛仪一世起家时为红头土库曼的首领，这是一支萨法维土库曼，得名于他们戴的红色头巾。

完者都汗皈依了什叶派伊斯兰教，为什叶派成为国教埋下了种子，什叶派思想也逐渐融入萨法维教法之中。因此，到伊

斯玛仪一世崛起时，他拥有了什叶派的千禧年信仰倾向，帮助
红头土库曼建立起独特的意识形态。作为萨法维系的领袖，伊
斯玛仪一世击败了白羊王朝，并占据了大不里士。通过占领前
伊利汗国首都的方式，萨法维系建立了自己的合法性。伊斯玛
仪一世征服了伊朗的其他地区，大体上继承了伊利汗国的边
境，并打败了帖木儿系统治者。萨法维系虽然是突厥人，但采
用了波斯王统，将统治者升格到了红头土库曼首领之上。其统
治者也没有采用汗号，因为"汗"已成为成吉思汗系统治者的
专属称号。尽管是完者都汗开启了伊朗的什叶派运动，但萨法
维王朝通过以什叶派伊斯兰教替代蒙古遗产的方式巩固了其
地位。[1]

　　朮赤汗国持续到1502年左右，金帐汗国在克里米亚鞑靼
人手下遭到挫败。汗国在此之前便已分裂了，第2章中已有论
述。1502年之后，在前朮赤汗国辖境内存在着一些新势力。
其中多数属于成吉思汗后裔，例如克里米亚汗国、喀山汗
国、卡西莫夫汗国、阿斯特拉罕汗国、失必儿汗国、乌兹别
克汗国和哈萨克汗国。其他的势力还包括诺盖、立陶宛和莫
斯科，其中莫斯科通过为蒙古人收税而成为最重要的一股势
力。以前，这个村落相对于其强邻特维尔和诺夫哥罗德的俄罗
斯公国而言是不太引人注意的，而蒙古人对它的支持十分关
键。作为继承国，所有成吉思汗系国家都延续了蒙古的惯例做
法，而莫斯科在很多方面都保持了自己的特点。

　　在黑死病以及帖木儿的破坏导致朮赤汗国政治虚弱的情况

1　Melville, 'The Keshig in Iran', p. 58.

下，立陶宛在很大程度上主宰了黑海草原，尤其是今乌克兰境内。随着1386年克列瓦联盟的达成，立陶宛与波兰合并，立陶宛转型为天主教国家。波兰对普鲁士条顿骑士团的关切使立陶宛有了西进的兴趣，但并没有阻碍其在草原的扩张。趁着尤赤汗国分崩离析所导致的空白期，立陶宛发现自己陷入了与克里米亚鞑靼人和莫斯科人（二者常常结成联盟）之间的冲突。[1]随着奥斯曼帝国的扩张，立陶宛和莫斯科向克里米亚人纳贡，而克里米亚人则臣服于奥斯曼帝国。奥斯曼帝国控制了黑海沿岸，将黑海变成其内海。

立陶宛仅在领土上是蒙古的继承者。而克里米亚汗国自称蒙古继承者，当归因于其成吉思汗血统，以及对金帐汗国的毁灭。此时，它似乎是占据主导地位的草原政权了。尽管克里米亚汗国在16世纪仍是一支强大的势力，但是莫斯科逐渐成为西部草原上最有潜力的国家。尽管莫斯科的地位是通过控制诺夫哥罗德和特维尔等其他俄罗斯城邦国家而获得的，但它也与草原势力竞争。卡西莫夫汗国（1452—1681）在15世纪时受到莫斯科的保护，在很大程度上是因为不愿受喀山汗国统治。卡西莫夫鞑靼人甚至追随莫斯科军队袭击了喀山汗国。莫斯科沙皇伊凡四世（即伊凡雷帝）最终于1552年征服了喀山汗国（1438—1552），并于1556年征服了阿斯特拉罕汗国（1459—1556）。内部政治斗争削弱了这些国家对莫斯科的抵抗，这些征服活动是莫斯科与克里米亚汗国之间竞争的一部

1　J. Pelenski, 'The Contest between Lithuania-Rus' and the Golden Horde in the Fourteenth Century for Supremacy over Eastern Europe', *Archivum Eurasiae Medii Aevi*, II（1982）, pp. 303-320.

分。在16世纪，这两大势力争夺喀山及其利润丰厚的毛皮贸易。通常是由克里米亚王室的一位年轻成员来统治喀山。随着克里米亚的影响力在16世纪的扩张，其他较小的草原势力（例如诺盖）就转向莫斯科以寻求平衡。草原民族越来越多地提及俄罗斯沙皇，称他为"白汗"（Tsagaan Khan），以指代皇家权力。沙皇则从不如此自称，也许是因为他们缺乏成吉思汗系血统，但并不阻止其他人使用这一称号，如此则不需要自我宣称，而让邻近势力赋予了俄罗斯统治者合法性。与此同时，不可忽视俄罗斯的扩张及其军事实力，这也让草原势力看到了莫斯科的合法性。同时，那些为了平衡克里米亚的统治而转向莫斯科的草原势力很快就发现，自己处于一个更强大的俄罗斯国家的控制之下。

克里米亚汗国（1441—1783）一直维持独立，直到1783年被俄国女皇叶卡捷琳娜吞并。然而，这一切发生得并不平静。独立的克里米亚汗国也是奥斯曼帝国的延伸，是俄罗斯南部边疆的大患，克里米亚人的袭击向东远达阿斯特拉罕，有时甚至向北进入了莫斯科郊野。1517年，克里米亚汗朵拉特·吉莱（Devlet Giray，1551—1571年在位）甚至纵火焚烧了大片郊野，莫斯科城岌岌可危。克里米亚也屡屡成为非成吉思汗系族群（如游牧的诺盖人和库班鞑靼人）的宗主，从而增强了自身的实力。但如前所述，其宗主权并不总是受欢迎的。克里米亚通过与奥斯曼帝国之间的关系而增强了实力，但奥斯曼人也知道，控制克里米亚并非易事。

1563年，当克里米亚人消极抵抗奥斯曼帝国开凿一条连接顿河与伏尔加河的运河的计划时，奥斯曼帝国将阿斯特拉罕和喀山直接纳入势力范围的努力以失败告终了。尽管朵拉特·吉莱是奥斯曼帝国的臣属，但他不希望看到奥斯曼苏丹的权力扩张到黑海沿岸之外，从而削弱克里米亚在草原的影响力。此外，克里米亚人还入侵哥萨克、莫斯科和立陶宛并与之签订条约，且常常违反这些国家与奥斯曼帝国制定的协议。然而，奥斯曼帝国能够影响克里米亚汗，其在克里米亚的驻军削弱了克里米亚汗对于哈剌赤伯（高阶贵族）的权威。因此，他们有时自行其是，而不管汗是否支持。无论如何，克里米亚与奥斯曼帝国之间的纽带起到了很好的缓冲作用。其他国家如果与克里米亚交战，就必须冒着奥斯曼帝国介入的风险。只有当奥斯曼帝国足够虚弱时，克里米亚汗国才能被战胜，但是直到那时，克里米亚在黑海草原上仍然是一个有力的角色。[1]成吉思汗后裔统治克里米亚直到1783年，俄罗斯将克里米亚汗沙欣·吉莱（Sahin Giray）废黜——部分原因是俄罗斯的吞并，也是因为他作为统治者的无能。有人可能认为克里米亚汗国是蒙古帝国的延续，但是考虑到克里米亚于1524年向奥斯曼帝国称臣，克里米亚汗由奥斯曼帝国任命，那么它就不应再被视为真正独立的国家了。

　　失必儿汗国（1490—1598）崛起自神秘的青帐汗国，其建立者伊巴克（Ibak）是术赤之子昔班的后裔。失必儿汗国征服了西伯利亚森林中的曼西人、涅涅茨人、汉特人以及其他一些较弱的族群，让他们缴纳"押撒"，即毛皮附加税。关于失

1　关于现代早期西部草原上的战争与外交的更完整讨论，参看 Brian L. Davies，*Warfare, State and Society on the Black Sea Steppe, 1500-1700*（London，2007）。

必儿汗国的史料记载很少，它是蒙古帝国的继承和延续，只是史料阙如，使我们无法获知其全貌。失必儿汗国首都哈失里克坐落于额尔齐斯河畔。失必儿汗国成为西西伯利亚的一支显赫势力，只是其内部两支成吉思汗后裔（昔班后裔与台不花别吉后裔）之间的争斗导致它未能从事更多的外部事务。在和平时期，失必儿汗国与其西邻喀山汗国争夺对诺盖鞑靼人的控制权，但随着喀山汗国的衰亡，一个更加强大的邻国出现了。

随着莫斯科的扩张并与失必儿汗国争夺北西伯利亚民族的毛皮贸易，失必儿汗国走向了没落。沙皇伊凡四世授权斯特罗加诺夫（Stroganov）家族采集毛皮，并沿额尔齐斯河和鄂毕河建立贸易站。由于斯特罗加诺夫家族侵占了失必儿汗国的领地，这些贸易站常常遭到袭击。为了保护莫斯科的利益并终结竞争，叶尔马克（Yermak，卒于1585年）率领下的哥萨克人得到了莫斯科的许可，迁入失必儿汗国的领地。1582年，叶尔马克击败了失必儿汗国统治者库楚木汗（1563—1598年在位），并攻陷了哈失里克，但后来库楚木汗东山再起，于1584年将哥萨克人驱逐了出去。直到1589年，莫斯科公国才完全压倒失必儿汗国，开始控制整个西伯利亚。库楚木汗逃至诺盖人的领地而死。

尽管失必儿汗国地域广阔，但仅限于鄂毕河和叶尼塞河之间的针叶林地带，主要受限于乌兹别克人和哈萨克人。他们在南部草原的驻军，也使俄罗斯直到18世纪才得以渗透进草原。"乌兹别克"一词的词源问题尚未完全解决，一般认为乌兹别克人得名于尤赤汗国伟大的统治者月即别汗。乌兹别克人的汗都是尤赤之子昔班的后裔。在阿布海尔汗的统治下，乌兹别克人整合为一支强大的势力，但并非所有乌兹别克部落都接受他的统治。这些人就是 1456 年由札尼别汗和怯来汗领导的哈萨克人（意为"离去者"），两支都是成吉思汗后裔。随着哈萨克人和乌兹别克人的崛起，蒙古帝国的其他残余势力也遭到了侵蚀。作为一个整体的察合台汗国基本上消失了，因为乌兹别克人和哈萨克人侵占和吞并了其牧地。

在穆罕默德·昔班尼（Muhammad Shaybani）的统治下，乌兹别克人跨过了锡尔河。1506 年，他们击败了帖木儿帝国的末代君主巴布尔（Babur），他拥有帖木儿和成吉思汗的双重血统。尽管他尽力收复河中地区，但是他的王国只能立足于阿富汗和北印度。巴布尔完成了自己的曾祖父所开创的事业，灭亡了德里苏丹国以及一些穆斯林王国和忻都（印度）王国。随之建立的莫卧儿帝国延续了许多蒙古统治的因素，同时也采用伊斯兰教和印度的惯例。有人可能会问，莫卧儿帝国是不是蒙古帝国的继承者？尽管有些人将其看作一种延续，但这种观点是站不住脚的。巴布尔的成吉思汗血统来自他的母亲一方，因此限制了他称汗。1857 年，莫卧儿帝国在印度民族大起义中走向终结。不过，帝国在 1720 年以后就已经分裂了，皇帝们统治的地域很小，只是得到诸侯们表面上的承认而已。

与此同时，乌兹别克人在河中地区建立了一个强大的国家，只可惜时乖命蹇。在北方有哈萨克人组建的汗国，巅峰时期能够召集 20 万名战士，在南方则有莫卧儿人。他们一稳定下来，就挡住了乌兹别克人的攻击，尽管乌兹别克人确实向阿富汗部分地区进行了扩张。莫卧儿人还找到了一个好盟友，即萨法维王朝，以共同对抗乌兹别克人。1510 年，穆罕默德·昔班尼试图渡过阿姆河向呼罗珊扩张，在木鹿败于伊斯玛仪一世之手。伊斯玛仪一世按照草原传统，以其头颅为饮器。穆罕默德·昔班尼曾试图与奥斯曼人联合对抗萨法维王朝，伊斯玛仪一世遂将他的头颅送给奥斯曼帝国，昭示他们的合谋已经失败。1514年以后，这件饮器物尽其用。绰号为"冷酷者"的奥斯曼苏丹塞里姆一世（Selim I）在查尔迪兰战役中使用加农炮打乱了萨法维弓骑兵的阵型，从而击败了伊斯玛仪一世。此后，伊斯玛仪一世意志消沉，酗酒成性。鉴于他自视为天下无敌的救世者"马赫迪"（Mahdi），这种行为就可以理解了。至少他的饮器仍能展示他昔日的辉煌。

因此，乌兹别克人在这些战线上受到了限制。东部边境上又出现了新的威胁——蒙古草原西部的瓦剌人，他们似乎想要击败所有的挑战者，包括乌兹别克人、哈萨克人、汉人和蒙古人。如果不与外敌交战，他们就自相征伐。乌兹别克汗国处境的恶化，是从1556年沙皇伊凡四世攻陷阿斯特拉罕汗国之后开始的。这导致其他成吉思汗后裔进入这一地区，从而造成了更多的汗位继承问题。札尼人是来自阿斯特拉罕汗国的成吉思汗后裔，尽管是避难之民，但仍然拥有相当大的影响力。尽管乌兹别克帝国是在其邻国政权更迭时期崛起的，但在穆罕默德·昔班尼死后，其后裔也取得了成功。兀伯都剌汗（1533—1539年在位）是昔班尼后裔中最有才能的汗。尽管没能扩张到阿姆河之外，但是兀伯都剌汗使乌兹别克成为萨法维王朝一直无法忽视的劲敌。呼罗珊生产力的破坏多半可以追溯到乌兹别克汗国与萨法维王朝的战争时期，而非蒙古时期。尽管兀伯都剌汗在针对希瓦城的一场战争中被自己的一位亲属所杀，但是他的坚强意志和领导力在他死后发生的事件中仍然颇具影响力。他最大的成功就是维持了乌兹别克汗国的统一，尽管乌兹别克贵族们有着独立的倾向。

在兀伯都剌汗死后，他的亲属们自相残杀，而很少对外作战——每个人都想将各自的领地转变为独立国家。当然也有团结统一的时期，比如在阿卜杜拉汗二世（1583—1598年在位）治下，只不过他凭借的是铁腕统治。在他的统治下，臣属们十分恼怒，而商业和农业则走向繁荣。此外，他还征服了喀什噶尔，使乌兹别克汗国扩张到了今天的中国新疆地区。同时，呼罗珊仍然是乌兹别克汗国与萨法维王朝之间的战场。阿卜杜拉汗于1598年去世，昔班尼系在河中地区的统治也走到了终点。他的继承者们在他死后的几个月内也被杀了，帝国落入他的妹夫札尼汗手中，他是阿斯特拉罕的成吉思汗后裔，札尼汗又让位于其子巴吉汗（1599—1605年在位）。

札尼王朝未能维持帝国的统一，乌兹别克汗国最终分裂为三个汗国。札尼系统治了乌兹别克汗国的核心地区布哈拉，被称为布哈拉汗国（1500—1785）。希瓦汗国（1539—1920）在1539年兀伯都剌汗死后获得了一定的独立性，依然由昔班尼系控制。浩罕汗国（1709—1883）则位于费尔干纳河谷地。由于进一步分裂，这三个汗国无力抵挡更多新政权的挑战，例如从伊朗快速扩张而来的纳迪尔沙（Nadir Shah，1736—1747年在位）。在三个汗国内，新王朝纷纷崛起，在布哈拉汗国有曼吉特王朝，在希瓦汗国有弘吉剌王朝，在浩罕汗国有明格王朝。由于敌对的莫卧儿帝国、萨法维王朝、哈萨克人和瓦剌人的存在，这些乌兹别克国家遭到了削弱和些许孤立，从长远来看已不再是威胁。到19世纪，俄罗斯帝国吞并了它们，只有希瓦汗国维持了表面上的自治，直到十月革命爆发。1912年，希瓦汗国的成吉思汗系统治者被赶下了汗位。

在乌兹别克人渡过锡尔河的同时，哈萨克人仍然留在草原上，成为一支潜在的势力，但他们逐渐进入俄罗斯的势力范围，在18世纪初失去了独立性。不过在近300年中，他们仍然被视作一支势力。如前文所述，哈萨克人出现于15世纪，当时札尼别汗和怯来汗反对阿布海尔汗的强权，借瓦剌进攻之机，从乌兹别克汗国中分裂了出去。哈萨克汗国建立的确切时间很难考证，但可以肯定，它在15世纪最后四分之一的时间里就已经存在了。[1]哈萨克汗国早期主要消耗在与乌兹别克汗国的战争中，两国在1500年终于达成了停战协定，只是偶尔还发生一些冲突。在哈斯木汗（1511—1518年在位）治下，哈萨克汗国达到了巅峰。在他的统治下，很多其他游牧民族也加入了哈萨克汗国，其中包括几支诺盖系部族，以及来自之前的察合台系莫卧儿人中的乃蛮和阿儿浑。[2]哈斯木汗的汗国西至乌拉尔河，东达七河地区，北邻额尔齐斯河，南界锡尔河。哈斯木汗治下汗国的遽然膨胀，以及哈萨克人反对阿布海尔汗在乌兹别克汗国施行中央集权统治的遗留问题，阻碍了哈萨克汗国的长期统一。哈斯木汗死后，几乎立即就出现了三帐，即七河地区的大帐（大玉兹）、锡尔河草原与西伯利亚森林地带的中帐（中玉兹）以及乌拉尔河以东的小帐（小

---

1 Martha Brill Olcott, *The Kazakhs*, 2nd edn（Stanford, CA, 1995）, p. 8.
2 同上，p. 9。

玉兹）。尽管 16 世纪末至 17 世纪时汗国在表面上仍然是统一的，但就像哈萨克人试图从乌兹别克人手中夺取河中地区那样是十分短暂的。在塔武凯勒汗（1586—1598 年在位）的领导下，哈萨克人攻陷了几座城市，但是未能在 1598 年的攻城战中拿下布哈拉。在没有强力的汗的情况下，诸帐越来越独立，到 18 世纪，哈萨克汗国显然已不复存在，而是名存实亡。

随着另一个继承国准噶尔（瓦剌的一支）的到来，哈萨克汗国在 17 世纪中叶开始衰落。尽管哈萨克汗国最初抵挡住了准噶尔，但接踵而至的战争一直持续到了 18 世纪，造成了横跨草原的浩劫，准噶尔以及从中分出去的卡尔梅克人抢走了哈萨克人的牧地和牲畜。准噶尔的威胁迫使哈萨克人再次联合起来，否则就要濒临灭亡。头克汗（1680—1718 年在位）率领三帐，与形成于塔尔巴哈台和西蒙古地区的日渐强大的准噶尔汗国进行殊死搏斗。自 17 世纪中叶起，准噶尔便开始抢掠牲畜，但到 1698 年，准噶尔对巴尔喀什湖一带的抢掠日益频繁，哈萨克人很快失去了伊犁河盆地。1718 年，头克汗率领诸帐联军在巴尔喀什湖以北的阿亚古兹河抵抗了准噶尔三天，但他对准噶尔的抗击功败垂成。随着哈萨克人的失败，准噶尔继续进军，又在塔什干以北击败了哈萨克中帐军。这一时期的哈萨克汗国遭到准噶尔人和卡尔梅克人的东西两面夹击，面临着各条战线的全面战败，在其历史上被称为“大危难”（aktaban shubrundy）时期。[1]

1　Chantal Lemercier-Quelquejay, 'The Kazakhs and the Kirghiz', in *Central Asia*, ed. Gavin Hambly（New York, 1969）, p. 146.

　　1718年头克汗死后，哈萨克汗国诸帐无可挽回地再次分裂，大帐和中帐有时臣服于准噶尔。在18世纪剩余的时间里，哈萨克人一直在准噶尔、俄罗斯和清帝国之间挣扎着维持独立。面对准噶尔和卡尔梅克人，小帐转而求助于俄罗斯。俄罗斯认识到，如果哈萨克汗国被并入准噶尔，将威胁到自身的利益，因此极其乐于伸出援手。小帐的汗阿布海尔汗于1730年臣服于俄国沙皇。然而，哈萨克人并不总是最忠诚的臣属，最终俄罗斯慢慢诱使哈萨克人在政治上就范。其他哈萨克人在各方面的压力之下，逐渐也向俄罗斯请求庇护以抵御准噶尔。尽管清帝国在1758年终结了准噶尔的威胁，但俄罗斯在草原上的驻军足以防止哈萨克汗国东山再起。到1822年，哈萨克人已无法再自主选汗了，汗倾向于作为"客人"居住于俄罗斯的城市中。因此，非成吉思汗系的贵族苏丹们获得了一些权力，但是已经无力回天。到1846年，哈萨克人成为俄罗斯帝国的一部分。

　　在东方，我们很难将明朝视为蒙古帝国的继承国，尤其是考虑到明朝建长城是为了防御蒙古帝国的蒙古继承者们的袭击，但是明朝仍然与蒙元时期之前的中国王朝有着不同的运作模式。尽管明朝确实接收了元朝的朝贡国，但却是排外的，同时也延续了蒙古的一些制度，例如行省制。蒙古的统治完全改变了省一级的行政，元朝设立了11个行省，明朝重划为15个，清朝增至18个，行政结构皆源自元朝。

　　无论如何，明朝的兴起极大地改变了这一地区。300年来，中国本土（除了长城和戈壁沙漠之间的内蒙古、西域及吐蕃）首次统一于一个汉族王朝之下。自10世纪以来，华北便一直由非汉族王朝统治，包括契丹、女真和蒙古，西北的统治者则是唐兀（党项）和蒙古。甚至今天北京所在的地区，自 10 世纪之后就处在汉族王朝的控制之外了。鲁大维（David Robinson）教授指出，明朝定都北京是汉族意识的转折点，因为此前北京不是汉人传统意义上的中心。[1]对明朝而言，有必要让政治中心靠近草原，这样才能抵挡蒙古的袭击，而向高丽施加影响以削弱其对蒙古的忠诚也是一个重要原因。有学者认为，蒙古的入侵可能助益高丽转型为一个"隐士王国"。[2]正如蒙古的统治导致明朝有排外倾向，高丽也开始实行较为封闭的政策。

明朝统治地区稳定了下来，而北元王朝则分裂了。直到 1479 年达延汗作为成吉思汗的第 28 代继承人崛起，蒙古地区才基本稳定下来。得益于其前任汗满都鲁（1473—1479 年在位）对喀尔喀蒙古的统一，达延汗击败了从西蒙古向中央蒙古扩张的瓦剌。达延汗将他们驱逐出今天的蒙古国地区，对明朝也造成了压力。然而统一转瞬即逝，1517 年达延汗死后，他的九个儿子争夺汗位，造成了蒙古内部至今犹存的分歧。达延汗的举措之一是将其领土分为左、右两翼，每翼三个万户，共六个万户。察哈尔、兀良哈、喀尔喀、鄂尔多斯、土默特、永谢布这六个万户成为成吉思汗系蒙古部族。虽然蒙古人承认察哈尔首领为汗，但其他五位首领只是将他视为同等首领中的居

1　David M. Robinson，*Empire's Twilight: Northeast Asia Under the Mongols*（Cambridge，MA，2009），p. 64.

2　Michael J. Seth，*A Concise History of Korea: From the Neolithic Period through the Nineteenth Century*（Lanham，MD，2006），pp. 109-110.

首者。不久，六部首领都拥有了汗号。由此造成的不利影响是破坏了"汗"这一称号的重要性，使之变成仅指六部中某一部的首领了。

到16世纪，蒙古（包括漠南和漠北）处于较为克制的混乱状态中，诸孛儿只斤（不仅有成吉思汗后裔，也有其兄弟的后裔）带领着各个部族互相攻伐，或攻击明朝和瓦剌。在漠南蒙古（基本上是今天内蒙古自治区的大部），达延汗的孙子、土默特首领阿勒坦（俺答汗）在佛教的支持下，通过达赖喇嘛确认其为汗，建立了新的正统传承，使他的地位在理论上高于其他成吉思汗后裔诸王。尽管他得以维持对多数蒙古人的统治权，就像成吉思汗后裔常常做的那样，但是这次统一是短暂的。无论如何，孛儿只斤氏贵族的内部纷争铸就了蒙古人的普遍身份认同，因为那些孛儿只斤氏（尤其是成吉思汗后裔）诸王统治下的游牧民自行与瓦剌进行区分，这造就了现代蒙古人的身份认同。

到17世纪，只有两个真正的继承国仍然存在，即准噶尔汗国和清帝国。清帝国得到了东蒙古人的支持，原因是他们对察哈尔汗的不信任、林丹汗与满洲的联姻，以及满洲击败林丹汗而得到成吉思汗玉玺的这一事实。满文是基于回鹘体蒙古文创制的，而后者是成吉思汗于1204年命人创制的文字。其他的关联还包括他们都信仰藏传佛教，以达赖喇嘛为最高宗教领袖。这些因素加上迎娶成吉思汗系的公主，使清朝获得了合法性，并因达赖喇嘛向清朝统治者授予汗位而得到了巩固。这样一来，清朝皇帝就能够被正当地视为"阿勒坦汗"（即黄金汗）。黄金是代表皇家权力的颜色，这一称号比多数成吉思汗后裔使用的汗号拥有更强的合法性。

　　同样在东方争夺蒙古帝国遗产的还有准噶尔汗国。准噶尔汗国并不是蒙古帝国的直接继承者，而是15世纪瓦剌联盟的继承者，该联盟形成于元帝国崩溃之后。从16世纪到18世纪，准噶尔一直在争夺对蒙古、吐蕃、哈萨克汗国、乌兹别克汗国甚至西伯利亚的控制权。准噶尔汗国是最后一个强大的草原政权，在这个意义上，它应该被视作一个继承国。准噶尔汗国军队的战法与蒙古类似，政治结构也是以蒙古帝国的为基础。达赖喇嘛也授予准噶尔统治者汗号，使他们也拥有了继承者的合法性。准噶尔汗国与清朝一样无法再现蒙古帝国当年的辉煌，但是可以被视为蒙古帝国遗产的继承者。

　　随着准噶尔汗国在18世纪被击败，蒙古帝国及其继承国的历史真正终结了。尽管俄罗斯帝国继续扩张进入中亚并跨越西伯利亚，但它已经不再是一个草原国家，而是一个欧洲帝国主义国家。清朝也不再是一个继承国了。正如濮德培（Peter Perdue）所论，清朝击败准噶尔是消除了一个心腹大患，它不仅是军事上的，也是合法性意义上的巨大威胁。[1]二者争夺内亚藏传佛教世界的霸权。为了击败准噶尔，清朝调动了极大的人力、物力和牲畜资源。1757年准噶尔的威胁消除之后，清帝国便没有了外患，直到鸦片战争时欧洲帝国主义的入侵。俄罗斯并不是一个威胁，因为它想要开展通商贸易，在东方地区没有足够的兵力威胁清朝。扫平准噶尔，也降低了蒙古人对于

1　Peter C. Perdue，*China Marches West: The Qing Conquest of Central Eurasia*（Cambridge，MA，2005），pp. 549-565.

清朝的重要性。蒙古人有可能投向准噶尔，甚至有可能重建一个成吉思汗系王朝，这成为清朝皇帝脑中盘旋不去的幽灵。清朝需要蒙古人的支持，来击败准噶尔并征服中原。中原比准噶尔更容易征服，但是一旦准噶尔被击败了，清朝的注意力就转向了帝国中人口更为密集的地区。尽管清朝皇帝继续扮演内亚汗的角色，但是他越来越多地成为中原皇帝。这与忽必烈的做法相似，但成吉思汗却不会这么做。

萦绕至今的蒙古影响

尽管蒙古帝国已经消失，数量众多的继承国来去匆匆，但蒙古帝国的影响持续得更久。19世纪初，英国探险家、东印度公司官员亚历山大·伯恩斯（Alexander Burnes）进入了阿富汗。迎接他的是一位政府官员，被称为"elchee"。[1]伯恩斯对这个官称可能并未留意，但这是一个蒙古官称，即额勒赤（elchi），意为"使臣"。这显然是蒙古帝国的遗留。问题是，它如何留在了阿富汗？为何普什图王朝仍在使用？合理的解释是，它不仅在蒙古帝国得到使用，也深深地留在了帖木儿帝国、乌兹别克汗国及莫卧儿帝国的文化中。

阿富汗还留有其他的蒙古影响。哈扎拉人和一部分艾马克人都是蒙古统治的遗留。事实上，尽管阿富汗现在号称"帝国的墓场"，但蒙古人在这里的统治几近150年。"哈扎拉"之

1　Alexander Burnes, *Cabool*, 2nd edn（London，1843），p. 168.

名源于波斯语，意为"一千"，相当于蒙古语中的"千户"
（mingan）。艾马克人是游牧民与半游牧民的混血后裔，其
中也包括蒙古人。诡异的是，蒙古士兵再次踏上了征程，但这
次是在阿富汗和伊拉克担任维和部队，或是与美国及其他国家
一起参加在蒙古国举行的代号为"可汗探索"的军事演习。

世界上的大多数人并不知道，成吉思汗在20世纪仍然相
当活跃，操纵着世界政治，或者至少是历史事件中的一颗
棋子，甚至服务于第二次世界大战。哈罗德·兰姆（Harold
Lamb）写于1927年的成吉思汗传记，将这位伟大的蒙古领袖
再次介绍给了西方人。而在东亚，他成为东亚政治中的一颗棋
子，日本、中国和苏联都曾争夺蒙古人的支持。尽管日本和中
国争夺的是内蒙古的注意力，但其很多举措都具有影响蒙古国
观点的潜力。

日本和中国都试图通过推崇成吉思汗来影响内蒙古民众的
观点。日本在1931年至1945年侵占内蒙古期间，在乌兰浩特
建造了一座大型的成吉思汗庙（面积超过762平方米）。中国
国民党保护伊金霍洛的成吉思汗陵，将其从鄂尔多斯迁至甘
肃，目的是维持内蒙古的支持。中国共产党则以成吉思汗的精
神号召内蒙古人民反抗日本侵略者。

认领成吉思汗的努力并没有直接影响蒙古国，但使用成吉
思汗的画像和身份认同，却表明了成吉思汗和蒙古人民在战争
时期的重要性。考虑到当时日本流行的观点是相信成吉思汗是
一位日本武士转世，[1]有人可能会想知道日本如何将成吉思汗

---

1 关于这一观念史的有趣讨论，参看 Joshua Fogel, 'Chinggis on the Japanese
Mind', *Mongolian Studies*，XXXI（2009），pp. 259-270。

陵用作对蒙古的宣传品——尤其是他们阶段性地支持泛蒙古运动，令苏联十分恼怒。

苏联在第二次世界大战期间也强调成吉思汗的重要性。为了维持蒙古的忠诚，苏联认可了成吉思汗，正如其在面对德国入侵时将俄罗斯民族英雄亚历山大·涅夫斯基（Alexander Nevskii）用作爱国主义宣传品。随着"二战"的结束，苏联的领导者也改变了观点。在"二战"末期，民族主义宣传品已不太得宠了，因为苏联担心非俄罗斯民族的英雄可能会使反共产主义的人物团结起来。蒙古国作为苏联的卫星国，在1949年按照苏联的榜样行事，将成吉思汗定为反动的封建君主，将他的征战完全描绘为剥削人民的屠杀式远征。

1953年斯大林去世后，较为温和的言辞出现了，但是政府的慎重态度并没有一起消失。简单地说，如果著作中不持反成吉思汗的论调，就无法出版——不过至少秘密警察不会登门拜访了。在内蒙古，完全否定成吉思汗的观点存在时间相对短暂。共产党战胜国民党后，迎回了成吉思汗陵。1954年，成吉思汗陵荣归伊金霍洛。两年后，中国政府建造了一座灵堂（面积近465平方米），并开始恢复日本人在乌兰浩特所建的成吉思汗庙。随着中国热切地与蒙古国重新建立关系，中国对成吉思汗的热爱具有影响公众的潜力。

蒙古国政府重新考虑了对待成吉思汗的立场，尤其是将1962年定为成吉思汗诞生800周年。没有人能够确定他的生年，西方学者考之为1165年或1167年，但是在蒙古国，1162年说仍然最为流行。尽管蒙古人民革命党中央第一书记泽登巴尔（Tsedenbal）并未完全肯定此说，但蒙古国科学院获许研究这一问题。尊崇成吉思汗的第一步无伤大雅，即发行纪念章，召开学术会议，以及在国家级报纸《真理报》（Ünen）上发表社论。下一步则比较大胆，即建造一座高11米的纪念石碑，上面有成吉思汗的肖像，石碑竖立在肯特省君脑儿的成吉思汗出生地附近。

蒙古国在1912年成为世界上第二个共产主义国家，在多数事务上都遵从苏联的领导。但在这件事上，蒙古国并没有询问苏联。苏联的史学家们批评了这次学术会议。中国的反应则很不一样，尽管中国的一些史学家批评了成吉思汗，但也有一些史学家称赞了他。他们的观点反映的并不是蒙古的历史背景，而是成吉思汗在中国历史中的地位——尤其是作为一位实现统一的君主。同样在1962年，中国的内蒙古自治区也召开了一次自己的成吉思汗主题会议，导致了苏联与中国关系的紧张。在这次会议上，一些学者提出蒙古应该重归中国，引起了苏联的激烈批评。苏联延续其对成吉思汗的负面评价，不仅批评了1962年的全部事件，而且将那些敢于批评苏联成吉思汗研究的蒙古国学者定罪。蒙古人在13世纪30年代末征服了俄罗斯并统治了200年，这一事实在苏联的政策中发挥的作用不言而喻。最终，泽登巴尔将一名党内干部图木耳–奥其尔（Daramyn Tomor-Ochir）作为全部事件的罪魁祸首予以免职处分，基本上平息了事态。[1]

然而，蒙古国的学者们并没能逃脱苏联的雷霆之怒。蒙

---

1 Timothy May, *Culture and Customs of Mongolia*（Westport，CT，2009），pp. 145-146.

古国最伟大的学者之一丕尔烈（X. Perlee）拒绝接受苏联的规则，结果遭到了囚禁，而且在出狱后，他出国从事研究的请求也被政府否决了。他作为图木耳–奥其尔的老师，也因这一事实而成了靶子。学者们的亲属也受到了政府的监视，很多人面临降职或者解雇。与此同时，成吉思汗诞生地一带变成了苏联的坦克基地，严格限制出入。

　　成吉思汗事件也是中苏决裂期间的一个小插曲。苏联谴责任何中国学者对成吉思汗的正面评价，但并非所有的敌意都出于俄罗斯或马克思主义的成吉思汗观。一些负面反应是因为有学者暗示，如果没有蒙古人向俄罗斯传播中国文化，俄罗斯人可能仍然是无知的野蛮人。[1]1975年，泽登巴尔嘲笑了中国对成吉思汗的痴迷，并将其联系到1962年内蒙古会议上一些激进者提出的蒙古回归中国的观点。因此，尊崇成吉思汗使蒙古国的独立陷入了危机。苏联和中国两方面都不是真的偏爱成吉思汗在其历史中的地位。尽管在20世纪50年代以及60年代初期，中国抬高了成吉思汗的地位，但总体而言，在内蒙古之外，人们对此话题无甚兴趣。而20世纪60年代后期和70年代初期的"文化大革命"完全颠覆了这一情况，因为研究或者赞扬成吉思汗的相关内蒙古学者及其他人成了被迫害的目标，同时，乌兰浩特的成吉思汗庙和鄂尔多斯的成吉思汗陵都遭到了严重破坏。

　　成吉思汗在一生中都面临逆境并不断将其克服，即便死后

1　Jack Weatherford, 'A Scholarly Quest to Understand Genghis Khan', *Chronicle of Higher Education*, XLVI/32（2000）.

他也延续了这一传统。2005 年，成吉思汗陵得到了 3,000 万美元的重修费用，现在吸引着数以百万计的游客（主要是汉族人）。相应地，陵庙的外观也更加具有汉族风格，成吉思汗被认为是一个中国王朝的创始人，而不是外来者。例如，装饰主题中包括龙，而不是马、狼或鹰。[1]

　　如前所举证，俄罗斯人常常因为他们同蒙古人之间的关系而感到不安。所谓的"蒙古之轭"和"鞑靼之轭"，是在抱怨蒙古人导致俄罗斯落后于西方，这已被证明是一种毫无依据的传说。[2]但传说很难被遗忘。作为针对俄罗斯愈演愈烈的酗酒风气的反对运动的一部分，政治家和科学家将其归咎于蒙古人。这在很大程度上与蒙古人的形象有关，而这种形象很少是正面的。俄罗斯仍然在与蒙古帝国间的关系中挣扎。一些人将其看作在中世纪天主教扩张的情况下对俄罗斯文化和俄罗斯东正教的保护，蒙古人曾支持亚历山大·涅夫斯基抗击瑞典十字军和条顿骑士团。[3]在苏联解体后的俄罗斯，有些人对布里亚特蒙古人的民族主义情绪感到紧张。与中国不同，俄罗斯并没有成吉思汗的纪念物，但是其出现的可能性就已经造成很多人的紧张了。有趣的是，俄罗斯人和布里亚特人的知识阶层比劳动阶层对成吉思汗的看法更加正面。因此，有一些俄罗斯人和布里亚特人一起寻求使成吉思汗得到承认。除了中国和蒙古国

1　Joshua Kucera, 'The Search for Genghis Khan：Genghis Khan's Legacy Being Reappraised in China, Russia'，见 www.eurasianet.org，2011 年 1 月 23 日访问。游客数量可能有所夸张。

2　Charles Halperin, *The Tatar Yoke*（Columbus, OH, 1985）.

3　Kucera, 'The Search for Genghis Khan'.

宣称拥有成吉思汗的长眠之所，俄罗斯也有一些人宣称成吉思汗墓位于布里亚特共和国境内的贝加尔湖附近。[1]然而多数人将此视作传说，并提出了另一个观点。一则新闻报道称：

> 然而，布里亚特人对于寻找成吉思汗墓并不太热情，阿里古斯（Arig-us）电视台主持人格尔曼·加尔萨诺夫（German Galsanov）说道。这家私人电视台以成吉思汗母亲的出生之地命名。"究竟为什么呢？"他问道，"我们无法获知任何新东西。"
>
> 他讲述了前苏联流行的一个故事。1941年，苏联考古学家打开了位于乌兹别克斯坦撒马尔罕的跛子帖木儿墓——帖木儿是成吉思汗的后裔，建立了自己的帝国。两天后，德国入侵苏联。"如果那就是我们打开帖木儿墓的后果，"他说，"想象一下，如果我们打开成吉思汗墓，后果会是怎样？"[2]

蒙古人的形象

正如上述故事中所显示的，尽管蒙古对世界历史有着很大影响，但人们基本上只记住了他们带来的破坏。尽管几个世纪

1　Kucera，'The Search for Genghis Khan'.

2　同上。

过去了，蒙古人仍然被视为一支不可阻挡的力量，决意摧毁他们遇到的一切，尤其是"那些他们不理解的东西"。[1]而且，这种观点不仅直到几十年前仍充斥于学术著述当中，更广泛存在于大众文学和流行文化的想象中。我们可以看看大众娱乐中最纯良的形式，即从电影到漫画书中的表现。在流行的漫威超级英雄漫画《雷神》（*Thor*）中，跛足的唐纳德·布莱克医生（雷神在人间的身份）在遭遇一系列挫折之后，自言自语道："唯一能使今天变得更糟糕的，就是成吉思汗和蒙古大军从我身上踏过。"[2]在史酷比系列电影《不情愿的狼人》（*The Reluctant Werewolf*）中，史酷比与沙迪在特兰斯瓦尼亚赛车时，吸血鬼德古拉释放出"成吉思刚"（Genghis Kong）来搞破坏，"成吉思刚"即成吉思汗与金刚的结合体。[3]在系列卡通片《蜘蛛侠和他的神奇朋友们》（*Spider-Man and His Amazing Friends*）中，一个恶人为了打败蜘蛛侠，将他置于一座竞技场中，对战史上最致命的武士——然后成吉思汗就出场了。[4]类似的例子还有很多，在电影《绿野仙踪》（*Wizard of OZ*）中，邪恶巫师的卫士就穿着类似蒙古式的服装。最后，在电影《赤色黎明》（*Red Dawn*）中，在苏联军队在密歇根的校园中着陆之前，一名高中历史教师在黑板上写下了成

1　*Storm from the East: From Genghis Khan to Khubilai Khan* [TV series]（London，1993）.

2　Alan Zelentz，'Runequest'，*Thor*，I/334（1983），p. 60.

3　*Scooby-Doo and the Reluctant Werewolf*，dir. Ray Patterson（1968）.

4　Christy Marx，*Spider-Man and His Amazing Friends*，episode'The Fantastic Mr Frump'，dir. Don Jurwich（26 September 1981）.

吉思汗的名字——预示了美国的末日。[1]在所有的例子中，一个人能够遇到的最糟糕的情况就是成吉思汗和蒙古人现身。英文中的"Genghis Khan"一词似乎就是这一形象的化身，尽管成吉思汗只是一位历史人物。

这一观点遍布20世纪的大众媒体，这并不值得惊奇，甚至会持续到21世纪并一直萦绕不去。与此相关的主要是东西方对"野蛮人"（即非定居文明）的偏见、东方主义以及"黄祸"论，当然还有蒙古人自身的作为。由于美国同日本、朝鲜和中国打过仗，且越南战争更是近在眼前，所以在一部关于成吉思汗的史诗电影[*]中并没有使用亚裔演员，而是由约翰·韦恩吊高了眉毛来出演，这并不令人感到惊讶。邓如萍指出："13世纪初遭受蒙古残杀冲击的人们，他们的后裔对蒙古人的评判，根据主流政治或宗教需求的不同而有差异。"[2]蒙古人常常是一个有价值的仇恨对象。2003年美国对伊拉克的入侵，曾被毫不避讳地比作旭烈兀摧毁巴格达，多数美国人略过了这一比较，因为他们并不知道旭烈兀是谁。而多数中东人则理解这一联系，也明白这不是一种恭维（尽管有人可能会想知道美国的将军们如何看待这一问题）。[3]此前，本·拉登等激进主义者征引伊本·泰米叶（1263—1328）的著述，试图将美国描绘成一种对伊斯兰教的威胁，且与蒙古是同一级别

1　John Milius and Kevin Reynolds，*Red Dawn*，dir. John Milius（1984）.

*　指1956年的美国电影《成吉思汗》（*The Conqueror*）。——译者

2　Ruth Dunnell，*Chinggis Khan: World Conqueror*（Boston，MA，2010），p. 93.

3　Araminta Wordsworth，'Saddam Plays on Fears of Mongol Devastation: Genghis Khan's Warriors Destroyed 13th-century Iraq'，*National Post*（22 January 2003），p. A15.

的。[1]伊本·泰米叶是马穆鲁克苏丹国的一位伊斯兰学者，他将蒙古视为伊斯兰世界最大的威胁——而这还是在蒙古人皈依伊斯兰教之后。

尽管这确实应该埋怨蒙古人自己，但有趣的是，其他的破坏性群体从未被贴上相同级别的污名标签。有些人喜欢歌颂这一威吓性的身份，例如有一支摩托党以"蒙古帮"自称，与"地狱天使帮"对立。其他历史群体似乎达不到这一标准。当然，汪达尔人的恶名也得到了一些认可。可能只有阿提拉与匈奴人或希特勒与纳粹拥有同一级别的恶名。

在21世纪的曙光下，情况发生了很多变化。自1696年清帝国征服蒙古各部之后，蒙古国现在第一次获得了真正意义上的独立。而成吉思汗很快就理所应当地成为其国父。这位成吉思汗是所有正面因素的代表——他曾经使蒙古走向强大，而它即将再次崛起，尽管其疆域不再如历史上那样广阔。因此，蒙古人承认的是蒙古帝国较为正面的因素，而不仅仅是其杀伐。

今天在蒙古国，没有人能够避谈成吉思汗和蒙古帝国的遗产。对蒙古人而言，成吉思汗是国父；对外人而言，成吉思汗是蒙古历史上最著名的人物，在标志着成吉思汗建立蒙古帝国800周年的2006年之后更是如此。他的面孔和形象无处不在。如果你去蒙古国旅行，就会抵达乌兰巴托的成吉思汗机场。然后，你坐上出租车去成吉思汗银行兑换钱币，而500图格里克

1　Michael Scott Doran, 'Somebody Else's Civil War', *Foreign Affairs*, LXXXI/l（2002）, pp. 31-32.

以上额度的钞票上全都是成吉思汗的肖像。在这一过程中，你可能会路过成吉思汗大街。需要住宿？试试成吉思汗旅馆。饿了？到成吉思饭店就餐，想解渴就喝一杯成吉思啤酒——一种非常德国风格的啤酒。第二天，你可能发现自己累了，那么可以来点成吉思汗功能饮料。参观了所有的成吉思汗旅游点之后，可能你在临睡前会喝点某种带有成吉思汗肖像的伏特加。

与此同时，成吉思汗一直在观察你在乌兰巴托的行动，因为他的头像被装饰在山坡上，俯瞰着这座城市。他的形象无处不在，且十分显眼，如苏赫巴特尔广场上的纪念堂，使这座城市和这座广场得名所自的苏赫巴特尔（Sukhbaatar）的塑像都黯然失色。中央为高5米的坐像，两边是他的继承者们和一对精心雕刻的蒙古战士，确实令人印象深刻。殿堂和塑像的规模证明了成吉思汗的重要性，以及这个国家未来的方向。这座纪念堂比蒙古国的共产主义英雄苏赫巴特尔的陵墓和塑像都要巨大得多。2006年，有传言说乌兰巴托要改名为"成吉思汗市"。但是，所有这些与乌兰巴托以外的草原上的成吉思汗巨型金属塑像相比都黯然失色。这座高40米的成吉思汗塑像在草原上拔地而起，人们甚至可以进入其中，站在成吉思汗坐骑两眼之间的平台上眺望草原。

将成吉思汗用作一种历史的象征和国家的骄傲是极为重要的。与此同时，在蒙古国的共产主义阶段结束之后，蒙古人很快也开始研究广告。不出所料，这引发人们思考具体该如何使用成吉思汗这一"品牌"。成吉思汗牌伏特加是很有趣的，但如果出现成吉思汗牌厕纸则令人情何以堪？在广告中使用成吉思汗应该有所限制吗？而且，并不是只有蒙古人想要利用成吉思汗的威名，俄罗斯、哈萨克斯坦和中国都试图挖掘成吉思汗的遗产。因此在 2006 年，蒙古国国家大呼拉尔讨论了这一问题，以及如何加以控制。

　　成吉思汗对于蒙古国的重要性不应被低估。他象征着蒙古国的思想和希望，正如传说中的“永恒之王”亚瑟王（King Arthur）之于英国。关于成吉思汗有几种传说，[1]对应了很多文化中的某种传统，拉格兰男爵（Lord Raglan）称之为“沉睡的武者”。[2]归纳而言，在“沉睡的武者”的传说中，一位来自过去的长眠的英雄，会在发生重大危难之时从隐匿之地苏醒，并拯救其故乡。

　　考虑到成吉思汗是蒙古国的国父，他在蒙古国越来越受欢迎也就不足为奇了。蒙古族本身比蒙古帝国的历史更为久远。值得注意的是，多数蒙古人很少谈到成吉思汗在蒙古以外的作为，而更喜欢谈论他的政治才能、视野和法律。对他们而言，征服是次要的，重要的是成吉思汗带给蒙古人的制度。这并不是因为他们对征服的残酷感到抱歉，而是他们认识到了成吉思汗其他举措的重要性。因此，自 1990 年以来，成吉思汗就成为蒙古民族主义的基本标志。不仅如此，成吉思汗不仅是国家之父，而且很多人（包括学者和政治家）也认为成吉思汗是蒙古国成功转型为一个民主国家的原因。在很多蒙古人眼中，民主的架构是成吉思汗创造的，因为他让自己的继承人以

1　May, *Culture and Customs of Mongolia*，p. 141.

2　Fitzroy Raglan, *The Hero: A Study in Tradition, Myth, and Drama*（New York, 1937），pp. 41-42.

选举的方式确定。[1]尽管该观点的历史可信度相当有疑问，因为只有成吉思汗的后裔才可以成为统治者，但这也阐明了民主萌芽的合理性和正当性。通过将民主制度追溯到成吉思汗身上，民主制度的正当性便得以证实，并成为蒙古习俗和文化的一部分。显然，成吉思汗和蒙古帝国的重要性都不能被无视。蒙古帝国的创建者成为蒙古的象征，只是这一形象在不同的时期会有差异。在这一背景之下，内蒙古人依赖成吉思汗，而其他人则借助其美德，便不足为奇了。

与蒙古国一样，哈萨克斯坦在苏联解体时也得以独立。哈萨克人没有将札尼别汗或哈斯木汗作为国父，而是转向了成吉思汗。许多哈萨克人去进行了DNA检测或者到处游说，以求将自己的名字写入成吉思汗的家谱中。[2]哈萨克斯坦是电影《蒙古王》（Mongol）的首要参与方，这是一部关于成吉思汗崛起的传记电影。制作这部电影的目的之一就是教育哈萨克人，成吉思汗是他们历史上的英雄。[3]

关于成吉思汗更为温和的观点，对于西方人而言逐渐不再古怪了。尽管数十年来，研究蒙古帝国的学者们早已了解成吉思汗的全貌，但尚未传达给大众，不过现在已逐渐有所变化。原因之一就是美国学者杰克·威泽弗德（Jack Weatherford）

---

1 Paula Sabloff, 'Why Mongolia? The Political Culture of an Emerging Democracy', *Central Asian Survey*, XXI/l（2002），pp. 19-36. 亦可参看 Andrew F. March, 'Citizen Genghis？ On Explaining Mongolian Democracy through "Political Culture" ', *Central Asian Survey*, XXII/l（2003），pp. 61-66。

2 Richard Orange, 'Kazakhs striving to prove Genghis Khan descent', *Daily Telegraph*（4 October 2010），p. 20.

3 'Kazakhstan seeks identity on the big screen', *Christian Science Monitor*（8 May 2008），p. 20.

的成功，他的《成吉思汗与现代世界的形成》（*Genghis Khan and the Making of the Modern World*）一书在《纽约时报》畅销书排行榜上停留了数周之久。作为一位人类学家，威泽弗德深掘了蒙古人的情感。尽管有时在史实的准确性方面有些随意，但他以丰富的文化视野，描绘出了关于蒙古帝国较为乐观的观点。他并不是唯一一位认识到蒙古人正面成就的学者。基本上，在每一本关于蒙古人的书中，都有一部分章节论及其遗产（你现在读的正是本书的这一部分），探讨其长时段的影响。这一变化的关键，毫无疑问是世界史作为一个学科的兴起，缓慢而热情地接受蒙古人为全球史的先驱和改变世界的重要催化剂，这将在本书第二部分中进行论述。我在讲授现代世界史时以蒙古帝国为开端，不仅因为这是我的专业方向，也因为它是全球化、现代军事和欧亚版图变迁的先驱。而且，还有哪个帝国能把约翰·韦恩、达赖喇嘛、哥伦布和莎士比亚联系到一起呢？

第二部分

成吉思大交换

第 4 章

蒙古治世与贸易

蒙古帝国对于促进贸易有很大的兴趣，这一点已得到了充分的证实。一个从喀尔巴阡山脉延伸到日本海的统一帝国，确保了诸条商路的安全，也降低了商人们穿越欧亚诸商路所需支付的关税与费用。据说，一名处女拿着装满珍宝的金瓮，也能够从帝国的一头走到另一头而不受骚扰。这也许有些夸张，但确实传达了一个观点，即欧亚诸商路比以往任何时候都更安全了，新的商路也繁荣起来，超越了传统意义上的丝绸之路。然而，对于蒙古人是如何做到这一点的，我们仍然缺乏了解。建立史上最辽阔的帝国，当然有助于商路的安全，然而是什么将商人们从主要的商路上吸引到蒙古汗廷呢？丝绸之路横穿中亚，而蒙古草原不仅离开了其主路，甚至比偏僻的小路更远。

但是，蒙古草原上的游牧者与定居王朝之间的贸易存在了许多个世纪。我们对于11至12世纪蒙古草原诸部族与辽、金、西夏王朝之间的贸易所知甚少，只知道与战争相关的货物是禁止进入草原的，但仍有许多中间商从中渔利。[1]大多数贸易以"朝贡"的形式在今内蒙古的边境城镇进行。很少有商人真的冒险进入草原，尤其是戈壁以北，因为对于大型商队而言，这是极大的冒险。事实上，在前蒙古时代，与中原王朝之间的贸易经常始于抢掠的威胁。从游牧者的角度来看，"战争与贸易并不矛盾，相反，贸易包括战争，因为要创造贸易的可能性，就需要军事行动"。[2]在游牧-农耕商业关系中，货物的获得方式有三种基本类型。第一类是游牧者暗中与中原进行贸易，意味着朝廷对此并不认可。多数游牧者都采取这种形式。第二类是通过官方渠道，即游牧者向皇帝称臣（至少在名义上如此），从而在皇帝许可的地域内进行朝贡与贸易。这种形式使游牧首领们获利，因为皇帝赏赐的礼物直接到了他们手里，随后他们可以自己保留或者赐予属下。最后一类是游牧者抢掠边境以夺取财货，然后按照等级地位分配战利品，但这种险中取货的方式也给他们带来了很多危险。[3]

成吉思汗与早期的贸易

　　蒙古帝国的崛起改变了传统的游牧-农耕贸易形式，不仅

1　Thomas T. Allsen, 'Mongolian Princes and Their Merchant Partners, 1200-1260', *Asia Major*（1989）, 3rd ser., II/2, p. 86.

2　Hilda Ecsedy, 'Trade-and-War Relations between the Turks and China', *Acta Orientalia Hungaricae*, XXI（1968）, p. 141.

3　Sechin Jagchid and Van Jay Symons, *Peace, War, and Trade Along the Great Wall: Nomadic-Chinese Interaction Through Two Millennia*（Bloomington, IN, 1989）, pp. 13-14.

消灭了许多试图控制商路的政权，而且也带来了一次观念上的改变。这一改变是决定性的，关系到蒙古人对于贸易的构想。正如珍妮特・阿布－卢格霍德（Janet Abu-Lughod）所论：

> 统一并不一定会减少运输的总成本，但是它具有这样的潜质，只是取决于政策的选择而已。一个政权做出的主要贡献，是以"法律与法令"为根基，减少不可预估的保护费。在统一的状态下，贡物征收者们相互矛盾的情况消失了，通行费有了规范，这就使运输成本可以预估了。[1]

但政策上的一个决定是不够的，尤其是对于在洲际贸易中处于边缘地位的地区而言。观念上的改变是必不可少的。鉴于游牧者此前曾经与一些深入草原的商人一同建立一些贸易中心，蒙古人创造了一个舞台，让贸易自己送上门来。

成吉思汗早年便曾与几位在草原上做生意的穆斯林商人建立起重要联系。事实上，在1203年与克烈部交战受挫之后，成吉思汗在巴勒渚纳湖重组政权。他与湖边一个名为阿三（Asan/Hasan）的穆斯林商人订立了一个重要的誓约，阿三从事貂鼠皮和灰鼠皮贸易，当时正在湖边饮羊。[2]由此可见，穆斯林所居的中亚与西伯利亚之间存在着毛皮贸易，而且有一条商路从蒙古草原中央穿过。阿三在成吉思汗统治时期的

1　Janet Abu-Lughod, *Before European Hegemony: The World System AD 1250-1350*（New York，1989），p. 182.

2　Igor de Rachewiltz, trans. and ed., *The Secret History of the Mongols*（Leiden，2004），p. 104.

地位相当重要。不过，正如罗依果指出的，中亚的撒儿塔黑（Sartaq，城居穆斯林）并不会为了购买毛皮而向蒙古输入羊。更可能的是他将货物带入蒙古出售，在蒙古购买羊，然后转卖给居于贝加尔湖附近的槐因亦儿坚。他的最终目标是生皮，但是在途中也需要进行贸易以支付旅费。[1]无论如何，阿三的活动是蒙古帝国贸易模式的先驱。

随着成吉思汗的崛起，对于商路安全的保障逐渐转型。成吉思汗鼓励贸易，喜欢同造访其营地的商人们谈话。他的目的部分是搜集商人们所见的关于遥远地域的知识，同时也认识到了贸易对于他的新生王国的重要性。几乎自他统一草原之时起，他对于恢复和推动商业发展的渴求就开始了。在1206年的忽里勒台大会上，他设置了名为"哈剌黑赤"（qaraqchin）的卫士，在商路上保护商人。他们轮番当值，保障商队的安全，同时也承担其他职责。他们的主要职责之一便是审查商人，如果发现了成吉思汗感兴趣的商品，就敦促商人或者重新规划路线，使他们能够迅速前往成吉思汗营帐彼时所在之地。[2]随着蒙古人扩张至中亚，他们不仅得到了畏兀儿和哈剌鲁诸部的效忠，也控制了从阿马里（位于今哈萨克斯坦）至东方的商路。

当中亚的穆斯林商人抵达成吉思汗的营帐时，他们见到的

1　Igor de Rachewiltz, trans. and ed., *The Secret History of the Mongols*（Leiden, 2004）, p. 658.

2　'Ala al-Din Ata Malik Juvaini, *The History of the World-Conqueror*, trans. J. A. Boyle（Seattle, WA, 1997）, p. 78; 'Ala al-Din Ata Malik Juvaini, *Ta'rikh-i-Jahân-Gusha*, ed. Mirza Muhammad Qazvini（Leiden, 1912, 1916, 1937）, 3 vols, p. 5.

不仅是一位现成的顾客，也是一位老谋深算的生意伙伴。确
实，曾有一位名为巴勒乞黑（Balchikh）的商人将美丽的织物
带给成吉思汗，每件要价3巴里失（balish）金。成吉思汗拒
绝了，且对商人的经营方式非常愤怒，说："此人以为我们从
未见过织物吗？"[1]然后，他向这位商人展示了蒙古人已经拥
有的大量织物，并且命令卫士没收了巴勒乞黑的货物。这种手
段一开始看来对促进贸易可能是灾难性的，但是这一策略却生
效了，因为其他商人明白了他们在与谁做生意，并将他们的货
物作为礼物献上（可能是为了逃命）。然而，成吉思汗为每
段纳失失付了1巴里失金，每两段赞丹尼奇（zandanichi，棉
布）付了1巴里失银。尽管蒙古人会为商品支付合理的金钱，
但不会遭到欺骗或榨取。成吉思汗为他们的回程投资，并鼓励
他的将领和诸王也这样做，向每位商人提供金银，并从自己的
扈从中派出两三人（皆为穆斯林）同商人组成商队。然后，
成吉思汗向花剌子模帝国统治者摩诃末传达信息，谋求贸易
关系及两国之间商旅的安全。[2]蒙古所资助的商队确实是国际
性的，其成员中有来自花剌子模帝国及更远地区的穆斯林商
人，还包括一些印度人。

　　这支商队在1218年回到花剌子模边境城市讹答剌时遭到
了屠杀，因为当地长官怀疑这些商人同时也是蒙古人的间谍

1　Juvaini, *Ta'rîkh-i-Jahân-Gusha*, pp. 59-60；Juvaini, *History of the World-Conqueror*, p. 78.

2　Juvaini, *Ta'rîkh-i-Jahân-Gusha*, p. 60；Juvaini, *History of the World-Conqueror*, p. 79.

（他的怀疑是正确的）。[1]这一事件挑起了一场战争，导致蒙古扩张至中亚和中东，而曾经绵亘扎格罗斯山脉至锡尔河之间广大地区的花剌子模帝国则一举倾覆。屠杀事件冒犯了成吉思汗的感情和统治理念。他已经为推动贸易付出了巨大的努力，如果他所资助的商队遭到任意屠杀，将会损害他的多重目的和提供安全保障的声誉。这不仅仅是自尊的问题。爱尔森评论说："该事件不仅是对（成吉思汗的）尊严的侮辱和对蒙古军队的公开挑战，这实质上是钱袋子的问题，相较于其他问题，正是这种怨恨引发了报复。"[2]成吉思汗和他的诸王都曾进行投资。尽管我们不知道成吉思汗自己投入了多少，但每个人投入的数目都不大，只给了每个商人若干巴里失的金银。蒙古人对商队的投资，实际上就像著名的小老太太俱乐部凑钱买股票一样。[3]

　　这场战争体现了成吉思汗的基本贸易策略。他推动贸易发展并寻求公平的价格，在此过程中，他逆转了游牧民族与定居民族之间贸易的旧标准。此前，蒙古人及其他游牧民族没有足够数量的奢侈品，不得不经常与边境地区的商人进行贸易（或

1　Juvaini, *Ta'rîkh-i-Jahân-Gusha*, p. 60; Juvaini, *History of the World-Conqueror*, p. 79. 多数记载显示，讹答剌城长官伊纳勒尤拥有"Ghayir Khan"的封号，他之所以屠杀商队是因为他认为他们是间谍。但志费尼认为，他可能是为了捍卫荣誉，因为其中一名印度商人对这位长官直呼其名，而没有使用其封号。

2　Allsen, 'Mongolian Princes and Their Merchant Partners', p. 92.

3　Juvaini, *Ta'rîkh-i-Jahân-Gusha*, p. 60; Juvaini, *History of the World-Conqueror*, p. 79; Leslie Whitaker, *The Beardstown Ladies' Common-Sense Investment Guide: How We Beat the Stock Market – And How You Can, Too* (New York, 1996).

中间贸易）。而此时，他们拥有了新的财富并有了消费的需求。不仅如此，他们需要奢侈品，但仍住在草原上，因此商人们不得不到草原来找他们，这与过去的情况正好相反。因此，蒙古人必须支付运输费用，对于商业的态度也开始改变了。尽管商人们可能会期待收回运输成本，但他们仍然必须承担前往蒙古营帐所需的费用。既然更多的商人进入了草原，我们就能看到他们越来越多地遵循了阿三的贸易模式，即沿途购买大宗货物而售卖于他处。随着安全日益得到保障，且在商路的另一端有大宗货物与奢侈品的购买者，于是正如爱尔森所说：
"远距离大宗货物贸易在这种背景下成了经济合理的命题。"[1]

窝阔台与哈剌和林

尽管内亚的商业活动在成吉思汗时期就已经开始发生转变，但是关键的变化发生在窝阔台统治时期（1230—1241）。他在鄂尔浑河谷地建造了蒙古的都城哈剌和林，这是蒙古草原上一个有着悠久历史的重要地区。[2]窝阔台在此建都，使成吉思汗系和蒙古的统治进一步合法化，不仅是因为此地的历史重要性，也是因为它处于蒙古草原的中央，相较于成吉思汗在斡难河-怯绿连河谷地的旧都阿乌拉嘎更具有战略重

1　Allsen, 'Mongolian Princes and Their Merchant Partners', p. 93.

2　Larry W. Moses, 'A Theoretical Approach to the Process of Inner Asian Confederation', *Etudes Mongoles*, V(1974), pp. 115-116. 一个环境方面的原因是，鄂尔浑河、土拉河和色楞格河提供了丰美的水草，对任何游牧统治者而言都十分理想。其他原因则是精神和传统方面的。

要性。[1]1230年窝阔台掌权时，蒙古帝国的疆域西至阿姆河，东临日本海，哈剌和林之地几乎是帝国的中心。后来忽必烈迁都，部分原因是随着对中国的征服，哈剌和林对于施行有效的统治而言变得过于遥远了。另一个原因则是哈剌和林虽然是都城和意识形态上的战略要地，但从后勤的角度来看却位置不佳。为了养活城中的居民，每天都要运入约900车的给养。

蒙古的汗实际上并不住在哈剌和林，而是住在城市附近牧场上的游牧营地中。事实上，教皇的使臣柏朗嘉宾并未进入哈剌和林，而是直接去了贵由的营地。尽管鲁布鲁克到访了哈剌和林，但他是在蒙哥汗的营地中与之会面的，那里距离哈剌和林尚有几天的路程。在商议某些国家大事时，汗会来到都城。但在多数时候，汗似乎将哈剌和林视为自家的车库、地下室或阁楼。在某种意义上，它是存放东西的地方。而我们都知道，储物空间对于任何人而言都是十分重要的。观察者们注意到，在哈剌和林的宫殿附近有许多谷仓式的大型建筑，其中储存着财物与珍宝。[2]因此，蒙古人不仅拥有最大的帝国，也拥有最大的步入式壁橱。

当然，他们的一部分"东西"是珍宝与战利品——既有掠夺来的，也有从商人处购买的。他们的另一部分"东西"则是

1　关于阿乌拉嘎遗址，参看 Noriyuki Shiraishi, 'The "Great Orda" of Genghis Khan', in *Beyond the Legacy of Genghis Khan*, ed. Linda Komaroff（Leiden, 2006）, pp. 83-93。

2　William of Rubruck, 'The Journey of William of Rubruck', in *The Mission to Asia*, trans. a nun from Stanbrook Abbey, ed. Christopher Dawson（Toronto, 1980）, p. 175；William of Rubruck, *The Mission of Friar William of Rubruck: His Journey to the Court of the Great Khan Mongke, 1253-1255*, trans. Peter Jackson（London, 1990）, p. 209.

带回蒙古的工匠。方济各会士、法国国王路易四世的非官方使者鲁布鲁克曾在哈剌和林见到了许多中国工匠。他观察到，工匠们用银或实物交税，传承着其父辈的手艺。[1]鲁布鲁克抵达哈剌和林是在1253年，因此这些工匠应该是哈剌和林的第二代居民，第一代居民可能是窝阔台在13世纪30年代初期征服金朝统治下的华北后带回的。鲁布鲁克暗示，第二代人都继承了其父辈的职业，但并不只是遵循传统，而是蒙古法令使然，尽管父子相承在中世纪较为常见。[2]在蒙古的生产中心，工匠们必须子承父业，而无缘像帝国之外有时会发生的那样从事其他工作。如此一来，蒙古人便可确保获得自己所需的货物。由于蒙古的征服，许多工匠被带到了蒙古草原，可以说成了蒙古人军事工业中的一分子，为其制造武器和甲胄。其他工匠则制造奢侈品，例如纳失失，这是蒙古贵族珍爱的一种织金锦，常常作为荣耀的象征被送给客人。[3]

　　哈剌和林本身是一座有计划、有组织的城市。据鲁布鲁克记载，在天降大雪时，蒙古政府会安排人员除雪。[4]不过，它显然不是一座大城市。鲁布鲁克注意到，如果排除了汗的宫殿，那么这座城市比圣丹尼斯还要小，而后者只是巴黎郊区一

1　William of Rubruck, 'The Journey of William of Rubruck', p. 144；William of Rubruck, *Mission of Friar William of Rubruck*, p. 162.

2　同上。

3　关于纳失失的重要性以及蒙古的生产中心，参看 Thomas T. Allsen, *Commodity and Exchange in the Mongol Empire: A Cultural History of Islamic Textiles*（New York，1997）。

4　William of Rubruck, 'The Journey of William of Rubruck', p. 152；William of Rubruck, *Mission of Friar William of Rubruck*, pp. 175-176.

个人口不足万人的村庄。[1]鲁布鲁克的印象可能不深，但我们必须考虑到，哈剌和林虽然位于蒙古草原，但其居民绝大多数是外来人口。它是一座真正的多语言城市。除了宫殿和皇家仓库，这座城市还拥有两个主商业区。一个由前面提到的中国工匠经营，另一个则是市场，靠近宫殿，由穆斯林商人主导，不过其他商人与使节也在此聚集。市场上有奢侈品和平常货物，但是不卖食物。人们可以在东门附近购买小米和其他谷物（当有货的时候）；南门是牛市和车市，大概是因为其面向中原；西门卖绵羊和山羊；北门卖马。有趣的是，没有人提到骆驼市场，也许因为它们的价格总是马的三倍。此外还有官府建筑，为大臣与书记官所居之处。这座城市中也有12座"异教"庙宇，可能包括佛道寺观。鲁布鲁克也注意到两座清真寺和一座景教教堂。哈剌和林是传教活动的温床。[2]

哈剌和林作为商业中心的成功，主要应归功于窝阔台的政策。在窝阔台统治时期，城中建造了货仓，存放金锭、银锭、缎子等各种奢侈品；也建造了谷仓，存放作为赋税征收而

1　William of Rubruck, 'The Journey of William of Rubruck', p. 183; William of Rubruck, *Mission of Friar William of Rubruck*, p. 221.

2　Timothy May, 'Mongol Resistance to Christian Conversion', in *Christianity and Mongolia: Past and Present – Proceedings of the Antoon Mostaert Symposium on Christianity and Mongolia*, ed. Gaby Bamana, 13-16 August 2006（Ulaanbaatar, 2006）; Timothy May, 'Монголы и мировые религии в xii веке'（'The Mongols and World Religions in the Thirteenth Century'）, in Монгольская Империя и Кочевой Мир（*Mongolian Imperial and Nomadic Worlds*）ed. N. N. Kradin and T. D. Skrynnikova（Ulan Ude, 2004）, pp. 424-443; Timothy May, 'Attitudes Towards Conversion Among the Elite in the Mongol Empire', *E-ASPAC: The Electronic Journal of Asian Studies on the Pacific Coast*（2002-2003）, 见 http://mcel.pacificu.edu/easpac/2003/may.php3, 2011 年 8 月 25 日访问。

来的谷物。他也颁布法令，挑选卫士及仓库负责人。也许，这看起来并没有什么不寻常之处，但我们必须记住，窝阔台是在建造一座存放财货的固定基地。尽管游牧社会总是在寻求财货，但他们仍然不得不带着它们移动，如此大的数量鲜见寻获，更不用说长期保存了。窝阔台意识到，蒙古汗廷所得的大量财货必须有组织地进行管理，因此创造了一个新的官僚机构。他也从每个千户中选人，大概这样就不会有某个群体垄断职位并从中渔利，于是每个千户都有自己的代表了。[1]

窝阔台还建立了一些其他的机构，以促进商业发展。他在包括戈壁沙漠（蒙古语中称为"chöl"）在内的许多地区建设了有砖墙的水井，这样一来动物就不会掉进井中污染井水。[2] 戈壁长期以来阻碍了蒙古与华北之间的贸易，但窝阔台这么做的目的主要是为了民众和牲畜，也是为了确保一旦有需要他就能向华北派兵。无论如何，水井使商路变得大为易行，无疑鼓励了贸易的发展。

窝阔台创立的另一项制度是驿站。成吉思汗可能已经建立了驿站的雏形，但窝阔台将其扩展到了帝国的其他部分，并创造了维持其效率的方法。[3] 每个驿站中有24位养马者。其效率应部分归因于窝阔台下令签发1,000户为站赤（负责管理驿站和保养驿马）、仓库官和谷仓官，以提供给养以及车、牛和马。[4] 最后，他扩大了巡逻队，例行巡视主干驿道，不仅保障

1　Rachewiltz, *Secret History of the Mongols*, p. 214.

2　同上。

3　同上，pp. 214-215。

4　同上，p. 217。

路途的安全，也向汗报告商队将会带来的财物。

　　但是，窝阔台首先须将商队吸引到哈剌和林。为此，他有一个简单的计划——他打开了诸仓库的大门。据供职于蒙古的波斯史学家志费尼记载，这有着引蛾扑火一般的效果：

> 来自世界各地的商人、投机者和寻求一官半职的人，都在达到了他们的目标和目的后归去，他们的愿望和要求得到了满足，所得倍于其所求。多少穷人富裕起来，多少贫民发财变富！每个微不足道的人都变成了显要人物。[1]

　　志费尼关于窝阔台的过度慷慨的大量记载，须以志费尼的生平为滤镜来观察。志费尼是一名穆斯林，他的祖国已经被蒙古征服并统治。尽管他同自己的父亲一样得到了蒙古人的任用，但也不得不适应这样的事实，即蒙古人是异教徒，而"伊斯兰世界"（Dar al-Islam，伊斯兰教法与穆斯林统治地区）正在迅速地缩减。在13世纪，几位穆斯林思想家做出的辩解是，尽管理想的状况是由一位公正的穆斯林国王施行统治，但是信奉任一宗教的公正统治者也比暴君要好。所以，当几乎所有人都说窝阔台的性格慷慨而善良时，这表明窝阔台确实是一位公正的统治者。志费尼所举的事例也为窝阔台在商业方面的兴趣提供了有效的材料。

　　事实上，令窝阔台的官员们大为惊愕的是，他不停地为遇

1　Juvaini, *History of the World-Conqueror*, p. 198; Juvaini, *Ta'rîkh-i-Jahân-Gusha*, p. 156.

到的任何商品支付高额的金钱。一次,一名箭匠遭遇难关并欠了债。他向窝阔台售卖他的箭,以终结自己70巴里失的债务。作为回报,他会每年供给窝阔台10,000支箭。窝阔台给了他100巴里失。窝阔台不仅证明了自己的慷慨,也订立了一个约定,以供给蒙古人更多的箭。[1]

志费尼也记录了关于窝阔台的慷慨和商业智慧的其他实例:

> 当他登上汗位,而且他的仁爱与乐施之名传遍天下时,商旅开始从四面八方奔赴他的宫阙,而他们运来的任何货物,不论好坏,他都会下令一律全价收买。而且往往都不会看上一眼,也不会询问价格。[2]

他的谏臣们当然试图阻止他过度花费,但是无济于事。[3]即使他们支付了公平甚至超出公平的总价,如果少于窝阔台所认定的合适数目,他就会加钱。

窝阔台的行为看起来可能十分愚蠢和矛盾(与成吉思汗很不相像),但他仍具有某种才智。窝阔台知道,他不会长生不死。毕竟,如果连他的父亲在寻求长生方面的努力都失败了,他又怎么会成功呢?但他的过度花费为哈剌和林带来了国

1 Juvaini, *History of the World-Conqueror*, p. 169;Juvaini, *Ta'rîkh-i-Jahân-Gusha*, p. 212.

2 Juvaini, *History of the World-Conqueror*, pp. 213-214;Juvaini, *Ta'rîkh-i-Jahân-Gusha*, p. 170.

3 Juvaini, *History of the World-Conqueror*, pp. 173-176;Juvaini, *Ta'rîkh-i-Jahân-Gusha*, pp. 216-218.

际性的商业。当商人们知道，不论他们带来什么，都会在确定运输费用后被支付两倍的价钱时，哪个商人能不动心？窝阔台的才智不仅表现在创造了帝国内部贸易的组织构造，也表现在使哈剌和林成为贸易的焦点。[1]在他死后很久，即使当更加务实的人物登上汗位，赏赐数目也变得较为理性时，商人们仍不断聚集到这座城市中。

斡脱、过渡期与恢复期

窝阔台的计划变成了现实，但出现了一些不可预计的后果。随着帝国的成长，商人对于汗廷的影响也在增长，特别是那些主导了陆上贸易的穆斯林商人。一些人来到蒙古寻求投资，另一些人则只是来售卖商品。商人们通常与蒙古贵族结成合伙关系，被称为"斡脱"，从而享有官方赞助，并拥有稳定的投资人，使双方都能获利。许多蒙古哈敦例行将她们的私产投入商业贸易中。而且，在窝阔台时期允许商人使用驿站，只要他们不妨碍军事与行政交通即可。窝阔台的继承者贵由（1246—1248年在位）延续了他的政策，例行以高于物价10%或更高的价格购买商品。[2]贵由的妻子、监国皇后斡兀立海迷失（1248—1251年摄政）也钟爱商人，乃至变成商人的诸王。商人们聚集到蒙古的都城中，但这最终导致了腐败，对

1　Allsen，'Mongolian Princes and Their Merchant Partners'，pp. 94-96.

2　同上，p. 104。

官僚制度造成了破坏。

这类腐败最早出现于窝阔台的寡妻脱列哥那摄政时期（1242—1246）。在斡兀立海迷失摄政时期，由于许多商人通过购买官职以及监国推行的包税制进入官僚系统，从而加剧了腐败。蒙古哈敦们长期以来一直是斡脱的投资人，到13世纪40年代，斡脱的数量激增，斡脱商人被颁给"牌子"，凭之可以使用驿站，因此导致驿站的交通往来激增。牌子的增加为站户带来了灾难性的经济负担，腐败也更加猖獗。商人们不仅能在驿站中停留和休息，还能像皇家使臣和诸王一样使用驿站中的服务，包括征募给养和牲畜，并由站户承担所有随从人员的食宿。

结果，许多驿站附近的牧民或是破产，或是逃走。在驿路经过的农耕区，也出现了相同的情况。农民为了躲避斡脱商人的繁重需索，荒弃了农村和农田。危机在很大程度上应归咎于斡兀立海迷失对于行政事务的粗疏管理。尽管她沿用了脱列哥那的做法，加大商业投入并售卖官职，但是她并没有控制牌子的发放。成吉思汗系诸王缺乏规范，普遍忽视国事，因此也向斡脱商人大幅投资。有的甚至自己也成为斡脱商人，以求增加财富。[1]因此，大小诸王（aqa与ini）也在发放非常重要的牌子。驿站文书规范的缺失，最终导致了交通系统的崩溃，而正是这个系统将一个从日本海绵延至里海的大帝国联结在了一起。此外，由于政治权力不可逆转地分散化，诸王纷纷派出自

1　Juvaini, *History of the World-Conqueror*, p. 598；Juvaini, *Ta'rîkh-i-Jahân-Gusha*, p. 76.

己的使臣（额勒赤），以颁布和施行法令（札里黑）。

最终，蒙古的第四任汗蒙哥（1251—1259年在位）恢复了秩序，消除了腐败的商业行为。不过值得注意的是，他并没有试图消灭斡脱商人及其与蒙古诸王的合作关系，而仅仅是管束他们，使之不得侵害国家的利益和制度。他首先收回了所有的牌子，禁止其他诸王颁布法令，并废除了成吉思汗、窝阔台汗和贵由汗时期的所有牌子。然后，禁止诸王"不经由朝廷便干预各行省的财政管理事务"。[1]蒙哥汗有效地减少了大小诸王对国家经济利益的侵害。他收回了前几任汗颁发的牌子，并规定只有朝廷才能颁发牌子，使帝国重新控制了驿站的使用与管理。据波斯史学家、官员志费尼记载：

> 有诏禁止把牌子发给商人，由此可以将他们和那些底万（diwan，长官）的公务区别开来。商人使用驿马极不合理，因此百姓将通过这条法令而免受骚扰。[2]

因此，商人们失去了帝国驿站的通行证，无法再使用驿马，也不能再向站赤和站户索要服务。此外，蒙哥汗还剥夺了商人此前所获得的免税权，将他们录入税簿，让他们像帝国的

1　Juvaini, *History of the World-Conqueror*, pp. 598-599; Juvaini, *Ta'rîkh-i-Jahân-Gusha*, p. 76.

2　Juvaini, *History of the World-Conqueror*, p. 606; Juvaini, *Ta'rîkh-i-Jahân-Gusha*, pp. 87-88.

其他臣民一样缴纳赋税。[1]蒙哥汗用这样的方法结束了政权过渡期出现的商业管制大幅失控的状况，也结束了这种状况对帝国造成的损害。

在处理了地方上的腐败问题之后，蒙哥汗便开始处理斡脱造成的中央官僚机构的腐败。他命令使臣不得离开驿路，若无相关事务不得进入沿途城镇和村庄。他还削减了驿站祗应的数量，从而减轻了农牧民站户的负担。斡脱商人在使用驿站时也受到相似的限制。他们虽然不再持有牌子，但仍然沿着驿路行商，因为驿路上有驿马且受蒙古人保护，所以仍然是最佳的商业路线。不过，挥霍宴饮、强征牲畜的日子已不再有了。他们如果在驿站或村庄停留，就必须支付牲畜、给养和住宿的费用。与此同时，蒙哥汗仍承认斡脱商人与政府签订的契约，向他们偿还债款。因此，此前斡脱商人以损害帝国臣民的利益为代价，获得了不受制约的影响力与繁荣，而蒙哥汗对于商路和成吉思汗系诸王贪欲的管制，则带来了帝国的全面繁荣。蒙哥汗的财政改革为这个正在扩张的帝国带来了更高程度的中央集权，使帝国随着他的征服战争进一步成长。他的改革虽然使帝国的资源免于被滥用，但并未妨碍贸易，甚至有可能促进了贸易的发展。因为改革限制了斡脱商人的权力，使其他商人也能参与平等竞争。

1　Juvaini, *History of the World-Conqueror*, p. 606；Juvaini, *Ta'rîkh-i-Jahân-Gusha*, p. 88. Thomas T. Allsen, *Mongol Imperialism: The Policies of the Grand Qan Möngke in China, Russia, and the Islamic Lands, 1251-1259*（Berkeley, CA, 1987）, pp. 80-82.

帝国分裂之后

蒙哥汗死后，蒙古帝国逐渐分裂为四大汗国。尽管它们在理论上仍是一个整体，共同承认同一位大汗，即帝国东亚部分包括蒙古草原在内地区的统治者，但事实上，四大汗国已无可挽回地加速独立。不过，这些独立的汗国以新的方式相互联结。最基本的方式是战争，因为无论何时，这些新的汗国总是与至少一个相邻的汗国长期交战。第二种方式是贸易。尽管存在频繁的战事，但蒙古治世在很大程度上仍能维持，因为黄金家族的诸分支仍然从帝国各地征收赋税。即使在察合台汗国与元朝交战时，察合台系诸王仍能得到收入，同时也向蒙元汗廷缴纳费用。威尼斯人马可·波罗一家的旅行证明，贯穿欧亚大陆的贸易即使在战争时期也并非不可能。将帝国松散的各部分联系到一起的是驿站。驿站仍在运行，商人们仍然使用驿路，因为他们知道，这依然是最快捷和最有效的商业路线。不过，汗国之间的战争可能改变驿站交通路线，马可·波罗一家就恰好遇到了这种情况。

13世纪60年代初，马可·波罗的父亲尼古拉（Nicolo）与叔叔马菲奥（Maffeo）从黑海来到忽必烈的汗廷。然而这次旅行的出现，应归因于术赤汗国的统治者别儿哥与中东的伊利汗国统治者旭烈兀之间的战争阻断了他们回威尼斯的路。战争在高加索山脉两侧来回拉锯，从伏尔加河上游城市不里阿耳到下游城市萨莱之间的道路很不安全。波罗一家曾在萨莱与别儿哥有商业往来，因此他们决定不再西返，而是向东经商。他们随后抵达了中亚。他们在不花剌遇到了旭烈兀派往忽必烈汗廷的一名使臣，他们遂成为他的随员，并被安全地护送至忽必烈面前。[1]事实上，战争不止一次地改变了波罗一家的旅行计划。为忽必烈服务了17年之后，当波罗一家想要返回意大利时，中亚的战争迫使他们改走海路。他们又一次与政府官员同行，这一次的官员是要护送忽必烈汗廷的一位公主前往伊利汗廷。

马可·波罗在元帝国担任了政府官员，但并没有像他自己声称的那样担任过总督，尽管如此，他的旅行仍透露出蒙古帝国贸易的许多状况。当然，他的观点反映的是他自己的兴趣和他对蒙古人关注点的解释，而不一定能反映出忽必烈对外政策的真正意图，也不一定能反映出忽必烈的全部意图。不过，当马可·波罗讨论忽必烈意图征服的地区时，他列出了这些地区所拥有的商品与财富。如果无甚可列的话，他就会注意到征服带来的商业与经济利益。不仅如此，有的征服意图就是由商业利益驱使的。1274年，忽必烈首次征讨日本（至少是征讨日本的博多城），便是想要切断宋朝与那里的贸易联系，夺走宋朝从日本贸易中获得的税收。考虑到宋朝借助从博多贸易中所得的资金来抵抗蒙古入侵，忽必烈将其除去确是明智之举。[2]

贸易也部分地刺激了元朝向东南亚和爪哇的扩张。其部分目的是想恢复朝贡，此前那里曾向宋朝朝贡，如今忽必烈想要接手。我们不能简单地将这种朝贡看作"保护费"或者对恩

1　Marco Polo, *The Travels of Marco Polo*, trans. William Marsden, ed. Manuel Komroff（New York, 2001）, pp. 4-6.

2　James P. Delgado, *Khubilai Khan's Lost Fleet: In Search of a Legendary Armada*（Berkeley, CA, 2008）, pp. 88-89.

庇–侍从关系的承认。几百年来，朝贡行为中不仅有正式的外交关系，也有贸易协商，而且外交使节实际上也从事商业贸易。朝贡关系常常只是以外交为表，真正强调的则是贸易关系的正式化。

马可·波罗指出，忽必烈汗听说了占婆（今越南中部）的财富，便被贪欲所吞噬。1281年，蒙古征服了占婆，但只统治了很短的时间，蒙古人索取大象和珍稀木材为贡品。[1]而且，宋朝曾与占婆和爪哇有广泛的贸易关系。忽必烈迫使它们承认蒙古的统治和权力，试图强制性地恢复贸易关系。马可·波罗提到的商品包括檀木这样的珍稀木材以及药物与香料，表明他十分关注商业机遇。考虑到蒙古长期以来强调对贸易的保护与鼓励，蒙古人很可能也将他们的入侵视为对资源的保障，或者是开启贸易的"炮舰外交"。无论如何，侵略带来的恐惧可能难以消弭，但他们的贸易并没有停歇。[2]1976年，在韩国附近海域发现了一艘14世纪初的沉船，这艘船由足利幕府和京都的东福寺投资，在驶往日本的途中沉没。船上载有2,000件瓷器和重达28吨的铜钱，显示出蒙古帝国与日本之间的贸易并不是小规模的。

尽管忽必烈的跨海征服失败了，但来自蒙古帝国的船队在中国和印度之间的航线上纵横驰骋。伟大的旅行家伊本·白图泰想要登上这些船从印度前往中国，而马可·波罗则乘这些船从中国到了印度。贸易是官方行为，伴随着外交活动，伊本·白

1　Polo，*The Travels of Marco Polo*，pp. 224-225.

2　David M. Robinson，*Empire's Twilight: Northeast Asia Under the Mongols*（Philadelphia，PA，2009），p. 260.

图泰便遇到了元顺帝妥懽帖睦尔（1333—1368年在位）派出的15名外交使臣。当然，在这些外交活动中交换的礼物不仅包括各个国家的奢侈品，也有奴隶、舞者、歌者等。中国货船将印度商品运回蒙古帝国，途中在多地停留。商品中包括马剌八儿*的胡椒——马剌八儿是元朝与印度之间直接贸易的西限。[1]

中国货船回到了中国南方像广州这样的大型贸易城市。尽管贸易是在中国商船上进行的，但大多数商人并不是汉人，而是穆斯林和犹太人，包括信教的汉人以及迁居到中国沿海地区的阿拉伯人、波斯人和中亚人。因此，当伊本·白图泰抵达中国时，他不仅见到了穆斯林，也见到了建有清真寺、伊斯兰学校和法院的完整的穆斯林聚居区。这些设施是前文所讨论的斡脱系统的一部分。1368年元朝灭亡之后，斡脱系统几乎崩溃，穆斯林聚居区的规模和影响力都缩小了，这部分是由于明朝实行排外政策，而偏爱非汉人的蒙元时代已经终结了。

尽管蒙古帝国分裂成四大汗国且互相交战，但是在14世纪，它仍然在国际贸易中扮演了重要角色。这从伊本·白图泰的旅行中便可以看出。这位摩洛哥学者的行程穿越了全部四个汗国，并记录了自己的见闻。尽管他的记录并不总是详尽的，但我们可以从中梳理出足够的材料，来一窥14世纪的商业状况。

我们对尤赤汗国的了解较少，但我们知道它位于一些贸易路线的联结点上。除了它与中亚和中东的贸易路线，北部的路

---

* 今译马拉巴尔。——译者

1　Ross Dunn, *The Adventures of Ibn Battuta: A Muslim Traveler of the 14th Century*（Berkeley, CA, 2005）, p. 220.

线将它与波罗的海贸易以及西伯利亚和北极圈的毛皮贸易联结了起来。从金帐汗国过境的商业财富是难以估算的，但如果伊本·白图泰的记载是准确的，那么克里米亚港口卡法（当时是热那亚商人的聚居地）中的200艘船数量可谓极大。[1]除了丝绸、香料这样的常见奢侈品，意大利商人也倒卖来自尤赤汗国各地的琥珀、毛皮、木材、谷物和奴隶。他们将黑海的商品运到中东、北非和意大利的港口。

不只是黑海的诸港口城市成了主要的贸易中心。月即别汗的都城新萨莱（约建成于1330年）曾是一座繁荣的商贸中心，直到中亚征服者跛子帖木儿将其摧毁，部分原因是为了重新规划通往他的首都撒马尔罕的贸易路线。新萨莱是一个交汇点，商人们从伏尔加河流域带来了谷物、毛皮、木材和奴隶，自东向西带来了丝绸、香料与其他奢侈品。尤赤汗国出产的马从新萨莱和乌尔根齐被贩运到印度。[2]

波罗的海南北的贸易也不能轻视。考古材料证明，罗斯王公购买来自世界各地的商品，以银和琥珀支付。[3]尤赤系统治者的贸易便扩张出了他们的帝国。波罗的海一带（特别是汉萨

---

1 Ibn Battuta, *Rihala Ibn Battuta* (Beirut, 1995), pp. 247-248；Dunn, *Adventures of Ibn Battuta*, p. 163.

2 Simon Digby, *War-horse and Elephant in the Delhi Sultanate: A Study of Military Supplies* (Oxford, 1971), pp. 21-22.

3 Daniel Waugh, 'The Golden Horde and Russia', in *Genghis Khan and the Mongol Empire*, ed. William Fitzhugh, Morris Rossabi and William Honeychurch (Seattle, WA, 2009), pp. 178-179；Thomas S. Noonan, 'Medieval Russia, the Mongols, and the West: Novgorod's Relations with the Baltic, 1100-1350', *Medieval Studies*, XXXVII (1975), pp. 316-339；Mark G. Kramarovsky, 'Jochid Luxury Metalwork: Issues of Genesis and Development', in *Beyond the Legacy of Genghis Khan*, ed. Linda Komaroff (Leiden, 2006), pp. 43-50.

同盟）的商人们通过诺夫哥罗德，与尤赤汗国的其他商人做生意。蒙古帝国的举动能够影响到像英格兰这样遥远的地方。例如，蒙古人入侵欧洲时，伦敦的鱼市崩溃了，因为波罗的海的商人们不再前来买鱼，而是在他们自己的港口观望，一旦蒙古人出现在地平线上，就将惊惶的市民撤出。[1]

巴格达由于被破坏而成了一个不太重要的地方城市，而由于伊利汗廷建立在了大不里士[*]，这座城市遂成为丝绸之路上一个重要的中转站。此外，它也带走了巴格达的生意，使巴格达的复兴变得更加困难。大不里士同时联结起中东、地中海、中亚和印度洋的商路。甚至伊本·白图泰也说，从商品的种类和选择上而言，大不里士的巴扎（bazaar）是世界上最好的市场之一。[2]这座都城中不仅居住着穆斯林商人，也有热那亚、威尼斯和其他欧洲人活动，它成了欧洲人在亚洲内部的第一个商贸聚居地。此前，意大利人的贸易中心仅限于地中海和黑海沿岸。这些商人也并不总是只与中间商进行贸易。1320年，伊利汗不赛因与威尼斯签署了商业协约。

蒙古人通过商业为大不里士带来了财富，同时它也是都城，从而成为一个拥有20万人口的大都会。这座城市自诞生起便一直在持续扩张。合赞汗在其统治时期规划了新的郊区，包含清真寺、经学院、合赞纪念堂和大量官员住宅。大不里士成为伊利汗活动的中心，以至于完者都汗迁都孙丹尼牙

1　Matthew Paris, *English History*, trans. and ed. J. A. Giles（New York, 1968）, 3 vols, vol. I, p.131.

*　元代称桃里寺。——译者

2　Ibn Battuta, *Rihala Ibn Battuta*, pp. 177-178；Dunn, *Adventures of Ibn Battuta*, p. 101.

后，也并没有动摇它的地位。

蒙古帝国以外的地区也从贸易中获益，不过毫无疑问的是，有些人可能更希望避免受到蒙古的影响，比如那些逃难的工匠、商贾和其他人等。开罗因其作为马穆鲁克帝国的首都而获益，也因其作为地中海与红海之间的贸易枢纽而繁荣。1299年至1300年间，伊利汗国侵略叙利亚时洗劫了大马士革，从而导致其衰落，开罗遂继起成为贸易中心。大批工匠、商贾和其他人等逃到开罗避难，他们带来的才能、技术与财富，帮助开罗转变成为"伊斯兰世界中最具国际性的文化中心"。[1]

随着伊利汗国与马穆鲁克苏丹国之间仇恨的消解，大马士革迅速复兴，恢复了其枢纽地位，联结起安纳托利亚、黑海地区与阿拉伯半岛绿洲地带，也联结起黎凡特与波斯甚至印度。在整个马穆鲁克统治时期，由于合赞汗进攻前的马穆鲁克-伊利汗国战争，作为马穆鲁克国叙利亚省首府的大马士革也十分繁荣。尽管大马士革在历史上是叙利亚人活动的中心，但经历了中东两大帝国之间近50年的战争和紧张关系，它成了一座辉煌的城市，在贸易和政治方面的重要性仅次于开罗，而在教育方面可能还超过开罗。马穆鲁克苏丹国与伊利汗国之间的和平，也使中国商品重返中东。尽管红海航路上的贸易从未真正中断，但由于没有了陆上商队，确实受到了很大限制，而蒙古治世确确实实让商品价格恢复到了人们相对负担得起的程度。

---

1 Dunn, *Adventures of Ibn Battuta*, p. 49.

中国商品总是富有魅力的，中国对蒙古帝国其他地域的经济也造成了影响。在乞合都汗统治时期，伊利汗国发行了纸钞。今天，我们早已习惯了使用花花绿绿的纸币，但中世纪的波斯还没有准备好接受这个激进的概念。尽管政府尽其所能地强制推行纸钞，但遭到了巴扎中商人的全面抵制，经济遂陷入停滞。使用非金银通货而以金银为本位，这种概念仅限于蒙古帝国之内。在德里苏丹摩诃末·秃忽鲁（Muhammad Tughluq）统治时期，由于印度缺银，遂发行铜币，以金为本位，这显然是对纸币的效仿。尽管在中国以外推广纸币的使用（至少是暂时的）以及以国家为后盾的通货，这一切都是蒙古人的功劳，但他们也因在整个中国推广纸币而闻名。

这次通货试验并不是蒙古统治下的中东在货币方面经历的唯一变化。蒙古人确实回归了第纳尔和迪拉姆体系，但是与乞合都汗之前相比，这个体系已经不同了。伊斯兰世界传统的货币体系由金第纳尔和银迪拉姆构成，分别基于拜占庭帝国和萨珊帝国的货币体系。[1]迪拉姆与第纳尔的兑换率根据时间和地域而各不相同。在合赞汗统治时期，伊利汗国的金第纳尔被银第纳尔取代，1 银第纳尔相当于 6 银迪拉姆。[2]之所以侧重于银制货币，可能与伊利汗国易于获得安纳托利亚的银矿有关。[3]尽管伊利汗国不再有与元朝类似的纸钞，但是合赞汗

1　Bert G. Fragner，'Ilkhanid Rule and Its Contributions to Iranian Political Culture'，in *Beyond the Legacy of Genghis Khan*，ed. Linda Komaroff（Leiden，2006），p. 76.

2　同上，pp. 76-77。

3　参看 Judith Kolbas，*The Mongols in Iran: Chingiz Khan to Uljaytu, 1220-1309*（London，2009）。

的货币改革仍然与元朝的改革一致，10,000银第纳尔（波斯语中称为"图曼"，即"tûmân"，源于蒙古语中的"tümen"，意思是"一万"）相当于中国的1两银子。正如博特·弗拉格纳（Bert G. Fragner）所说，回归第纳尔不仅是货币体系的转变，也是通过使用伊斯兰货币模式来显示伊利汗国作为一个伊斯兰国家的合法性。[1]值得注意的是，在现代的伊朗，这个作为伊利汗国制度遗存的体系仍相当持久。尽管1,000第纳尔等于1里亚尔（rial），但是10里亚尔（即10,000第纳尔）仍然叫作1图曼。[2]

如同伊朗的通货一样，蒙古人对贸易的重视在世界历史上的贡献也不应被忽视。蒙古人不仅鼓励和推动贸易发展，也直接或间接地扶植新产品和新商品。丝绸、香料和陶瓷早已输入欧洲，而蒙古帝国的存在在相当程度上改变了贸易。在蒙古人提供的保护之下，商品变得更加便宜，也更加充足。即使到蒙古帝国解体之后，商人在四大汗国经商和缴纳商税、关税，也比蒙古时代之前十多个政权并立时容易得多。蒙古人在欧亚大陆上的商人及其他旅人的休息之处建起了大量旅店，相当于今天的卡车司机旅馆。尽管许多旅店在蒙古人到来之前就已存在，但是蒙古人又新建了很多，而且经常按照固定的间隔来建。不仅如此，蒙古人也设置了巡逻兵，在所谓的丝绸之路上几乎全程维持治安。随着蒙古帝国的崩溃，其他新兴的王朝常常与欧洲的利益为敌，例如奥斯曼帝国常常与威尼斯交战；或

1　Fragner, 'Ilkhanid Rule and Its Contributions', p. 76.

2　同上，p. 77。

者新兴的王朝相互为敌，例如萨法维王朝与奥斯曼帝国。于是，商路崩溃了，或者至少是衰落了。安全性降低，成本提高，导致一些无畏的欧洲人开始寻找新商路。其中之一便是热那亚航海家哥伦布，他向西航行，去寻找印度和"大汗之国"。结果我们已经知道，哥伦布发现了或者说误打误撞地踏上了另一块大陆。考虑到元朝覆灭于1368年，而哥伦布于将近130年之后出航，他寻找的仍是"大汗之国"，说明当时西方人对东方的了解非常贫乏。不仅如此，哥伦布关于亚洲的知识基本上仍来自马可·波罗，他在1498年第三次航行时就随身带了一本《马可·波罗行纪》，可能是想弄明白自己为什么仍未找到大汗。13世纪时马可·波罗的旅行指南，到那时仍然起着福多尔（Fodor's）系列旅游手册的作用，这是很值得注意的。

第 5 章

新式战争

成吉思汗的崛起为草原军事带来了一场革命，他引入了严格的训练和新式的战术，创建了怯薛军校制度，并采用十进制的组织形式。[1]他改善了几个世纪以来传统的草原战略，使蒙古人在范围极广的战线上都能在战术、战略及行动等各个层面上保持常胜不败。出人意料的是，他的军事革命影响了其后几个世纪的军事发展。

蒙古的战争艺术基于一个简单的要素——弓骑兵。弓骑兵的基本装备是双曲复合弓，拥有惊人的穿透力和射程。它的射程超过300米，不过通常用于较短距离的战斗，一般是150米以内。这种弓射出的箭大概可以轻松射穿锁子甲以及其他护甲。[2]受过良好训练的蒙古战士以3~5匹马相配合，可以轻松

---

[1] 本章是拙著《蒙古战争艺术》（*The Mongol Art of War*，Barnsley，Yorkshire，2007）一书的浓缩版。

[2] John of Plano Carpini，'History of the Mongols'，in *The Mission to Asia*，trans. a nun from Stanbrook Abbey，ed. Christopher Dawson（Toronto，1980），p. 46.

地发动一场战胜敌人的死亡之战。蒙古战士大多装备轻型护甲，但他们的护甲是以皮革或金属制成的薄甲，较锁子甲更善于防箭。尽管骑兵是自古就有的，但在将马的机动性与弓箭的火力相结合这一方面，蒙古人是最为精熟的。

蒙古战士主要是轻装弓骑兵，并将草原上的战术推向极致，例如包围战术和佯退战术。这些战术将他们的弓箭技巧和机动性发挥到了极致，使他们能够保持在敌人武器射程之外。像其他的草原军队一样，蒙古人逐渐接近敌人，在弓箭射程内发动进攻，通常只有在敌人阵型散乱或变弱的决定性时刻，才直接与敌人近距离交锋。通过这些战术，他们不需要依靠人数优势，而是凭借机动性、火力和计策赢得胜利。

还有一种常见的战术，是以一阵箭雨包围敌人，然后再以一阵箭雨打乱敌人的阵型。箭雨的目标不是单个的敌人，而是集中火力向高处放箭，使箭落向目标区域，制造出一片"死亡地带"。尽管集中火力的做法在蒙古时代之前就已存在，但蒙古人在各种战争（包括攻城战）中将其效果发挥到了极致。

蒙古人也将箭雨与游击战术相结合。蒙古人称游击战术为"失兀赤"（shi'uchi），与欧洲15至16世纪战争中的半回转战术（caracole）类似。蒙古军队向敌阵派出多波战士，每一波都在冲锋的同时射箭，并在与敌军接触之前退却，回转至己方阵线。他们射出最后的箭矢并退却时，距离敌军约40~50米。这段距离足够他们的箭矢穿透敌人的护甲，同时也足以使他们避开敌人的反冲锋。他们更换马匹，保证坐骑精神饱满。该战术常常与其他作战行动配合使用。

两面包抄是草原上的一种传统战术，这种战术来源于蒙古的"捏儿格"（nerge），意思是"围猎"。战士们排成环形，包围猎物，逐渐向中心收缩，密集聚拢，使敌人插翅难逃。蒙古人并不总是需要大量部队来完成这种战术。他们的弓箭技巧与机动性，使其即使在敌众我寡的情况下也仍然能包围敌人。但凡一有时机，蒙古人就会施展捏儿格来包围敌人。一旦蒙古侦查兵与敌人接触，主力部队就会尽其所能地延展阵线，以与敌军侧翼交叠。有时阵线延展数里，才将敌军包围。包围圈逐渐收紧，向中心聚拢。随着小规模冲突的出现，侦察兵便不间断地向蒙古指挥官们传递情报。

他们也将捏儿格用作侵略战的一部分，见于蒙古与罗斯诸公国的战争中。1237年蒙古人攻陷弗拉基米尔城之后，派出诸万户以捏儿格的形式攻略各个城镇与要塞，包围圈长达数百英里*，并逐渐收紧。有时他们会故意在捏儿格中留出空隙，明显是让敌人由此逃走，但这实际上是陷阱。敌人在仓皇逃走的过程中难以维持纪律，经常抛弃武器以便逃得更快。蒙古人正是用这种战术，在1241年的穆希之战中击败了匈牙利人。

攻城战原本是蒙古人的弱项，但他们学得很快，随着他们将技师编入军队，攻城战很快便成了他们的强项。这些技师有的是征召而来的，有的则是自愿的。尽管蒙古人中便有技师，但是从整个蒙古帝国的范围而言，蒙古人在很大程度上依赖的是穆斯林和汉人技师，他们能够掌握和制造大炮以及其他攻城器械。抛石机不仅用于攻城战，偶尔也出现在阵地战中，例如在俄罗斯和欧洲的战役。

---

* 1英里约合1.6千米。——译者

心理战向来是蒙古人的强项，使用颇为频繁。蒙古人认识到，"不战而屈人之兵"比攻城更加有效，如果遇到抵抗便会屠城。屠城并不是肆虐嗜血，而是一种精心算计的战术，能达到多个目的，既可以防止蒙古战线后方的叛乱，也有助于扩大宣传，并在军队的规模上造成误导。他们利用间谍和幸存者传播谣言，将他们的残暴宣扬到极致，使其他地方的民众产生恐惧从而主动投降，而不是负隅顽抗。

蒙古人还使用诡计来迷惑和威吓敌人。他们点燃大量营火，将树枝绑在马尾上搅起尘土，以虚饰部队人数。蒙古人还在他们的备用马匹上放置假人，以一字纵队骑行，在远处伪装以虚张声势。另外，他们还将牛群和马群驱赶至敌军中以打乱其阵型，并趁乱进攻。一旦有可能，他们就激化敌方阵营中的叛乱和内斗，谋求敌方阵营中受压制的少数派（或者多数派）的支持，以此削弱敌人。蒙古人不仅善于利用他们穷凶极恶的名声，在环境允许的时候也会竭力将自己描绘成救星。

这些战术使他们成了一支高效而致命的军队，在战略和行动的层面上，他们成为现代社会到来之前的无敌军旅。他们使用高度机动性的战略。蒙古马的力量和速度都不如其他军队，但它们的耐久力是无可匹敌的。而且，蒙古人能够获得无穷无尽的马匹。蒙古战士平均每人拥有 3～5 匹马，即使其中一匹坐骑疲乏或死亡，也仍能保持机动性。机动性使蒙古人造就了一种不可复制的战争风格，直到20世纪机动车辆应用于军队，这种情况才有所改观。

蒙古人发动战争之前，会在忽里勒台大会上做全面准备，为即将到来的战争制定计划，并任命负责领军的将军。在做出决定之前，他们利用商人来积累知识，而商人们则受益于蒙古人对商路的保护。在忽里勒台大会上，军队开始调动，他们按照时间表确定会合地点。尽管战争计划是十分重要的，但蒙古将军们仍然有较大的独立性，可以在遵守时间表的同时完成自己的战斗目标。这使蒙古人能够协调部署，在一些提前安排好的地点集中兵力。

侵略战始于几支纵队以一定的阵型发动攻击。侦察部队掩护着进攻部队，并且不间断地向中军传递情报。通过严守预先计划好的进度，并使用侦察部队，蒙古人可以分兵进击且互为支援，遂能协同作战。而且，由于他们是分兵进击，所以绵延数英里的纵队不会阻挡他们。他们利用机动性散布恐慌，同时出现在许多不同的战线，达到的效果就是使敌人无法真正做好集中兵力的准备。

多路进攻的战术也与蒙古人最喜欢的对敌战法融为一体，他们喜欢在深入敌占区之前先解决战场上的所有敌人。这个目标很难达成，因为敌人通常会在蒙古人摧毁整个地区之前寻求与之一战。而且，侦察部队掩护之下的纵队可以收集情报，使蒙古军队能比单一部队更快地定位敌军。

蒙古人重点关注战场上的敌军，对要塞的进攻则延迟了。当然，他们进攻时会直接攻下规模较小或者能够轻易突袭的要塞。最佳的案例之一便是花剌子模之战。蒙古人在最终攻陷撒马尔罕之前，就已攻占了较小的城市和要塞。这产生了两个结果，一是切断了主城与其他城市之间的交通，二是这些较小城市的难民逃入这座最后的要塞，带来了战败与陷落城市的消息，从而打击了主城当地居民与守军的士气，也消耗了城内的资源。难民突如其来地涌入，加重了城内粮食和水储备的负担。这时蒙古人已经消灭了战场上的敌军，可以不受干扰地展开攻城战。蒙古人攻陷了外部据点与城市，能够得到更多的劳动力，来配备攻城器械或者作为肉盾。

蒙古人还总是尝试摧毁敌人的指挥系统。为此，他们攻袭敌军统帅本阵使其败走。成吉思汗首次使用这一策略是在统一蒙古草原的战争中。在最初的交锋中，他没能达成目的，被击败的敌军便重整阵容而再燃战火。后来，这成了一种标准的作战程序。敌军统帅不断移动，因而无法成为他的军队重整的集结点。而且敌军为了寻找统帅，只能不停地移动。许多记载也许有些夸张地报称，敌军统帅距离蒙古人只有数步之遥。蒙古人也从其他地方获得情报，因为败逃的敌军会向与蒙古军相反的方向逃窜。蒙古人总是派出一支别动队追赶他们，而其他的部队也会被派往偏远地域。有时，这些地域是独立于蒙古人所入侵的王国的，但它们仍会在蒙古人的注意范围之内。

对许多人而言，蒙古人不是一种军队，而是大自然的力量、上帝的惩罚与《启示录》中的末日之兆。蒙古人的敌人们面对着无法抵抗的死亡与毁灭，拼命寻找抵挡蒙古人的办法。有些人成功了，但大多数人都失败了。蒙古人改变和影响了几个世纪以来全世界的战争方式。

对十字军和中东的影响

十字军时代发生了大规模的跨文化交流，既有有意识的，也有无意识的。十字军时代与蒙古时代的交叠，只是为当时的跨文化交流增加了另一个变数。在所有的交流之中，很少有单向的。不仅伊斯兰教和基督教社会从蒙古人那里得到了新的观念或冲击，蒙古帝国也从黎凡特获得了军事知识以及其他东西。

其中之一便是配重式抛石机。对于蒙古帝国而言，标准的抛石机是靠人力驱动的，设计较为简单。其基本构造是一个倒U形架加上一根杠杆。杠杆的一端装载石头或者装有可燃物的容器，另一端系着绳索以供拉动。如果要增加射程或加重发射物，就必须增加人手。而配重式抛石机有着更为复杂的设计，可分为几种类型。基本的设计是在杠杆一端装有一个装满石头的箱子（即配重）。如果松开配重箱，箱子下落，将杠杆另一头拉高，紧接着拉动一条长带索，带索末端是发射物。在杠杆弧度达到最大值时带索打开，将发射物抛出。有了配重以及带索的弧度引发的速度，发射物飞行的力量变得更大，造成的伤害也更大，而且可以使用更重的发射物。

这种抛石机自从12世纪末就在欧洲和中东投入使用了，但直到13世纪70年代才传到东亚，不过在1260年以前，中东的蒙古军队可能已经在使用。马可·波罗试图将其传入中国并归为己功，但我们可以很确定地说，是蒙古人任用的穆斯林技师将这种武器带来并用于襄阳攻城战，而襄阳陷落于1273年，早于波罗一家抵达中国的时间。[1]配重式抛石机的传入，很可能加速了忽必烈征服南宋的步伐。

---

1 Marco Polo, *The Travels*, trans. Ronald Lathem（New York, 1958）, pp. 206-208; Marco Polo, *The Travels of Marco Polo*, trans. Henry Yule（New York, 1992）, pp. 158-160.

蒙古人对十字军时代战争的影响，还表现在几个更为显
著的方面。首先是蒙古大将速不台率领的偏师入侵中东和欧
洲，这发生在第五次十字军东征期间（1217—1221）。在十
字军围攻达米埃塔期间，军中开始有谣言称，此为传说中的
东方统治者长老约翰（Prester John）或其孙大卫王（King
David）的军队。更有谣言称，大卫王距离安提阿仅有数日行
程。这成为影响达米埃塔战略决策的一个因素，第五次十字
军东征的失败从根本上与此有关。[1]蒙古人在此期间出现于中
东，对于第五次十字军东征还造成了另一种影响。不同于其他
几次东征，这次十字军东征是有着可行性战略的。在十字军
主力攻打埃及的同时，其同盟军（塞尔柱突厥人和格鲁吉亚
人）应当进攻叙利亚北部，以阻止阿尤布王朝的军队支援埃
及。格鲁吉亚人应当在其中扮演主要角色，但是速不台的军队
击败了格鲁吉亚军队——有可能是利用大卫王军队的身份影
响了格鲁吉亚人的情绪。据说，蒙古人曾持着十字架进军。
这个说法貌似可信，但蒙古人似乎不太可能知道长老约翰的
传说，格鲁吉亚人可能将蒙古的一种大纛误认作十字架。[2]无
论如何，格鲁吉亚人被击败了，因此无法参与十字军圣战。蒙
古人的出现，使一度强大而广阔的格鲁吉亚王国进入了长达约
20年的恶性循环。而且，由于格鲁吉亚人无法进攻叙利亚北
部，阿尤布王朝军队便能进攻黎凡特的十字军诸国，从而使耶

1　Oliver of Paderborn, 'The Capture of Damietta', trans. Joseph J. Gavigan, in *Christian Society and the Crusades, 1198-1229*, ed. Edward Peters（Philadelphia, PA, 1971）, pp. 90, 123-124.

2　同上，p. 91。

路撒冷国王布列讷的约翰（John Brienne）和他的骑士们颇为担忧，并挑起了欧洲十字军和黎凡特十字军之间的不和。

尽管蒙古人越过群山销声匿迹了，但他们与十字军之间的故事并未结束。速不台入侵格鲁吉亚，缘起于蒙古人1219年入侵中亚，而后者的主要目标是消灭花剌子模帝国。在这次行动中，他们的目标达成了。花剌子模苏丹摩诃末死于里海中的一个岛上，他的儿子札阑丁逃到了印度，在蒙古人撤离之后才返回。然而他的出现又一次引起了蒙古人的注意，从而引发了绰儿马罕的入侵。蒙古人在1231年再次击溃了札阑丁的军队，但是花剌子模的军队幸免于难。他们最终成为一支有力的地域性雇佣军，为塞尔柱人、阿尤布王朝及附近其他势力所用。他们被埃及雇用，加入苏丹萨利赫（al-Salih，1240—1249年在位）的军队，参加了阿尤布王朝的内战，抵挡大马士革、克拉克和霍姆斯军队中的法兰克人。他们之所以急于加入埃及人，可能也与蒙古人向其地域扩张有关。随着蒙古人征服了塞尔柱苏丹国，威胁到詹新拉地区，在这种情况下离开其地域可能是比较明智的，况且此时他们作为雇佣兵的前景已然无望。他们在前往埃及的途中洗劫了耶路撒冷，该城曾于1229年经由腓特烈二世（Frederick II）调解而还于基督徒之手，而经此一劫之后终与十字军永诀了。[1]花剌子模人随后加入了苏丹萨利赫的军队，在1244年的拉夫比战役中击败了耶路撒冷、大马士革和克拉克的联军。对于十字军来说，这是一

---

1 Matthew Paris, *Chronica Majora*（London, 1873），vol. IV，pp. 337-344；Malcolm Barber and Keith Bate, *Letters from the East: Crusaders, Pilgrims and Settlers in the 12th-13th Centuries*（Aldershot，Surrey，2010），pp. 143-146.

场惨败，仅次于1189年的海廷之败。*

苏丹萨利赫认为，花剌子模雇佣兵对所有人都构成了过大的威胁（事实也的确如此），遂与霍姆斯的君主合谋消灭了他们。蒙古人继续以间接的方式影响着中东。蒙古征服了钦察草原，致使中东的奴隶市场上涌入了大量钦察突厥奴隶，他们随后被卖作"马穆鲁克"（即军事奴隶）。尽管是路易四世发动的第七次十字军东征引发了埃及1250年的马穆鲁克政变，但正是蒙古于1258年征伐叙利亚导致马穆鲁克苏丹国变成了一个强大的政权。[1]此前，马穆鲁克仍然让阿尤布王朝的王子保有王位，为其统治提供合法性，而他们自己则对王位没有要求。而随着蒙古人的到来，马穆鲁克不再矫饰，将这位幼主赶下了王座。1260年，他们的王位又因艾因扎鲁特之战的胜利而得到了巩固。后来，他们被视为"信仰的保护者"——他们在宗教领袖和学者们的支持下推广了这一形象，而这也是被建构出来的。而且马穆鲁克认识到，十字军有可能与蒙古人结盟，遂协力一举消灭了全部十字军诸国——自从1193年萨拉丁死后，这一政策从未被执行过。马穆鲁克苏丹国对伊利汗国的蒙古人造成了持续的刺激，与此同时，马穆鲁克于1291年摧毁阿迦**，成功地消灭了十字军国家。马穆鲁克通过夷平濒海要塞并烧焦蒙古前线的土地，防住了来自东、西两个方

---

* 海廷战役发生于 1187 年，此处的 1189 年疑为 1187 年之讹。——译者

1 学者们在讨论"马穆鲁克"时，一般以首字母大写的方式表示马穆鲁克苏丹国的统治集团马穆鲁克人，而首字母小写则表示伊斯兰世界特有的军事奴隶机构马穆鲁克。

** 今译阿卡。——译者

向的征伐。马穆鲁克趁着伊利汗国全神贯注与尤赤汗国及察合台汗国交涉的时机，逐一清除了十字军以及伊利汗的附庸国（如西里西亚王国），消除了蒙古在其地域的影响。这迫使蒙古人寻求与欧洲诸势力结盟，但是欧洲人为了组织一次新的十字军东征，常常陷入欧洲本土事务之中，或者是像教皇那样（下文将进行详解），更关心蒙古人灵魂的救赎而非军事事务。

此外无疑还有一个难点，即蒙古曾于1240年入侵欧洲，蹂躏了匈牙利和波兰的天主教王国。蒙古前哨向西远达维也纳，这多半会传达这样的信息，即如果欧洲统治者们不臣服便会如何如何。蒙古人的入侵导致很多欧洲人呼吁发动十字军东征。尽管事实上东征未能实现，但是只要有传言说蒙古人正在逼近，那些已经宣誓加入十字军的人们（尤其是住在中欧和东欧的人们）便被允许改变誓言。教皇英诺森四世也寻求建立一个反蒙古联盟，以防止蒙古人进一步入侵欧洲。不过，更常出现的情况是，那些想要与蒙古作战的人们结果却殒命于波罗的海地区，或者死于条顿骑士团对普鲁士进行的季节性掳掠中，或者如同立陶宛人那样死于与条顿骑士团的对战中。[1]尽管如此，东方的蒙古人始终是一种威胁，尤其是尤赤汗国曾数次入侵欧洲，使很多欧洲人心中常怀恐惧。伊利汗国与尤赤汗国是相互独立的，欧洲的国王们也认识到了这一点，但普通人对蒙古人仍是怀有疑虑的——他们全体都是一样的，还是互有区别？1240年以降，蒙古人的存在使欧洲自顾不暇，因而导致黎凡特的诸拉丁王国缺乏人手。究竟有多少人出于对蒙古的

1　Peter Jackson, *The Mongols and the West*（Harlow，2005），pp. 95-97，103-105.

恐惧而前往东方或留在家乡，我们无法推算出准确的数字，但有明确的证据表明，13世纪以后参加十字军前往黎凡特的日耳曼人和匈牙利人的数量大幅减少。其中也许还有其他原因，但欧洲人仍对这支在不远的前线之外的强大的异教徒军队抱有深不见底的恐惧。因此，许多即将成为十字军战士的人便转移了注意力，不再启程东征。

蒙古人也改变了中东战争中的武器和战术。首先也是最重要的就是弯刀的普及。这也发生在其他地区，但是弯刀在整个中东乃至全世界成为骑兵的首选武器，主要应该归功于蒙古人。这种趋势始于13世纪，到16世纪已经无处不在。[1]尽管弯刀最早是随着突厥人的到来而传入的，但当时其他民族还是更愿意保留自己的直刃长剑。不过随着蒙古人的到来，几个世纪以降，弯刀成为马背上的战士最常用的武器。弯刀对于骑兵进攻而言是完美的武器，骑兵可以一边骑行一边用弯刀挥砍并完成攻击。剑在挥砍方面效果较差，而更适合自上而下的劈砍。骑兵在攻击时可以用弯刀挥砍并继续骑行，而长剑则可能会嵌入目标之中，或造成骑兵身体摇晃，导致其失去平衡或者失去武器。

蒙古人将中东战争在很大程度上转型为草原战争。自从公元前53年帕提亚帝国在卡莱打败克拉苏（Crassus）以来，弓骑兵在中东战争中就一直扮演着决定性角色。但是，骑兵中的主力并不是弓骑兵，而是持长矛的骑兵，后者可以归类为中型

1　A. Rahman Zaky, 'Introduction to the Study of Islamic Arms and Armour', *Gladius*, I（1961）, p. 17.

骑兵。在萨珊帝国时期和阿拉伯征服时期，转型就已经开始了，直到阿拔斯王朝时期仍在进行。塞尔柱人的到来改变了这种状况，游牧弓骑兵加入了进来。不过，塞尔柱军队的核心是以亦黑塔（或提马尔）为支持的装甲骑兵。[1]弓箭是重要的武器，但不是他们的主武器。中东与中亚的大多数民族如加兹纳维、花剌子模和阿尤布王朝都是如此。只有在如安纳托利亚这样有大量突厥游牧人口的地区，弓骑兵才成为战场上的主宰力量，不过所有的军队中都有例外——包括十字军中的土耳克伯（Turcopole）佣兵。

蒙古在中东的首要军队是轻骑兵。其中一些可能装备了护甲，蒙古人倾向于使用薄甲。即使是金属制的薄甲也较为轻便，能够保证蒙古人所钟爱的机动性。蒙古人有时也使用中型骑兵和重型骑兵，但这些部队是由亚美尼亚、格鲁吉亚这样的辅助者提供的。弓箭手令敌军各纵队元气大伤之后，蒙古人便发起冲锋，造成致命打击。历史学家们推测，蒙古人被马穆鲁克击败之后，转型为较为传统的中型骑兵。学者们推测，轻型弓骑兵无法战胜马穆鲁克，因为后者较重的护甲可以使之展开近身战，并使用冲击战术，同时他们也精熟于弓箭。[2]实际

1　亦黑塔和提马尔是士兵与官员的食邑。与欧洲的封地不同，拥有者实际上并不统治提马尔，只是得到收入。它们可以是村庄、市场、果园或者实质上任何产生赋税的地区。

2　关于这一问题的讨论，可参看 John Masson Smith Jr，'Mongol Society and Military in the Middle East：Antecedents and Adaptations'，in *War and Society in the Eastern Mediterranean, 7th and 15th Centuries*，ed. Yaacov Lev，*The Medieval Mediterranean Peoples, Economies, and Cultures, 400-1453*，vol. IX，ed. Michael Whitby，Paul Magalino，Hugh Kennedy，et al.（Leiden，1996）；John Masson Smith Jr，'Ayn Jalut：Mamluk Success or Mongol Failure？'，*Harvard Journal of Asiatic Studies*，XLIV（1984），pp. 307-345；A. P. Martinez，'Some notes on the Il-Xanid Army'，*Archivum Eurasiae Medii Aevi*，VI（1986），pp. 129-242。

上，马穆鲁克士兵是圣殿骑士团和医院骑士团式的重型冲击部队与蒙古式弓骑兵的结合体，他们采用这样的设计是为了反击这两种战斗风格。赞成由轻骑兵转型这一观点的学者们，根据的是合赞汗的军事改革思想，反复征引的材料是选派亦黑塔与提马尔为士兵提供军费。但是鲁文·阿米泰令人信服地指出，这种观点是不准确的。[1] 前文已述，提马尔的选派主要是为军队提供财力支持，防止他们侵害伊利汗国的农民和城镇居民。真正的转型从未出现。伊利汗国的继承者们（例如札剌亦儿王朝、黑羊王朝和白羊王朝）的军队都是弓骑兵部队，而察合台汗国军队同样如此。甚至奥斯曼帝国也有大量的弓骑兵，直到耶尼切里（Janissary）禁卫步兵成为其军队的主力。萨法维人用弓骑兵开创了他们的帝国，并与奥斯曼帝国对阵。直到加农炮出现之后，游牧弓骑兵才不再主宰战场（例如查尔迪兰战役）。

那么，被马穆鲁克击败让蒙古人学到什么了吗？我们必须记住的是，虽然伊利汗国的蒙古人是马穆鲁克的敌人，但蒙古人的主要敌人却总是另一个蒙古汗国——拥有游牧军队的尤赤汗国或者察合台汗国。从蒙古征战的相关史料中可见，蒙古人几乎从未被非弓骑兵部队击败过。马穆鲁克的胜利得益于以下几个因素。首先，一对一的话，马穆鲁克是更好的战士——他们的生活是以军事训练为中心的。尽管在蒙古的威胁消退以后，这种生活方式就衰落了，但即使到1798年至1799年间拿

1　Reuven Amitai, 'Continuity and Change in the Mongol Army of the Ilkhanate'，国际中东研究大会提交论文（巴塞罗那，2010 年 7 月 23 日）。

破仑入侵时，他们仍然非常剽悍。其次，马穆鲁克已经拒绝了蒙古人很多次，他们知道，一旦被蒙古人征服，自己的命运将会如何。前文已提及，他们想要剥夺蒙古人的牧场，实行了焦土政策。在有多位苏丹的情况下，马穆鲁克推崇最高领导权。同时不可忽略的是，幸运之神在战场上屡次眷顾马穆鲁克。很多战役都可以明确证明，蒙古人从未觉得自己的作战方式不如马穆鲁克，蒙古的继承者们的观点同样如此。在幼发拉底河以东，弓骑兵仍是战场上的主力。

德里与印度

在印度的蒙古人也将德里苏丹国推向转型。蒙古人与德里之间不像其与马穆鲁克那样充满敌意，不过敌意仍然存在。早在13世纪20年代，成吉思汗征服了花剌子模帝国，蒙古人便在德里边境出现，并一直存在到帖木儿崛起时。尽管如此，蒙古人直到1241年才侵入德里苏丹国。此前蒙古人征服了拉合尔和木尔坦，但这些城市承认的是花剌子模帝国的主权。[1]札阑丁在被成吉思汗击败之后逃入印度，蒙古统治者要求穿越德里苏丹国国境进行追击。蒙古人向德里派出使臣，但我们不知道这些使臣后来的命运如何。[2]因为蒙古人并没有进攻德里，所以我们推测这些使臣很可能安全返回了成吉思汗处。彼得·杰克逊提

1　Peter Jackson，*The Delhi Sultanate, A Political and Military History*（Cambridge，1999），p.104.

2　同上，p. 39。

出了一种假设，认为德里可能象征性地向成吉思汗与窝阔台臣服。[1] 尽管如此，在窝阔台统治时期，蒙古将军蒙哥秃在 1236 年至 1237 年间抢掠了信德，在德里军队到来之前便撤退了。[2]

蒙古人从印度河平原撤退之后，德里苏丹国将其疆域扩展到了群山遍布之处。尽管蒙古人攻陷了一些城市，并多次跨过印度河进行抢掠，但是在很长一段时期内，他们从未真正征服和占据白沙瓦以南的任何地区。[3] 尽管如此，蒙古人的出现导致了德里苏丹国的军事转型。德里苏丹国统治者源出突厥，重视骑兵，但是印度大多数地区都不适宜养马，所以德里苏丹国拥有大量的步兵。蒙古人的机动性造成的威胁，迫使德里苏丹国寻找对策。西蒙·迪格比（Simon Digby）认为：

> 德里苏丹国在蒙古的攻击之下幸免于难，应归功于在蒙古控制之下的中亚马匹出口被切断的情况下，仍有充足的战马供应；在某种程度上可能也应归功于战象，战象为蒙古人所无，用于战阵之上引起了巨大的怖畏。[4]

蒙古的威胁也使德里苏丹国对邻近的忻都诸国的军事行动有所减少。有些学者认为，蒙古在西北方造成的威胁拖住了德里苏丹国主宰印度的脚步，因为苏丹们不得不将军队留在德里

1　Peter Jackson, *The Delhi Sultanate, A Political and Military History*, p. 104.

2　Minhaj Siraj Juzjani, *Tabaqat-i Nasiri*, trans. H. G. Raverty（New Delhi, 1970）, pp. 809-813.

3　Jackson, *The Delhi Sultanate*, p. 105. 答亦儿和蒙哥秃于 1241 年攻陷了拉合尔。

4　Simon Digby, *War-horse and Elephant in the Delhi Sultanate: A Study of Military Supplies*（Oxford, 1971）, p. 22.

和前线地区。[1]显然，蒙古的威胁使德里苏丹国的军事发展步履维艰。据术兹扎尼记载，为了将蒙古人驱逐出印度河以西地区，德里苏丹国甚至发动了圣战。回历656年1月6日（公元1258年1月13日），一支军队在德里之外集结，并成功地解放了木尔坦。[2]蒙古的威胁在1329年之后才消退，这一年，察合台汗答儿麻失里对德里外围造成了威胁。苏丹摩诃末·秃忽鲁（1325—1351年在位）迫使他渡过印度河退回。随着伊利汗国的崩溃以及察合台汗国在答儿麻失里死后陷入混乱，德里开始变得相对安全，只需对付偶尔出现的抢掠者，而不再是大规模的入侵。然而不幸的是，这一短暂的宁静给德里苏丹国造成了平安的错觉，因为中亚征服者帖木儿于1399年洗劫了德里，将数之不尽的财宝带回了撒马尔罕。德里苏丹国再也未能完全恢复，这最终为莫卧儿王朝的建立架设了舞台。莫卧儿（"Mughal"是"Mongol"一词的波斯语形式）的首领巴布尔是帖木儿的后裔，也就是成吉思汗的后裔。因此在某种意义上，蒙古人统治了印度大部，直到1857年英国人因印度民族大起义而正式终结了莫卧儿王朝的皇位传承。

东欧

东欧地区（尤其是今天的俄罗斯和乌克兰）被蒙古统治的

1　Simon Digby，*War-horse and Elephant in the Delhi Sultanate*，p. 21.

2　Juzjani，*Tabaqat-i Nasiri*，trans. Raverty，p. 711.

时间，比其他任何地区都更久。在蒙古统治这一地区之前和之后的几个世纪中，这里与其他草原政权一直有接触，因而对草原军事颇为熟悉。在莫斯科公国崛起和真正的俄罗斯认同形成之后，这一影响仍然持续存在。蒙古军事制度影响的证据是这样一个事实，即在蒙古人到来之前，东欧的斯拉夫诸公国与草原游牧民之间有频繁的接触，将他们用作同盟军或辅助军，但并没有立即采用其草原军事技术。钦察人和其他游牧民族反而常常要担心罗斯对草原的蚕食。[1]到了蒙古时代，草原战争开始改变这一地区的军事思想。此前，像游牧民族那样作战是毫无必要的；钦察人和佩彻涅格人也是强劲的敌手，但他们是可以被抵挡住的。而蒙古的战争风格是罗斯不曾遇到过的，他们对此毫无破解之法。简而言之，如果不采用草原军事技术，就不可能打败蒙古人。加利西亚和沃伦的大公达尼洛（Danilo of Galicia and Volynia）为了反抗蒙古人，开始改造和重组自己的军事力量——既然旧有的战斗方法被蒙古人轻易地击败了，那么为了打败蒙古人，就必须像蒙古人那样作战。[2]他在1254年至1255年间向蒙古人出征，并取得了一些胜利。值得注意的是，他遵循蒙古的范例，在冬季出征。[3]

1　Peter Golden, 'War and Warfare in the Pre-Cinggisid Western Steppes of Eurasia', in *Warfare in Inner Asian History, 500-1800*, ed. Nicola Di Cosmo（Leiden, 2002）, p. 106.

2　George Perfecky, trans. and ed., *The Hypatian Codex II: The Galician-Volynian Chronicle*（Munich, 1973）, pp. 61-62；George Vernadsky, *The Mongols and Russia*（New Haven, CT, 1953）, p. 145.

3　Perfecky, *The Hypatian Codex II*, pp. 73-74；Francis Dvornik, *Origins of Intelligence Services: The Ancient Near East, Persia, Greece, Rome, Byzantium, the Arab Muslim Empires, the Mongol Empire, China, Muscovy*（New Brunswick, NJ, 1974）, pp. 302-304.

处在蒙古控制下的罗斯诸公国，即使不是全部也有很多都效法了蒙古人。随着罗斯战士们加入蒙古军，对蒙古军事越来越熟悉，从而加速了自身的转型。罗斯原本是以城镇的形式和传统的风格作战。一段时间之后，罗斯开始沿着相似的阵线部署军队，使用草原游牧民族的战术和武器，[1]不仅包括复合弓，也有蒙古式弯刀，以及为人和马配备的薄甲。[2]有时，蒙古军队（不过数量的多少取决于不同的推测）似乎是由罗斯大公诺夫哥罗德的亚历山大·涅夫斯基统率的。[3]莫斯科公国的转型可能是最为成功的，也采用了一些蒙古式的管理方法。在伊凡三世（Ivan III，1462—1505年在位）的统治下，莫斯科公国建立了驿站制度，与蒙古人的制度几乎相同，直到19世纪仍在使用。

火药的出现并没有立刻给东欧带来变革。波兰、匈牙利和莫斯科公国仍然要面对金帐汗国诸分支和立陶宛人的严重威胁，后者的作战方式与蒙古人类似，大量使用弓骑兵。即使在波兰与立陶宛结成联姻同盟之后，这种作战方式也基本上没有改变。波兰–立陶宛骑兵仍然是战场之鞭。俄罗斯贵族们的战法也是使用弓骑兵，而不是他们的祖先在蒙古时代以前所用的冲击骑兵。为了抵御克里米亚鞑靼人及其他草原势力，伊凡四

1　对此的精彩分析，参看 Donald Ostrowski, *Muscovy and the Mongols: Cross Cultural Influences on the Steppe Frontier, 1304-1589*（New York, 1998）。作者对于蒙古人影响的评价恰如其分，同时也打破了一些神话，即关于其他一些据称是蒙古人带给俄国人的不那么有益的"礼物"。

2　Vernadsky, *The Mongols and Russia*, p. 145.

3　A. E. Tsepkov, trans., *Ermolinskaia Letopis'*,（Riazan, 2000）, pp. 110-111; Robert Michell and Nevill Forbes, trans., *The Chronicle of Novgorod, 1016-1471*（London, 1914）, p. 95.

世需要骑兵。在攻城战和与波罗的海诸国的战争中，更常被提到的是火绳枪部队（streltsy）在战场上的胜利。伊凡四世自己的骑兵是从贵族中抽调的，为了扩大骑兵部队，他还找到了其他的兵源。他需要的是精熟于草原战争的部队，因此哥萨克人在莫斯科公国越来越重要，鞑靼轻骑兵也投入使用。到彼得大帝（Peter the Great）时期，俄罗斯的军事重心开始转向，首要关注点从草原转向了欧洲，这部分是由于草原的威胁变小了。

尽管俄罗斯的政治和军事重心在19世纪转向了西方，但是蒙古人仍然在俄罗斯军事中扮演着重要角色。17世纪初迁居至伏尔加河流域的卡尔梅克人（或称西蒙古人），是防卫俄罗斯南部边境的关键角色。大概随着奥斯曼帝国对南部威胁的减退，以及1789年克里米亚鞑靼人的战败，草原弓骑兵最终失去了作为军事单位的价值。但19世纪时俄罗斯对中亚的征服，刷新了人们的兴趣点。尽管草原战术在当时已经不再是一种主导性的战斗形式，却令俄罗斯军官米哈伊尔·易凡宁（Mikhail Ivanin，1801—1874）在与希瓦汗国作战时大为受益。他对草原战争颇为欣赏，在1846年出版了《蒙古与中亚诸民族的战争艺术》（*The Art of War of the Mongols and the Central Asian Peoples*）一书。[1]他强调了哥萨克人对于骑兵战术的使用及其机动性。俄罗斯帝国军事学院很快便将此书纳入课程，不仅是在俄罗斯帝国时期，直到第二次世界大战时期，苏联红军军事学院也仍在使用，对此本章下文将加以

1　Francis Gabriel，*Subotai the Valiant: Genghis Khan's Greatest General*（Westport，CT，2004），pp. 128-129.

讨论。易凡宁的努力与其他的改革相配合，得到了很好的实际效果。正如1904年至1905年间的日俄战争所显示的，随着俄罗斯工业化的失败，由于后勤基础跟不上，这种战术便衰落了。

东亚与火药

前文已述，东亚的战争随着配重式抛石机的传入而发生了引人注目的改变。但这并不是唯一的变化。蒙古侵袭日本，导致日本武士参加战争的方式也发生了本质改变。在蒙古袭来之前，日本武士主要是与单个敌人近身交战，考验个人的武艺。而蒙古人是不打近身战的，而是使用大规模部队，集中火力消灭敌人的兵团。一名武士面对的不是单个敌人，而是一支部队。即使是最好的剑士，也绝对无法以寡敌众。直到武士转而采用部队战术之后，他们才站在了同一水平线上。

不过，最显著的变化还是火药武器的出现。学术界已经确证，火药是在中国发明的，蒙古人首次接触火药是在攻打金朝时。在《武经总要》于1044年成书时，火药武器已经投入使用了。早在10世纪时，火药武器（炸弹的一种）可能在某种程度上就已经投入使用了，因为火药本身发明于9世纪。[1]在宋代，火药的制造方法一直是一个严防死守的秘密，但到12世

1　Peter A. Lorge，*The Asian Military Revolution: From Gunpowder to the Bomb*（Cambridge，2008），pp. 24，32-33.

▲ 这是存世最早的成吉思汗画像，据说是其孙忽必烈亲自过目且认可的成吉思汗画像。

▲ 蒙古征服报达（巴格达）。这幅 14 世纪的波斯细密画，展现了 1258 年旭烈兀率军围攻阿拔斯王朝都城报达的场景。蒙古军万箭齐发，通过利用抛石机和架设桥梁，截击企图乘船逃跑的敌人。

▲ 蒙古贵族骑行图（14世纪波斯细密画）。骑者五人，皆着蒙古袍服，冠插雉羽。居中者当为一位蒙古汗或贵族，手持马鞭，腰挂弓囊。其余四人为随从，右上者胸前佩戴金色牌符。

▶ 西夏都城中兴府被围(《惊异之书》*插图)。成吉思汗之死并非如这幅图中所描绘的那样，而是因为打猎时落马而造成了内伤。马可·波罗的演绎并不奇怪，因为事实上，关于成吉思汗死因的说法多种多样，包括被闪电劈死、被箭射死以及在新婚圆房时去世等。

* 即《马可·波罗行纪》的法文版（*Livre de Merveilles*）。——译者

◀《元世祖出猎图》(局部)。表现了元世祖忽必烈身边一位弯弓射雕的蒙古骑士。

▲ 成吉思汗之死(《惊异之书》插图)。成吉思汗死于征服唐兀(西夏)期间。据《蒙古秘史》记载,成吉思汗下令在他死后秘不发丧,直至唐兀完全破灭。图中描绘了成吉思汗正在告诫诸子,一支箭比起多支箭更容易折断。

▲ 合列卜城的堡垒，这是一座在城市中的壮观堡垒。尽管该城在 1260 年被蒙古人攻陷，但在遭受抛石机的密集攻击后，该城又坚守了一个月。

▲ 1260 年蒙哥汗的葬礼（莫卧儿时代作品）。这一幕可能并未发生，但确实体现了莫卧儿人心中蒙古帝国的概念。

▲ 忽必烈汗畋猎（《惊异之书》插图）。图中描绘了一个非常欧化的忽必烈汗的形象，身穿想象中的蒙古服装，表现了马可·波罗描述的忽必烈汗出猎的场景。这是一次盛大的聚会，有海东青，当然还有大象。对大象的描绘表明，当时欧洲人并不熟悉这种动物。

▲ 旭烈兀追杀别儿哥，布锡考特大师（Boucicaut Master）绘（《惊异之书》插图）。蒙哥死后，别儿哥和旭烈兀之间爆发了内战，争夺对阿塞拜疆繁茂的木干草原的控制权。

◀ 马背上的蒙古射手。尽管这幅图作于明代，但仍然能代表 13 至 14 世纪的蒙古人。这名射手将衣服部分脱下，表明他可能是在云南，那里比蒙古草原更热，且在元朝有相当数量的蒙古人驻守于此。他的持弓之臂穿着衣服，以防被弓弦伤害。

▲ 骑马的蒙古弓箭手，海亚姆（Muhammed ibn Mahmudshah al-Khayyam）作品（约 1400—1425）。尽管这幅波斯绘画作品来自后蒙古时代，但伊利汗国的继承者们仍然如其前辈一般穿着和战斗。

▲ 驿站，即邮政系统，使蒙古帝国从现代的土耳其一直到韩国都能够保持联系。该复制品在一座毡帐旁有两匹蒙古马。驿站可以很大，但大多数一般就像该复制品一样简单。背景中的大纛有着黑色流苏，说明帝国正处于战争状态。

◄ 额尔德尼昭内部，这是由阿巴泰汗资助建造的一座寺庙。该寺建在蒙古旧都哈剌和林的废墟之上，标志着蒙古帝国最后的遗迹真正转变成了信奉佛教的蒙古。

▶ 牌子是行人与使者在蒙古驿站或驿路上使用的通行证或文件。牌子的材质和形状表明了每个行人的权利——材质越好，拥有的权利越多。图中这块牌子是金制的。

▲ 窝阔台汗（拉施特《史集》插图）。窝阔台是蒙古帝国的第二任统治者，他维持了帝国的稳定，也在很大程度上确立了"统治世界为蒙古之权利"的观念。图中展现的是大汗在哈剌和林接受朝贡。

▲ 忽必烈汗授予尼古拉和马菲奥一块金制牌子，以供其回到故乡并重返汗廷（14世纪）。

▲ 蒙古军队追击敌军（拉施特《史集》中的波斯细密画）。
尽管图中表现的是一场 13 世纪的战斗，但战士们却身着
14 世纪伊利汗国的服饰。

▲ 蒙古军队追击敌军（萨莱图集中的插图）。图中所有人物都身着蒙古人的服饰。该图体现了作者对当时甲胄与武器的了解，也可以印证蒙古人对整个欧亚的军事进步与武器装备的巨大影响。

▶ 成吉思汗和他的儿子们（14世纪的波斯细密画）。图中展现的可能是成吉思汗将帝国分给自己的儿子们，并提名窝阔台为继承者。

▲ 成吉思汗在布哈拉的星期五清真寺中讲话（波斯细密画）。在 1220 年攻下布哈拉后，他向城中居民宣告，他之所以入侵是为了惩罚其原罪，因为他是"上帝之鞭"。

▲ 蒙古诸王在学习《古兰经》（拉施特《史集》插图）。图中反映了伊利汗国和术赤汗国中的许多蒙古人皈依伊斯兰教的情况。

▲ 查玛舞。阿勒坦汗皈依佛教之后，带动了16世纪时大量蒙古人信奉藏传佛教中的黄教（该派僧人穿戴黄袍、黄帽，故名）。尽管遭到了严重的打压，传统信仰并未终结，正如这种查玛舞所显示的，其中融入了大量前佛教时代的形象，如最右侧的"白老头"（即土地爷）。

▲ 蒙古摔跤手的传统服饰是袒胸坎肩、短裤和靴子。袒胸坎肩成为正式的服饰，据传说，这是为了防止女性参加这项运动，因为海都的女儿呼图伦曾经打败了所有的挑战者。另外，蒙古诸汗会在汗廷中举办比赛并选拔勇士，其他汗廷的摔跤手也会前来参赛。

◀ 三名穆斯林囚徒被蒙古骑手带走（拉施特《史集》的萨莱图集中的波斯细密画，14世纪）。这些身穿蒙古人服饰的囚徒可能是工匠，被带到位于蒙古草原、中亚和华北的各个制造中心。

▲ 波斯国王阿努希拉旺写给中国可汗的信（《列王纪》书页，14世纪30年代伊朗抄本）。《列王纪》写本的艺术水准极高，且带有蒙古时代的特点。图中的阿努希拉旺身着蒙古式的金锦袍服。

▲ 忽必烈汗带着狮子、猎犬和猎豹进行狩猎（《惊异之书》插图）。图中的多种动物不仅表明大汗可以捕猎全球各地的生物，也说明他手下有能够驯服和饲养这些动物的人员。

▲ 郑和下西洋时从东非带回的长颈鹿，沈度（1357—1434）所绘绢本画。尽管明朝取代了元朝，蒙古的影响依然存在。这名长颈鹿驯养师的服饰表明他是一名蒙古人。

▲ 金丝挂毯上所绘的蒙古皇室女性（元代）。图中人物所穿的就是在蒙古人人必备的毛皮长袍，其头饰也是蒙古贵族女性的标准饰物。

▲ 蒙古汗廷（拉施特《史集》插图）。大汗和他的王后坐在一起，身着典型的服饰，周围的朝臣也都身穿蒙古风格的服装。

▲ 描绘成吉思汗和他的两个儿子的波斯细密画（15世纪版本的拉施特《史集》中的插图）。图中也展现出中国文化的影响，尤其体现在风景上。

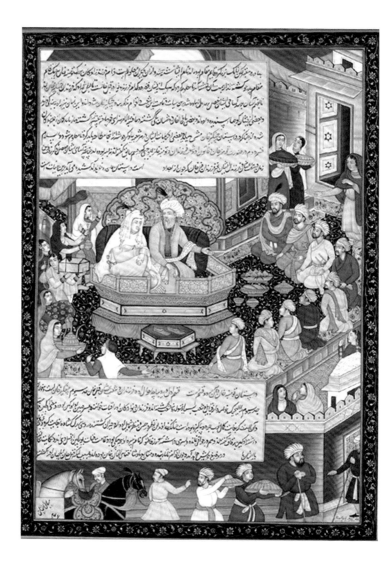

▲ 谢楚芳《乾坤生意图》（局部，1321年），将宋代画院风格与元代文人画风格融为一体。卷左有题诗五首，其中署"松华道人嗣汉"诗曰："花香草色竞春晖，蜎动翾飞各有私。得失纷纷何日了，寸心天地更谁知。"

◄ 1219年，在蒙古攻打花剌子模前夕，成吉思汗将他的帝国分给诸子（16世纪时 Basawan 与 Bhim 为莫卧儿王朝版本的拉施特《史集》所绘的插图）。图中的参会者都身穿16世纪时莫卧儿风格的服饰。成吉思汗身边有一名妃子（名为也遂）陪伴，她是一名塔塔儿人，她劝说成吉思汗在出征前指定自己的继承人。

▲ 一名蒙古士兵飞驰穿过一片山地（萨莱图集，14世纪）。图中风景的绘画风格明显受到了中国审美情趣的影响。

▲ 在意大利的蒙古人。14世纪的壁画《方济各会士的殉难》（局部），安布罗吉奥·洛伦泽蒂（Ambrogio Lorenzetti）绘。壁画中的该部分展现了成吉思大交换对意大利艺术的影响，也表明意大利存在蒙古（鞑靼）奴隶。

▲ 身着蒙古皇室女性服饰的表演者。蒙古宫廷服饰的风格影响了从朝鲜半岛到欧洲的各国贵族。

纪，像火枪（最初是一根发射火焰的竹筒，后来被绑在长矛上）这样的火药武器在宋朝的武器库中便已十分常见了。[1]12世纪时出现了火箭，但是由于准确度很差而效果有限。不论是燃烧型还是爆炸型的火药，都是威慑性的武器，而蒙古人找到了发挥火药优势的方法。

尽管火药的传播与蒙古的崛起和蒙古治世有着直接的关系，但我们并不清楚蒙古人自身是否对传播火药做出了贡献。有些历史学家宣称蒙古人使用了火药武器，即抛石机所抛掷的炸弹，用于中东战场（可能也用于东欧战场）。不幸的是，没有确切的文献或考古证据能够证实这一点。鉴于蒙古人几乎没有遇到过他们不喜欢的武器，我们可以肯定，如果他们找到了安全运输火药的方法，便会将火药带到他们在中国以外的武器库中。不过这仍然只是推测。杰克·威泽弗德提到了蒙古人使用火药，认为火药的使用十分普遍，但他没有给出证据来支持这一观点。依克提达尔·罕（Iqtidar Khan）深信蒙古人在西征时使用过火药武器，并引用了波斯文史料中的数条记载。但他也承认，这些记载中的武器既可以翻译为火药武器，也可以翻译为一种更为传统的武器，比如燃油。依克提达尔·罕还指出，火药传入印度是蒙古人的功劳，因为德里苏丹国在1290年已经使用火药了。这个观点似是而非，因为有证据表明，中亚在13世纪下半叶已经使用火药了，至少是用作烟花。[2]

1　Peter A. Lorge, *The Asian Military Revolution*, pp. 34-35.

2　Jack Weatherford, *Genghis Khan and the Making of the Modern World*（New York，2004），p. 182；Iqtidar Alam Khan, *Gunpowder and Firearms: Warfare in Medieval India*（New Delhi，2004）.

　　许多推测都来自这一事实，即13世纪50年代旭烈兀征伐中东时有1,000名中国技师随军。但这并不能充分证明，蒙古人在攻打阿剌木忒或者巴格达时使用了火药弹。有几个问题让我们无法接受蒙古人使用火药之说。没有任何史料提及蒙古人在攻城时使用火药武器，而且亲历者也没有提到或描述火药。志费尼是蒙古人攻打阿剌木忒时的亲历者，但他没有提及任何火药或者爆炸。而他作为旭烈兀行政机构中的一员，后来还担任了巴格达的长官，处于能够了解这些事情的位置上。有一段记载十分考验想象力：

　　　　弓弩从城楼上射出飞矢，同时，在无计可施时，就用契丹匠人制造的射程为2,500步的一种牛弓来射击那些蠢货。在妖魔般的异教徒中，很多士兵为那些疾若流星的箭所烧灼。石头也从城堡上像树叶一样倒落，但无一人因此受伤。[1]

　　这里须注意两点。首先是中国（引文中称为"契丹"）工匠制造了所谓的"牛弓"（kaman-i-gav），然后是"很多士兵为那些疾若流星的箭所烧灼"。从表面上看，这有可能是指火药，尤其是燃烧性火药。但是结合上下文的语境来看，这只不过是说蒙古人有一台非常强大的抛石机。志费尼书中的辞藻

---

[1] 'Ala al-Din Ata Malik Juvaini, *The History of the World-Conqueror*, trans. J. A. Boyle（Seattle, WA, 1997）, pp. 630-631; 'Ala al-Din Ata Malik Juvaini, *Ta'rîkh-i-Jahân-Gusha*, ed. Mirza Muhammad Qazvini（Leiden, 1912, 1916, 1937）, 3 vols, p. 128.

极尽华丽，是明喻和暗喻相结合的一部杰作。敌军有可能燃烧起来吗？答案非常肯定，良好的老式抛石机也能够做到这一点，而且几个世纪以来一直便是如此。仅仅因为有中国攻城工匠在场，并不意味着他们使用了火药武器。

有人解释说，蒙古帝国的史家之所以都没有提到火药，是因为火药可能是国家机密。但这一说法是站不住脚的，因为志费尼和拉施特都并非不愿谈论传闻和军事事务。拉施特对科学也颇为热爱，本应该表现出强烈的兴趣。他作为伊利汗国的高官，理应知道国家拥有哪些秘密武器。而且，火药可以引起爆炸已不再是什么秘密。如果火药武器真的曾经得到使用的话，到1300年时也已不再是秘密了，在为蒙古朝廷所写的书中理应对其有所描述。更加无法回避的证据是，在蒙古的敌对方的史料中也完全未提及火药武器。这令人感到非常惊异，因为如果蒙古曾经将它用于巴格达、阿剌木忒或者中国以外的其他地方，这就会是首次见于记载的火药武器使用之例。不仅如此，即使抛石机只发出了一枚火药弹，它造成的爆炸也会令人难忘。然而诸史料中完全没有这类记载。正如兔八哥昔日的宿敌、军事理论家火星人马文（Marvin the Martian）曾说："粉碎大地的炸弹在哪？！应该有一枚粉碎大地的炸弹的。"只可惜，各种史料也是沉默不语。

无论如何，蒙古在攻打金朝、宋朝和日本时都使用过火药武器。在所有蒙古敌对方的史料中，都提到了火药武器在东方历史舞台上的作用。对于金朝和宋朝来说，使用火药武器并不值得惊讶。在日本则有图像证据，更重要的是还有考古证据。[1]那么，为什么他们在东亚以外不使用火药呢？答案可能十分简单，那就是后勤。陶制的炸弹需要进行运输，即使小心地包裹以避免摔碎，它们也仍然很难携带。蒙古人通常就地制造攻城武器，或是就地取材，或是用骆驼运零件来进行组装。蒙古人的毡帐可以用大车搬运，但没有证据表明其他设备也可以搬运。车上的毡帐是贵族的家庭居所，战争物品不可能装在其中。部队则骑在马背上。部队藏在车上只有一个例子，即在失烈门妄图发动政变推翻蒙哥时。[2]其他东西都是由骆驼驮运的。鉴于穿过中亚需要其他补给品，蒙古人可能觉得火药武器不值得驮运数千英里。而在中国使用就比较简单了，可以通过海路运到日本，再沿着海岸线运到高丽或者中国南方。不仅如此，宋朝的武器库中也有火药武器，因此蒙古人总是可以使用这些战胜得来的贮存品。

另一个因素是火药武器的制造。在中国，原材料极易获取。而在中国以外，会制造火药的技师们便随着蒙古人来到了一个未知的世界。例如，在亚美尼亚，怎样说"我在哪里能找到消石（硝石）"呢？[3]语言和概念的藩篱是巨大的，因为亚美尼亚人（或者其他任何人）对火药技术一无所知，完全不明

---

1 Takezaki Suenaga（竹崎季长），'Takezaki Suenaga's Scrolls of the Mongol Invasions of Japan'（《蒙古袭来绘词》），见 www.bowdoin.edu/mongol-scrolls/，2010 年 11 月 22 日访问；亦可参看 James P. Delgado, *Khubilai Khan's Lost Fleet: In Search of a Legendary Armada*（Berkeley，CA，2008）。德尔加多总结了海洋考古发现，包括考古复原的卷轴中所描绘的炸弹。

2 Juvaini, *Ta'rîkh-i-Jahân-Gusha*, pp. 39-42；Juvaini, *History of the World-Conqueror*, pp. 574-576.

3 2010 年 11 月 11 日与保罗·布尔的私下交流。我也要感谢 Ulrike Unschuld 博士，并感谢保罗的情报网络帮我获得了信息。

白技师需要什么。

最后，在中国以外（甚至在中国）需要火药武器吗？在中国，火药武器是现成的。但它们有效吗？也许吧。不过，它们并没能阻挡蒙古人征服汉地的脚步。在对付土筑堡垒方面，霹雳弹当然比牵引式抛石机发射的石头更有效。正如前文所述，配重式抛石机在中国出现以后，此前坚不可摧的城市都陷落了——而这种情况在拥有火药武器的条件下也没有发生。在中国以外，配重式抛石机取代了牵引式抛石机，可以发射更重的炮弹，更为迅速地摧毁城墙。合列卜的防御工事在抛石机集中投弹5天后便被破坏了。不过应该注意的是，在蒙古征服东亚的战争中，可燃性火器也发挥了作用。而蒙古人一到中东就获得了燃油。他们控制了木干平原，距离油田很近，那里自古代以来便有石油涌出地面。当然，可燃性火器是易于制造的，但燃油是除"希腊火"之外最有效的武器，而后者的制法在几个世纪前便已失传。综上所述，蒙古人未必需要火药武器来攻打防御工事。他们就地取材，制造炮弹和攻城器械，即使将邻近地区的石头全部移走，也并未导致他们无材可用。[1]

不过众所周知，蒙古帝国是火药知识的首要传播者，或者是通过在战争中使用而直接传播，或者只是因为大多数重要贸易路线都从帝国疆域中穿过。欧洲不太可能直接从蒙古人那里获得关于火药的知识，但我们知道，欧洲直到蒙古入侵之后才出现火药。很可能是穿行蒙古帝国的商人们，也许甚至就是

1　Juvaini, *Ta'rîkh-i-Jahân-Gusha*, p. 126；Juvaini, *History of the World-Conqueror*, p. 629. 蒙古人攻打亦思马因时，使用当地的松木在目标地点建造了攻城武器，其中包括令人惊惧的牛弓，射程达 2,500 步（超过 1 英里）。

马可·波罗一家，将火药的制法带回了欧洲。当然，这最终让欧洲在1500年以后成为世界的主宰。1266年，罗杰·培根（Roger Bacon，1220—1292）在《大著作》（*Opus Maius*）一书中记载了一种火药的制法。众所周知，培根与曾到蒙古旅行的方济各会士鲁布鲁克相识。尽管《鲁布鲁克东行纪》中并未提及火药，但他是否有可能发现了这一"秘密"，或者他的同伴中有人将火药带回了欧洲呢？我们不禁推测，柏朗嘉宾是一名间谍，因为他的使命中含有间谍成分。他应该被解雇，因为他没有将火药写进报告中，而他的工作包括提出如何与蒙古人作战的建议，他显然愿意做任何事来遏止蒙古的威胁。只要他有火药的制法，他一定会毫不犹疑地交给某个能用到它的人，而这个人不太可能是方济各会士培根。另一方面，鲁布鲁克去蒙古主要是为了传教。也许他在一个领域失败了，而在另一个领域却成功了。

尽管关于火药的知识传到欧洲和印度都是在13世纪，具体时间略有不同，但是在加农炮发明以前，火药仍然只是一种新奇事物。考古证据显示，在1290年（或者13世纪80年代），元帝国已经有了火器。[1] 绘画材料表明，加农炮可能在此之前就已存在了，但尚无法定论。这些武器有可能是一种早期的火焰发射器。在抵抗蒙古的过程中，没有任何式样的加农炮见于记载，那么认为加农炮的出现比考古材料早若干年的观点显然是似是而非的。更重要的是，加农炮的出现似乎是蒙古人最早发起的。无论如何，这一技术传播飞快，到14世纪初，在欧

---

1 Lorge，*The Asian Military Revolution*，p. 69.

洲和东南亚都出现了类似的设计。[1]各自独立发明自然是有可能的，但是其设计上的相似性说明事实并非如此。一个更加似是而非的剧情是，这个信息通过商人、使臣或其他旅行者传遍了欧亚大陆。

肯尼斯·切思（Kenneth Chase）在研究火器传播时证实，蒙古与欧洲霸权崛起之间的关联，不仅仅在于通过商路传播火药。[2]蒙古对邻近地区的战术和武器都造成了影响。游牧民族的复合弓在射程和准确度上完胜火绳枪和其他早期火器，更不用说射击频率了，游牧军队对阵装备火器的步兵部队宛如一场屠杀。而且，对于早期加农炮而言，游牧军队的机动性太过强大；直到16至17世纪，随着加农炮制造技术的发展，才出现了机动性强的大炮。早期的加农炮过于笨重，而且有时需要穿过草原进行运输，但不够耐用。因此，如果在14至15世纪，你的国家与游牧政权接壤，火药武器就并不是一种有效的武器。

西欧的战争则较少关注机动性，而是更多地关注冲击战术或者攻城战，很少有草原游牧民族卷入。欧洲骑兵关心的是如何防御威力越来越强的十字弓、英格兰长弓以及后来出现的早期火器。因此，骑士的机动性较差，军队的其他组成部分便是大规模的步兵。早期的加农炮和火器在对战草原游牧民族时效果很差，而用来打击骑士和步兵则很有效。骑士最终消失了，为了对抗大炮，轻型骑兵和中型骑兵出现了。即使到中世

1　Michael W. Charney, *Southeast Asian Warfare, 1300-1900*（Leiden，2004），pp. 43-44.

2　Kenneth Chase, *Firearms: A Global History to 1700*（Cambridge，2003）.

纪晚期，加农炮也不是野战武器，这与当时它们在对战游牧民族时效果很差有着相同的原因。不仅如此，在贵族阶层中只有国王才付得起加农炮的制造费用。随着欧洲城堡为了防御传统攻城武器而不断改进，统治者们便依靠加农炮来摧毁防御工事、镇服不听话的诸侯或击败敌人。

类似的情况也发生在中国。加农炮最早出现于元朝。随着红巾军将蒙古人逐出中原以及明朝的建立，火药武器成了一种常用武器，但并未完全普及。不过，在击退蒙古人的过程中，加农炮发挥的作用很小。红巾军和明军对加农炮的使用基本限于攻城战和南方的战役。基于上述原因，明朝并没有将加农炮广泛用于与蒙古诸部接壤的北方边境。对机动部队而言，加农炮仍然是一种无效的武器。

无论如何，火药武器在一些地区逐渐普及，但是与草原地带接壤的地区之间的差异非常大。在与草原游牧民族接壤的国家，火药武器的发展较为落后。直到它们的首要军事目标转向定居国家以后，火器技术才有了进步。到17世纪末，野战炮兵军团的机动性变得更强，因而可以为装备火绳枪的步兵提供支持。加农炮可以轻易地打乱草原骑兵的阵型，射程也比复合弓更远。直到这时，草原战争作为战争的主宰形式才衰落了，但这并不是说，游牧民族没有尝试建立他们自己的野战炮兵。在清朝的康熙帝（1662—1722年在位）与卫拉特的噶尔丹汗（1678—1697年在位）交战时出现了一个有趣的情况，清朝使用耶稣会士制造的加农炮，卫拉特则使用瑞典路德会士制造的加农炮，发生于1696年的这场战役将会决定谁是最强有力的佛教统治者。此外应该注意的是，这些加农炮不是用马车运载的（因为在穿过草原时会损坏），而是由骆驼驮运的，骆驼身上披着皮甲以防御箭矢和小型火器。最终，拥有更完善后勤补给的清朝获得了胜利。

此外应该注意的是，在17世纪初以前，只有一个火器帝国找到了对付弓骑兵真正有效的方法，那就是奥斯曼帝国。这可能是因为奥斯曼帝国一方面要对付欧洲哈布斯堡王朝坚固的要塞城市，另一方面还要对付东部边境各种政权的弓骑兵，包括白羊王朝、萨法维王朝（于1514年将其击败）和马穆鲁克苏丹国（先后于1516年和1517年在叙利亚和埃及将其征服）。其他欧亚国家如俄罗斯、萨法维王朝和莫卧儿帝国都效法了奥斯曼帝国的先例。而清朝的情况是独一无二的，以一个半游牧社会同时征服了定居王朝和游牧王朝，将不同的军事制度融为一体，能够对战定居和游牧两种敌人。总之，文献资料不足以证明在蒙古帝国分裂以前在中国以外的地方出现了火药武器，除非有考古证据，我对此保持怀疑态度。

现代战争

在第一次世界大战中，西线战场的堑壕战导致尸横遍野，机械化战争也有了新的发展。其后，在两次世界大战之间，蒙古式战争得到了重估。随着坦克和飞机的发明，其机动性可以使蒙古式的快速移动与深入突击的战术复活。英国军官李德·哈特（B. H. Liddell Hart）提出了坦克与机械化步兵组合的概念，这一组合可以独立行动，作为大部队的前锋。这一机动性突击部队能够切断敌人的通讯与补给线，使敌军陷入瘫痪。[1]就像蒙古人所做的那样，使敌军只有反应的能力，而无进攻的可能。李德·哈特正确地解释了蒙古的战术，却忽视了蒙古战略中的一个核心目的是消灭战场上的敌人。不过，李德·哈特可能目睹过"一战"时期堑壕战中的死伤枕藉，想要避免战争中的大量伤亡。

李德·哈特借鉴了蒙古式战争风格，强调机动性与火力，最终实现为英国第一个实验性的坦克旅。这支部队在实际战斗中的成功，以及李德·哈特在其《揭秘伟大的指挥官们》（*Great Captains Unveiled*）一书中关于成吉思汗和速不台的章节，影响了美国陆军参谋长麦克阿瑟（Douglas MacArthur），他在1935年的一份报告中提出在美军中进行相似的开发。麦克阿瑟建议研究蒙古战争以备日后借鉴，但是他的建议直到第二次世界大战期间才受到重视。他的继任者十分保守，既没有他的眼界，也没有办法在当时的美军中贯彻这一计划。[2]"二战"结束后，李德·哈特继续鼓吹发展坦克，并借鉴蒙古式战略，呼吁以轻型坦克的快捷与重型坦克的火力相配合，以获得进攻的速度与机动性。[3]

另一位英国军事理论家富勒（J. F. C. Fuller）也将坦克视为现代的"蒙古人"，并且提倡使用自行火炮。与李德·哈特

1　B. H. Liddell Hart, *Deterrence or Defense: A Fresh Look at the West's Military Position*（New York，1960），p. 190.

2　B. H. Liddell Hart, *The Liddell Hart Memoirs*，vol. I（New York，1965），pp. 75，272.

3　B. H. Liddell Hart, *Great Captains Unveiled*（Freeport，NY，1967），II；Liddell Hart, *Deterrence or Defense*，p. 187.

不同的是，他还强调空对地打击。尽管蒙古式战术得到了推广，不过李德·哈特和富勒的想法起初在西方军队中并没有实现。然而在遥远的东方，有人在英国人之前就将相似但又明显不同的想法付诸实践，法国和美国军队在发展了一些实验性部队之后开始实现这些想法。

"二战"期间，德国国防军的"闪电战"策略与蒙古式的战争艺术之间有着惊人的相似性，这并非出于偶然。闪电战的发明部分源于1923年的《拉巴洛条约》之后德国从苏联获取的情报，苏联元帅图哈切夫斯基（Mikhail Nikolayevich Tukhachevsky，1893—1937）的行动信条是强调"使用飞机推进，以快速移动的坦克纵队相配合"。[1]在这一观点之下，苏联认为战争是"长时间占领并保持进攻"，这也被称为"纵深作战"。[2]这一观点植根于草原战争在俄国和苏联的学院中长久的军事影响。在西方，李德·哈特和富勒对战争概念的重整没有成功，而图哈切夫斯基则独立发展出了自己的体系。无论如何，他们的策略实质上是相同的，都源于蒙古体系。

苏联的纵深作战理论与蒙古人的目标相同，都是牵制敌人使其无法集中兵力，迫使敌人反应但无法发动进攻。因此，在图哈切夫斯基和伏龙芝（Mikhail Vasilyevich Frunze，1885—1925）两位元帅发展出的纵深作战理论的基础上，到1937

---

1 Gabriel, *Subotai the Valiant*, p. 131.

2 同上。

年，苏联拥有了一支理论和战术意义上的蒙古军。[1]然而同年，斯大林清洗了红军的领袖，清洗运动的顶点便是处死了图哈切夫斯基，导致军队一片混乱。图哈切夫斯基的坦克部队是纵深作战的核心，这时又成为步兵的掩护，与"一战"时期的用法差不多。斯大林保卫苏联每一寸领土的策略，与当年花剌子模帝国的统治者摩诃末很相似，而德国国防军则扮演了蒙古人的角色。这种状况一直持续，直到德军透支了自身实力，而朱可夫（Georgii K. Zhukov）元帅接手了红军的指挥权，他曾在1939年的哈拉哈河（位于今蒙古国）战役中成功地使用纵深战术以及其他蒙古式战术大败日军。

直到那时，德国国防军的闪电战一直主宰着欧洲战场。受到20世纪20年代苏联新理论的影响，德国也出现了独立的进攻部队。汉斯·冯·塞克特（Hans von Seeckt）和海因茨·古德里安（Heinz Guderian）两位将军在为闪电战设计军队方面扮演了最重要的角色。塞克特组建了防卫军，即在"一战"之后和国防军建立之前的德军。他认识到这支军队的规模较小，便重点发展其灵活性。为此，他训练次级军官，使之能够迅速承担指挥任务，以防其长官死亡或指挥不力。因此，如果将军死了，一名少校应该能够有效地指挥其属下部队。后来，这种做法扩展到了未经正式任命的军官，他们也能承担起自己部队中的指挥重任。[2]尽管这种观念有可能是基于拿破仑的做法，即每个士兵都带着将军的权杖，意味着军队中的任何人都

1　Gabriel, *Subotai the Valiant*, p. 132.

2　John Strawson, *Hitler as Military Commander*（New York, 1971）, p. 37.

有可能升到最高等级，然而其前身则是蒙古人的领导方法。

　　蒙古的影响（尽管是间接的）在塞克特的战略中更加明显。在《拉巴洛条约》签订之前，他于1921年写道："在未来战争中，重要的是使用相对小型但高度精良的机动部队，并与飞机相互配合。"[1]塞克特是在经历了"一战"并听取了防卫军中下属的意见之后得出了这样的结论。"一战"后德国的裁军，与波兰的敌对，以及苏联红军渐渐显露出的威胁，也让他相信如果德国遭到入侵，一支静态的、只有防守意识的军队是会失败的。[2]像其他军事理论家一样，他渴望避免"一战"时期的静态战争，并且与苏联一样注重机动性，以此震慑敌军，迫使其做出反应。而且，进攻的目的是在敌人反击之前将其消灭。这对于德国东部边境尤其适用。从本质上说，他必须以机动性替代数量，因为德国在两次世界大战之间处于裁军状态。有趣的是，塞克特也将传统的骑兵（尽管装备了机枪和卡宾枪）编入了他的军队，用于游击战和其他战略。[3]

　　古德里安是塞克特的下属，他研究了富勒、李德·哈特以及吉法德·马特尔（Giffard LeQuesne Martel）等人的著作，他们都强调以坦克作为进攻武器，以其他部队（炮兵、步兵或者空中火力）为掩护，而非相反。[4]古德里安像他们所有人一样重视坦克的发展，相信它们会将机动性带回战场。如前文所

1　John Strawson，*Hitler as Military Commander*，p. 38.

2　Robert M. Citino，*The Evolution of Blitzkrieg Tactics: Germany Defends Itself Against Poland, 1918-1933*（New York，1987），p. 41.

3　同上，pp. 71-72。

4　B. H. Liddell Hart，*The German Generals Talk*（New York，1979），p. 91.

论，富勒和李德·哈特都深受蒙古的影响，因而古德里安至少是间接地受了蒙古的影响。他将这些观点放进了德国的"闪电战"中，不过，塞克特所奠定的基础以及与苏联之间的交流则发挥了更为重要的作用。

古德里安的战争观与蒙古人非常相似。他相信坦克最好是一同使用，而不是作为掩护部队，并且应该用于快速突击，在敌人有效展开或插入之前就到达敌方防线。蒙古人使用辅助部队来消灭陷入孤立的要塞，与此相似的是，古德里安指出，只要防线被坦克穿透，其他部队就能实施清除行动，尤其是清除那些战略防御点。[1]蒙古对现代战争的影响仍然非常明显，只是相对比较间接。2003年伊拉克战争中的很多指挥官可能已经认识到，他们的行动反映了这些理论家的观点，但他们大概不知道其最原始的根源是蒙古。蒙古的另一种影响是燃起了大众对战争的想象。据现已退役的名列游骑兵名人堂的美军上校凯斯·安东尼亚（Keith Antonia）说，美军第75游骑兵团指挥官大卫·格兰吉（David L. Grange）上校（现为退役准将）曾基于蒙古式训练开发了一种操练方法。

在安东尼亚担任游骑兵的日子里，格兰吉上校对兵团中所有上尉的评估方法就是让他们通过一个程序，考验"兵团中每一位上尉在身体与精神压力之下的勇气、耐力、意志、能力以及潜力"。"他的这个程序模仿了（成吉思）汗最精英的战士为了备战而经受的训练，他称之为'忙兀台'（Mangoday，

1　Strawson，*Hitler as Military Commander*，p. 31.

讹）。"[1]安东尼亚说，他们参加了一项72小时的生存与模拟射击训练。游骑兵们到达乔治亚州的本宁堡之后，被分为数队集合，然后分派目标。他们在练习之后乘飞机到达位于佛罗里达州沼泽中的目的地，然后负重移动到埋伏点，并回到沼泽营地。他们第一天的食物是一块肉汤粉块和热水。

然后，他们收到了下一步的任务。这次的任务是到群山中营救一名被击落的战斗机飞行员。在经过演练之后，他们飞到北乔治亚州的阿巴拉契亚山脉，找到了这名飞行员（已受伤），并找到一个武器藏匿处，吃了一个米团和一条沙丁鱼。然后，他们携带着沉重的装备（约80~100磅[*]）、新找到的武器以及断了一条腿的飞行员来到撤离点。回到另一个基地之后，他们收到了第三个任务，需要再次搭乘飞机，并在本宁堡附近进行一次密集行军。这一切都要在72小时内完成。

格兰吉上校在任务总结时解释了这次训练的合理性。据他说，这基于蒙古军中的一支精英部队：

> 他描述了（成吉思）汗如何建立了他的精英战士兵团——"忙兀台"。他讲述了这样一个故事，有一天，（成吉思）汗的军队遇到了一支中国军队，后者在数量上占有绝对优势。为了渡过难关，他决定使用心理战。他让他的将军们从最优秀的士兵中选出50人。他命令他们确认这些士兵都是自愿的，而且尚未结婚。他希望这50人毫无妻子

1　Colonel（retd）Keith Antonia，pers. comm. 2009.
*　1 磅约合 0.45 千克。——译者

儿女之忧。（成吉思）汗将这50人召集起来，命令他们从正面进攻数以千计的中国军队。他告诉他们，尽可能多地杀死敌军士兵。于是他们便出击，在最后一名战士倒下之前，共杀死了1,000名敌人。敌军将领看到这支人数虽少却极为好战、可怕而疯狂的部队杀死了那么多人，坚信其他蒙古人也是同样可怕，于是决定撤军，择日再战。

此后，（成吉思）汗开始训练"忙兀台"精英战士兵团，让他们拥有与最初这50人相似的精神气质。他们的任务难度随着时间而逐渐增加。起初，他们有充足的食物、较多的休息时间、较少的行动和简单的战术。每过一天，他们的食物就减少一点，休息时间也减少一点，行军里程增加一点，战术复杂性也提高一点。最后，他们被要求在没有食物和休息时间的情况下行军数日，在一系列复杂的情况下进攻一支模拟的敌军。能够坚持下来的人，就成了"忙兀台"战士。

格兰吉上校告诉我们，他想看看我们在缺乏睡眠和食物以及负重长途行军的压力之下如何作战。他想让我们记住扛着机枪、无后坐力炮、迫击炮或者电台的士兵们的感受，这样当我们未来作为指挥官制定行动计划时，就会考虑到士兵们的负荷。他也想看看在敌人难以捉摸、任务不停改变以及有许多未知因素的多变环境下，我们会如何应对。[1]

格兰吉的"忙兀台"式训练，有可能是基于以色列"帕尔

1　Colonel（retd）Keith Antonia，pers. comm. 2009.

马赫"部队的训练方法。安东尼亚后来见到了一本以色列小册子，其中有相似的内容。另外，有接受过以色列军事训练的人向作者证明，小册子中的训练内容属实。不幸的是，历史文献中并没有提到与该传说类似的训练。大众媒体也曾提到过"忙兀台"（Mangudai/Mönggedei/Mangoday），我们不知道这个词来自何处，有可能源于蒙古语中的"möngke-de"（意为"永久"）或者"manglai"（意为"先锋"）。蒙古人颇负盛名的便是他们禁欲主义者般的耐力，而且能够完成与他们同时代的定居敌人认为不可能的任务。[1]所以，也许这个词是"蒙古台"（Monggol-tai）之讹，意思是"像蒙古人一样的人"。但可能性更大的词源是"Manghut-tai"，意思是"像忙兀（Manghut）一样的人"。在成吉思汗统一蒙古草原的战争中，"忙兀"是他最好的部队之一。[2]基本上，这个词的来源乃至蒙古军中存在这样一支部队的说法都是不可靠的。但与此密切相关的是，蒙古人的成功不停地让制定军事计划的人们问道："成吉思汗会怎么做？"

1　Polo，*Travels of Marco Polo*，p. 160.

2　是保罗·布尔让我注意到这一词源考证，我欠他一通感谢和一瓶红酒。

第 6 章

蒙古行政

　　有一个关于蒙古帝国的故事常常被引用。供职于金朝的契丹人耶律楚材在被俘后归附了成吉思汗，并很快成为帝国的首席内政专家。耶律楚材告诉成吉思汗："天下得之马上，不可以马上治之。"蒙古人必须抑制自己的暴虐倾向而施行统治，或者干脆让更精于此事的人们为他们做这项工作。这个故事也许是真的，但可能性不大。令人感到混乱的是，在有的版本中，是窝阔台而不是其父采纳了这句睿智的谏言。其次，在所有关于草原帝国统治中原的史书中，这是一个常见的比喻——一位"文明的"官员要向"野蛮人"介绍官僚制度和政府治理。不过，这确实达到了目的，即描绘出了建立一个合理的政府体系的观点。这实在是一个永恒的真理，伊拉克战争和阿富汗战争都是明证——征服一个国家容易，而统治一个国家太难，在摧毁了很多既有制度的情况下就更难了。此外，这个故事以及其他官员（志费尼、拉施特等人）所写的其他故事使学者们相信，蒙古人数十年间倚重于既有的政治结构，让当地专

家来管理帝国的日常事务。因此,蒙古人被看作采用了"疏松
管理"的方式。

例如,大卫·摩根在其经典著作《蒙古人》的初版以及一
篇论文中敏锐地提出了一个问题:"谁运营着蒙古帝国?"
蒙古人既带有毁灭性,也是实用主义者。因此,蒙古人运营
帝国的时候基本上原封不动地保留了原有的制度,他们让定
居民族(尤其是畏兀儿人和契丹人)领衔管理帝国。[1]但是,
经过几年的反馈之后,大卫·摩根教授也因指出自己的错误
而闻名,这让他的学生们颇感惊愕。在1996年发表的一篇论
文中,他否定了自己的书、以前的论文以及其他学者多年的
研究。在这篇题为《蒙古还是波斯:伊利汗国治下伊朗的政
府》的论文中,他在重新解读史料之后翻转了自己的结论。[2]
当地君主与政府结构仍然是各就其位,但是蒙古人比学者们过
去认为的更加亲力亲为。最明显的证据就是1206年的忽里勒
台大会对军队和户口的分配,以及对成吉思汗诸卫士的规定和
规范,巨细靡遗,这为我们了解蒙古式管理的建立提供了详细
的内容。《蒙古秘史》提供的细节更多的是行政管理方面,而
不是军事战术方面的。

关于蒙古式管理的始末,尚无较好的研究成果发表,主要
是因为这是一个令人畏惧的题目。即便如此,我们已经相当了
解它是如何运作的,以及它如何在整个帝国中看起来较为标准

---

1 David O. Morgan, 'Who Ran the Mongol Empire?', *Journal of the Royal Asiatic
Society*(1982), pp. 134-136; David O. Morgan, *The Mongols*, 1st edn(Oxford,
1986), p. 108.

2 David Morgan, 'Mongol or Persian: The Government of Ilkhanid Iran',
Harvard Middle Eastern and Islamic Review, III(1996), pp. 62-76.

化。不过，蒙古人的统治风格允许存在可观的差异。接下来是对蒙古式管理的概览，它如何运作以及如何随着时间而嬗变。读者们会注意到，波斯语、突厥语和蒙古语术语比汉语术语用得多。这部分应归因于我自己在研究中使用这些语言，但是也应归因于这些语言为蒙古政府所使用。汉文史料无可否认是非常重要的，但分裂前的蒙古帝国对这种语言持有一定的排斥态度。

蒙古行政的组织形式

汗位于蒙古阶层制度的最高点。尽管在理论上他的权力是至高无上的，他的命令是不可抗拒的，但是汗需要依赖许多人，不仅要靠他们执行圣旨，而且要靠他们去"收买"其他人，以传达他的命令。汗不是独裁者，而是被推选到了汗位上，只不过投票的是数量很有限的一群人。成吉思汗即位之后，只有他的后裔才有资格登上汗位，但是选出汗之前有一个审查制度，决定此人的品质与获得支持的基础。如本书前两章中已经讨论过的，这个过程常常受到幕后拉票和恶语中伤的挑战——本质上就是现代所谓的政治博弈术。汗能够提名继承者，但是不能保证这位提名者成功登位。

蒙古统治体系上层的核心组成部分是斡耳朵和滕者制度。斡耳朵是汗的宫帐。成吉思汗系的其他诸王，包括成吉思汗诸弟的后裔以及他们的妻子都有自己的斡耳朵，规模各异。因此，除了皇家的斡耳朵，成吉思汗的四个儿子有四个斡耳朵，每个孙子也有一个规模较小的斡耳朵，以此类推。每个妻子也有自己的斡耳朵，位于自己丈夫的斡耳朵附近。每个斡耳朵配有一组日常职事人员，包括奴仆、卫士以及管理人员，这组成了媵者（蒙古语写作"inje"，波斯语写作"inju"）的一部分。[1]除了日常职事人员，媵者中还包括属民、土地财产和继承而来的人（如奴隶、属民和妻妾），由前任汗遗留给下一任汗。人口与土地的划分是十分重要的。从蒙古人的角度来看，获得土地固然重要，而掌控人口则更加重要。在某种程度上，蒙古帝国的运作宛如家庭经营，属民在很多方面只是某种形式的家产。成吉思汗系的诸斡耳朵都被派到了特定的牧地（嫩秃黑），不过这些封地之间的疆界是较为模糊的。有时候，汗可能会将媵者封地分派给非成吉思汗系的人，例如行政官员、军政长官以及其他忠诚的帝国奴仆。

斡耳朵的建立，实现了蒙古扩张的几个目标。它使成吉思汗后裔及其随从散布到帝国各地，由此扩展了帝国的控制力。成吉思汗的后裔自主经营各自的斡耳朵，但仍然受制于帝国政令。在某种意义上，帝国是由成吉思汗系诸王的领地组成的，而汗便是将他们接合起来的黏合剂。圣旨来自蒙古草原上的帝国宫廷（或称黄金斡耳朵），但是正如第 2 章中所论，在个别时期，中央权力虚弱，其他斡耳朵表现得更为独立。蒙古式管理的流动性，助长了帝国的分裂趋势。由于每个斡耳朵都有自己的管理机构，所以在中央权力虚弱的时候，自治权很可

1　关于媵者历史的概况，可参看 Christopher P. Atwood, 'Inje', in *Encyclopedia of Mongolia and the Mongol Empire*（New York，2004），p. 240。

能会日趋增强。

　　中央管理的资源产生于怯薛之中，怯薛是汗的卫士和家臣。军事首脑的随从成为管理官府的长官，在前现代世界是频繁出现的现象。[1]怯薛是媵者的一部分，但又从中分离出去。怯薛最初是由成吉思汗的那可儿（nököd，伴当、随从）组成的，但即使在成吉思汗死后，怯薛执事仍然是将军和行政官员的训练场。成吉思汗在1203年初建怯薛，包括70名日间侍卫、80名夜间宿卫和1,000名"作战时站在我的面前厮杀"的勇士。[2]在1206年的忽里勒台大会上，怯薛扩大为10,000人，包括1,000名宿卫、1,000名豁儿赤（箭筒士）、7,000名侍卫以及1,000名勇士。[3]在战时，多数怯薛通常护卫汗的宫帐与皇室。怯薛人数的急剧增长，也将新统一的蒙古草原与后来纳入蒙古帝国的地区联系到了一起。臣属地的统治者将他们的儿子和弟弟送到怯薛中服务，这些人便成了汗身边的质子，汗对他们拥有生杀予夺的权力。同时，汗也能够了解这些人，评判他们的资质。因此，如果某个统治者不遵从汗的意愿，汗就可以将他赶下宝座，从怯薛中找一个已经与汗建立起个人纽带关系的质子取而代之。不仅如此，这些质子在担任怯薛的年头里培养起了对蒙古帝国的极度忠诚，他们在回到自己的故乡之后便

1　可参看 Thomas Allsen，'Guard and Government in the Reign of the Grand Qan Mongke，1251-1259'，*Harvard Journal of Asiatic Studies*，XLVI/2（1986），pp. 495-521；Charles Melville，'The Keshig in Iran: The Survivial of the Royal Mongol Household'，in *Beyond the Legacy of Genghis Khan*，ed. Linda Komaroff（Leiden，2006），pp. 135-165。

2　Igor de Rachewiltz，trans. and ed.，*The Secret History of the Mongols*（Leiden，2004），pp. 113-114.

3　同上，pp. 152-158。

会协力巩固蒙古的统治。[1]

每一位汗都组建自己的怯薛，不过在窝阔台之后，至少部分怯薛成了汗位继承者手下卫士的核心，证明了其延续性和平稳过渡。汗通过建立自己的怯薛，以确保他们不会成为干预选汗的禁卫军。这让汗可以为这支部队打上自己个性的标签，由于怯薛成员不仅仅是卫士而已，因此这一点非常重要。在不当值的时候，怯薛管理的是家庭事务，包括照管畜群、做饭、供酒、为汗拿杯子等。这些仆役劳动让怯薛丹（keshikten，怯薛的成员）保持了谦卑低下的地位，也让汗和非成吉思汗后裔的怯薛长们可以评判其性格特点。怯薛伺候汗的饮食，为汗看管私产，于是汗可以逐渐了解每一个人，培养某种程度的信任，从而在怯薛与汗之间建立起稳固的纽带。关键的因素在于，因为他们曾担任怯薛，向汗表明了自己的忠心，作为回报，汗了解了他们的能力，从而能将怯薛执事以外的军事或行政方面的合适工作委派给他们。为了维持这种纽带关系，怯薛成员经常在离开汗廷并担任了一段时间的军政官员以后，又回到怯薛中来完成他的执事。[2]帝国的代理人前往遥远的斡耳朵去执行命令时需要汗的支持，因为他们的出现经常会侵入地方上诸王的权力范围。

随着帝国的分裂，其他主要的诸王也仿照成吉思汗的模式建立自己的怯薛。忽必烈实际上将自己的怯薛增加到了15,000

1　Thomas T. Allsen, *Mongol Imperialism: The Policies of the Grand Qan Möngke in China, Russia, and the Islamic Lands, 1251-1259* (Berkeley, CA, 1987), pp. 73-74.

2　Allsen, 'Guard and Government', pp. 517-518, 521; Allsen, *Mongol Imperialism*, p. 100.

人，不过后来又缩减到了1,000人以内。[1]随着时间的推移，四大怯薛长在国家事务中的地位越来越重要。尤里·沙米洛格鲁（Uli Schamiloglu）称这些人为"哈剌赤伯"，并探讨了他们在尤赤汗国及其各继承国（尤其是克里米亚汗国）的影响力。尽管汗总是需要将军和诸王们"买账"，但随着哈剌赤伯的形成，其一致意见实际上阻碍了汗的设计，他们经常需要签署命令以确认其合法性。[2]哈剌赤伯的利益多久才会达成一致并不确定，但是这成为对汗的权力的一种检验。在从根据个人品质委派职位到根据家族出身委派职位的过渡中，这种检验成了其中的一部分。某些家族世代继承某个职位，并最终积聚了权力。伊利汗国的一个继承国札剌亦儿王朝，便演生自其统治者的哈剌赤伯地位。在中亚，帖木儿的部族巴鲁剌思部也出身于怯薛长家族。帖木儿崛起的原因并不是巴鲁剌思部的威望，但是其社会关系肯定对帖木儿有所助益。

在成吉思大交换的背景之下，这个制度对后蒙古时代的世界产生了显著的影响。成吉思汗后裔诸王散布于整个欧亚大陆，这有助于保持这一血统的特权，以及只有成吉思汗后裔才能使用汗号这一理念的维系。这一状况一直持续到了17世纪。不仅如此，怯薛制度以及后来的哈剌赤伯继续成为后继国家不可或缺的一部分，只是哈剌赤伯的具体影响和权力根据时间和空间而有差异。1550年的克里米亚汗国与1370年的伊朗

1　Marco Polo, *The Travels of Marco Polo*, trans. Henry Yule（New York, 1992），p. 329.

2　Uli Schamiloglu, 'The Qaraci Beys of the Later Golden Horde: Notes on the Organization of the Mongol World Empire', *Archivum Eurasie Medii Aevi*, IV（1984），pp. 283-297.

的常态不一定相同。无论如何，怯薛的这些衍生物形塑了蒙古帝国的社会政治与军事文化。尽管史料中对于元朝怯薛在蒙古本土扮演的角色未着一辞，但是怯薛在那里的影响是很明显的。正如艾骛德（Christopher Atwood）所指出的，蒙古人的身份认同带有怯薛职分的标记，例如科尔沁部（Khorchin）来自豁儿赤（qorchin/khorchin），卫拉特的分支土尔扈特部（Torghud）源于日间侍卫（turgha'ud），而内蒙古的克什克腾旗（Kheshigten）则显然源于怯薛（keshik）。[1]

各斡耳朵的诸王管理着他们的滕者封地与属民，帝国中还包括一些被称为"答来"（意为"大海"）的土地和其他地区。后者是主动臣服于蒙古的地区，因此保留着当地的统治王朝。在所有的答来和其他地区之上，存在一个以蒙古为根基的统治结构，其下则纳入了帝国层面、区域层面和地方层面的元素。蒙古帝国是一个征服王朝，随着其不断扩张而持续纳入新的地域和人民。蒙古人使用军事和民事的双重管理体制。起初是由军队统治新征服的地区，随着当地的稳定和帝国的继续扩张，这些地区便转变为民事管理，不过很难说当地人民能否辨别其中的差异。

作为游牧民族，蒙古人倾向于管理人口而不是土地，不过后者可能也存在。千户是蒙古人使用的第一个组织工具。[2]它不仅是蒙古帝国的军事组织，也是征收赋役的单位。以千户为

1　Christopher P. Atwood, 'Keshig', in *Encyclopedia of Mongolia and the Mongol Empire*（New York, 2004）, p. 298.

2　Paul D. Buell, 'Kalmyk Tanggaci People: Thoughts on the Mechanics and Impact of Mongol Expansion', *Mongolian Studies*, VI（1980）, p. 47.

单位对于注重十进制的蒙古人来说非常有效，随着帝国的扩张，千户还造就了更加成熟的统治结构。

蒙古统治新获地区的一个关键制度是探马。[1]从管理的角度而言，蒙古人最初考虑的是为军队调动人力，以及获得物品以奖赏参与抢掠和战争的人。在伊朗的绰儿马罕军就是这样的一个组织，而据格里哥尔·阿堪赤（Grigor of Akanc）记载，拜住辖下驻守阿塞拜疆的蒙古军也是一支探马。[2]探马总是建立在帝国边缘的游牧与定居文化的交界地带，因此可以发动进一步的进攻，将蒙古的影响力扩展到边界之外。[3]探马的成员被称为"探马赤"。

随着帝国边境的稳定，探马便不再是一种有效的行政结构了，因为它最初主要是为军事目的而设立的。各地从军事到民事行政的转型步调不同，但最终都完成了这一转型。这种转型是一种进步，但探马赤们并不总是愿意离开自己的职位，因为他们当中有的已经在此位上盘桓多年。无论如何，他们最终还是移位了。随着地方权力的转型，达鲁花赤（地方长官）在必阇赤（书记官）的陪同下来到了各地。最终，一位蒙古语中称为"也可札鲁忽赤"的大断事官取代了探马的首领。[4]他们的职

1　Paul D. Buell, 'Kalmyk Tanggaci People: Thoughts on the Mechanics and Impact of Mongol Expansion', *Mongolian Studies*, VI（1980）, p. 45.

2　Grigor of Akanc, 'The History of the Nation of the Archers', trans. R. P. Blake and R. N. Frye, *Harvard Journal of Asiatic Studies*, XII（1949）, p. 337. 格里哥尔使用的词汇是"t'emayc'ik'"，显然是蒙古语中"tanmaghci"一词的施动名词形式的讹写。柯立夫（Francis W. Cleaves）也讨论了这个词，参看 'The Mongolian Names and Terms in The History of the Nation of the Archers by Grigor of Akanc', *Harvard Journal of Asiatic Studies*, XII（1949）, pp. 439-442。

3　Buell, 'Kalmyk Tanggaci People', p. 45.

4　同上，p. 47。

能以收税和解决地方纠纷为中心。在征伐阶段,以千户的方式管理被征服地区是有效的,但是随着帝国的需求和目标的发展,行政制度也发展了。民事管理产生了,其目的不仅仅与军事有关,同时也与统治被征服地区有关。许多地位很高的达鲁花赤和也可札鲁忽赤都出自怯薛,他们与汗之间的纽带保障了其权力;他们向汗汇报情况,这使其即使与其他贵族相比也更为可靠。

蒙古帝国民事管理官员的各种专名,让我们更加难以理解蒙古人是如何运营其帝国的。通观史料,有几处提到了三个头衔。史书中经常提到这些专名,但未给出进一步的解释,现代学者一直在努力地定义它们。首先面临的一个难题就是,每个专名都源于一种不同的语言,"达鲁花赤"来自蒙古语,"巴思哈"(basqaq)来自突厥语,"沙黑纳"(shahna)来自波斯语。第二个难题是这些专名在有的地方似乎是同义词,而另外的史料却表明它们有着不同的含义。最后一个难题是,它们的含义随着时代不同而有所演进和嬗变。

最明确说明"巴思哈"和"沙黑纳"是同义词的文献,出现于前蒙古时代的突厥斯坦。在花剌子模苏丹摩诃末与哈剌契丹的古儿罕交战期间,撒马尔罕的地方官脱儿惕阿巴在一处被称为"沙黑纳",而随后志费尼又称他为"撒马尔罕巴思哈"。[1]有可能志费尼只是使用了蒙古帝国当时行用的官名,但是蒙古人不太可能通过改变当地的官名来创造新的官僚等级

---

1 'Ala al-Din Ata Malik Juvaini, *The History of the World-Conqueror*, trans. J. A. Boyle(Seattle, WA, 1997), pp. 349, 351; 'Ala al-Din Ata Malik Juvaini, *Ta'rîkh-i-Jahân-Gusha*, ed. Mirza Muhammad Qazvini(Leiden, 1912, 1916, 1937), 3 vols, vol. II, pp. 81, 83. 书中在第 349 页使用了"沙黑纳",而在第 351 页则称之为"巴思哈"。

体系。同样可以确定的是，"达鲁花赤"与"巴思哈"是同一官职。"巴思哈"是哈剌契丹帝国的官职，而蒙古人最先使用"达鲁花赤"一名则是在1206年至1214年间的华北地区。[1] 成吉思汗最先开始使用"达鲁花赤"一名，而窝阔台将其推而广之。正如保罗·布尔（Paul D. Buell）注意到的，他们的最初目的"似乎是完善以这些城市为基础的地方管理体系，在征伐时期很大程度上是原封不动地拿来使用，帝国的建立大体如此"。[2] "达鲁花赤"一名在华北以外也出现了，在蒙古控制之下的高丽就有72位达鲁花赤。

据柏朗嘉宾记载，蒙古人每次征服之后都会在他们监管和遇到反叛的各地设置巴思哈。[3] 在俄罗斯地区，巴思哈制度的出现始于1245年。蒙古人将巴思哈部署于森林地带，不过金帐汗国诸汗后来将他们召回。巴思哈负责收税，或者向收益最高的人包税，以及征募军队。[4] 术语的不同是因为蒙古族群在东亚是主角，而突厥语在帝国西部是通用语，因此柏朗嘉宾等人采用了突厥人所用的词汇，而不是蒙古语词汇，正如"沙黑纳"在波斯语世界使用得更多。

无论民众称之为"沙黑纳""巴思哈"还是"达鲁花

---

1 Paul D. Buell, 'Tribe, Qan, and Ulus In Early Mongol China, Some Prolegomena to Yüan History', 华盛顿大学博士学位论文（1977），p. 33。

2 同上，p. 87。

3 Iohannes de Plano Carpini, 'Ystoria Mongalorum', in *Sinica Franciscana: Itinera et Relationes Fratrum Minorum Saeculi XIII et XIV*（Florence, 1929）, vol. I, p. 86; John of Plano Carpini, 'History of the Mongols', in *The Mission to Asia*, trans. a nun from Stanbrook Abbey, ed. Christopher Dawson（Toronto, 1980）, p. 40.

4 Charles J. Halperin, *Russia and the Golden Horde: The Mongol Impact on Medieval Russian History*（Bloomington, IN, 1985）, pp. 33-35.

赤"，都是指帝国在定居世界的各个地区和城市设置的对汗负责的长官。他们负责监管地方政府、收税和向汗交纳岁入，并在必要时统领军队。"而且，最重要的是，他们通过自己的官府，将地方权力结构（及行政管理）与（汗的）中央机关联结了起来。"[1]如此一来，达鲁花赤便成了帝国君主与地方统治者之间的中介。达鲁花赤的一项基本职责是与地方统治者紧密协作，监视和执行人口普查登记。人口普查的执行有一个相当固定的基础，执行者常常受到地方统治者的保护，史料中所见最为著名的便是诺夫哥罗德的亚历山大·涅夫斯基。在达鲁花赤和必阇赤为了收税和征兵的目的而登记人口时，地方统治者为他们提供护卫，这便将地方统治者与帝国联系到了一起。地方统治者除了提供护卫，在必要时还会提供行政支持。[2]如果达鲁花赤及其属下在这一过程中受到了伤害，地方统治者将面临着包括被处死在内的严重后果。

　　像许多词汇一样，"巴思哈""达鲁花赤"和"沙黑纳"的含义也随着时间推移而有所变化。查尔斯·哈尔普林（Charles Halperin）在讨论尤赤汗国的术语时指出，到14世纪，巴思哈一职已经相当于19世纪时大英帝国殖民地的总督，而达鲁花赤已经较为类似国家部门中的案牍官员，提供意见但不负责执行。因此，尽管"巴思哈"和"达鲁花赤"曾在某一时间点上有着相同的含义，但是到14世纪，二者已经

1　Buell, 'Tribe, Qan, and Ulus', pp. 32-33.

2　Thomas T. Allsen, 'Mongol Census Taking in Rus', 1245-1275', *Harvard Ukrainian Studies*, V/1（1981）, pp. 47-48.

不再是同义词了。[1]不过，对于它们是如何变化的，学者们几乎无法达成一致意见。在我看来，伊斯特凡·法萨里（Istvan Vasary）的观点是正确的，即"达鲁花赤"的含义随着时间和地域而有变化，但总是保有一个共同特征——达鲁花赤是一个地区或者一个行政机构的长官。法萨里认为："在像金帐汗国这样的分封制游牧国家中，行政管理的首要任务是确保臣民有序纳税，因此达鲁花赤的职能当然与课税有关。"[2]无论如何，随着时间的推移，这些词汇在每一个汗国的含义及其职责都有细微的变化。因此，"巴思哈"和"达鲁花赤"不再是同义词，而有的地区只使用一个词汇，例如中东只使用"沙黑纳"一词。

达鲁花赤与地方统治者之间是互相合作的关系，但后者常常拥有很大的自主权，条件则是他们忠于蒙古统治者，缴纳贡品和赋税，提供军队，并到汗的斡耳朵表示臣服。除了地方统治者，还存在着其他的地方官员。蒙古帝国进入定居地区建立统治时，蒙古人缺乏管理定居地区臣民的能力和人员，但正如他们力图控制草原军队人才一样，他们也征召定居地区的管理人才来实现统治的职能。为了统治被征服地区，蒙古人常常任

---

1 Halperin，*Russia and the Golden Horde*，p. 39；Donald Ostrowski，'The tamma as the dual administrative structure of the Mongol Empire'，*The Bulletin of the School of Oriental and African Studies*，LXI（1988），pp. 262，275-276.

2 Istvan Vasary，'The Golden Horde Term Daruga and Its Survival in Russia'，*Acta Orientale Hungarica*，XXX（1976），p. 188；I. N. Berezin，*Tarchannye jarlyki Tochtamyka, Timur Kuluka i Saadet-Gireja*（Kazan，1851），p. 45；Vasary，'The Origin of the Institution of Basqaqs'，*Acta Orientale Hungarica*，XXXII（1978），p. 201；Claude Cahen，*Pre-Ottoman Turkey*，trans. J. Jones-Williams（New York，1968），p. 41.

用当地贵族为官员，尤其是用于地方政府层面。他们需要具备语言能力且了解当地风俗习惯的人。蒙古人在中国和波斯并不总是使用地方行政结构，而是常常鼓励其他人进入行政岗位（有些人甚至此前并无经验），尤其是让他们进入地区或者行省级别的政府，与帝国统治层之间有较多的联系。从地方阶层升迁到地区或者帝国层级的关键，便是掌握回鹘体蒙古文。他们会取代"通过掌握了地方文字与文化传统而确保自身地位的地方精英们"，"代之以那些拥有自身文化与语言背景之外的爱好和能力的人"。[1]

蒙古人常常允许地方统治者保有其地位和领地，原因有二。一是给予了域外统治者加入帝国的机会，这样蒙古人就能够避免不必要的军事行动。二是因为蒙古人缺乏管理经验，他们想要任用有这方面能力的人。同时，我们在讨论蒙古人缺乏管理经验这一问题时必须记住，蒙古人从未试图在地方层级强加一个新的管理体系，而是创造了一种合并式的政府，将他们自己的人员置为一个新的阶层，同时保留了那些熟悉当地环境的官员。随着时间的推移，每个地区都更加稳固地与帝国联系在了一起，统治变得更加同质化。而截至1260年，这种情况还没有在整个帝国发生。

正如爱尔森所阐述的，在蒙哥的统治下，蒙古帝国的行政经历了一次重大转型。[2]蒙哥的主要改革措施是为了减轻帝国

1　Thomas T. Allsen，'Ever Closer Encounters：The Appropriation of Culture and the Apportionment of Peoples in the Mongol Empire'，*Journal of Early Modern History*，I（1997），pp. 7-8.

2　Allsen，*Mongol Imperialism*，pp. 80-82，85. 亦可参看 Juvaini，*Ta'rîkh-i-Jahân-Gusha*，vol. III，pp. 75-78；Juvaini，*History of the World-Conqueror*，pp. 598-599。

对定居人口造成的负担，并使贸易和农业按照各自的规律发展。此外，蒙哥还试图恢复帝国对于成吉思汗后裔诸王的权威，减少战争地带财产和人口的流散，保持新征服地区的经济繁荣和长久活力。[1]蒙哥坚持将破坏降到最低，经他改革之后，蒙古人通过长期的课税，能够比短期的蹂躏和掠夺获得更多利益。尽管蒙哥改革的出现缘于斡兀立海迷失和脱列哥那监国时期的施政不善，但是这些改革措施与前任诸汗的蒙古式管理是同一方向的，即便在实施上有所不同，在意图上也是相同的。这可能标志着蒙古大汗从以控制人口为中心的草原帝国统治者，转变为拥有理性和清晰的管理措施并注重各地区统治的国君。

课税

正如帝国分成了多个汗国、斡耳朵、军事区划和行政区划以控制被征服地区，汗们为了维持对帝国财政资源的控制，也逐渐将帝国的定居地区划分成几个财政区划。到贵由统治时期，帝国分成了三个赋税区，即华北、突厥斯坦和呼罗珊-祃拶答而。[2]尽管这三个地区都存在游牧民，但这些地区基本上是由定居人口组成的。即使突厥斯坦也不应被看作严格意义上

---

1 Allsen, *Mongol Imperialism*, p. 85.

2 Paul D. Buell, 'Cinqai（c. 1169-1252）', in *In the Service of the Khan: Eminent Personalities of the Early Mongol-Yuan Period, 1200-1300*, ed. Igor de Rachewiltz et al.（Wiesbaden, 1993）, p. 107.

的游牧地区，因为丝绸之路上的河中地区和大量城居人口为帝国提供了数量巨大的财富。罗斯地区没有像华北、伊朗和突厥斯坦那样的专门长官，不过在1257年，一位名为乞台的弘吉剌人被选为了达鲁花赤。[1]在较高的级别，财政管理地区成为行省，由一名行政官员管辖。行省中的高级官员大多是蒙古人，在蒙哥时期也有一些畏兀儿人。值得注意的是，在决策层中没有汉人。到蒙哥统治时期，更多的蒙古人拥有了行政经验，使蒙古人统治自己的帝国成为可能。当然，在行政机构中仍有很多人不是蒙古人。

在建立一种正式的课税制度之前，蒙古人的一大特色就是抢掠定居地区的属民。[2]在早期蒙古社会，纳贡已经常规化，属民以实物或者劳役的形式向领主表示臣服，而征税则是额外的，用于满足特殊需求。[3]最终，蒙古人确立了约为十分之一的税额，其中包括兵役和劳役。此外，出征的蒙古统帅在有需

1　Allsen, *Mongol Imperialism*, p. 104.

2　赋税问题在其他地方已有详细讨论。在本书的概括之外，读者可以参看以下研究：Allsen, *Mongol Imperialism*；Ann K. S. Lambton, *Continuity and Change in Medieval Persia: Aspects of Administrative, Economic and Social History, 11th-14th Century*（Albany, 1988）；I. P. Petrushevsky, 'Socio-Economic Conditions of Iran Under the Ilkhans', in *Cambridge History of Iran*, ed. J. A. Boyle（Cambridge, 1968）；H. F. Schurmann, 'Mongolian Tributary Practices of the Thirteenth Century', *Harvard Journal of Asiatic Studies*, XIX（1956）, pp. 304-389；H. F. Schurmann, *Economic Structure of the Yuan Dynasty*（Cambridge, 1956）；John Masson Smith Jr, 'Mongol and Nomadic Taxation', *Harvard Journal of Asiatic Studies*, XXX（1970）, pp. 46-85；John Masson Smith Jr, 'Mongol Manpower and Persian Population', *Journal of the Economic and Social History of the Orient*, XVIII/ 3（1975）, pp. 271-299.

3　Schurmann, 'Mongolian Tributary Practices', pp. 311, 316. 这构成了后来的差发（alba）的基础，对上级负有劳役义务的人被称为"当差发者"（albatu）。

要时会向属民（尤其是那些刚刚征服的属民）征收实物或货币，称为"差发"。[1]对游牧民和定居人口的科敛是不同的，科敛有时也可以指兵役，尤其是对游牧民而言。

在窝阔台统治时期，赋税制度实现了标准化，主要是由于契丹人耶律楚材和中亚人牙老瓦赤（Mahmud Yalavach）的影响。耶律楚材和失吉忽秃忽在1235年至1236年间实行了一次人口普查。耶律楚材认为，这可能是向游牧君主展示定居人口重要性的最佳机会。这让大汗看到了赋税收入的前景，蒙古人看到了赋税相对于抢掠的益处。在中亚，牙老瓦赤采用了耶律楚材1229年的改革措施，不过之前的制度也影响了他的模式。这些制度一直延用到1239年（或1240年），此后，蒙古人将牙老瓦赤迁转到了华北。牙老瓦赤的改革虽然与耶律楚材的相似，但在某些方面是不同的。牙老瓦赤的制度后来成了帝国大部分地区的标准制度。该制度的基础是"忽卜赤儿"（qubchir，科敛），即成年男丁以货币形式上缴的人头税。此税原本是按照牲畜头数上缴百分之一的实物税，到定居人口中就演变成了人头税。税率随时间推移而有变化，通常以户为单位。耶律楚材的税制版本是按照中国传统以户为中心的，只是到1236年以后加入了人头税，有可能是受了中亚的影响。另外还征收一种税，被称为"哈阑"（qalan）。这是蒙古人向地方统治者征发的兵役，但也指兵役的赎免金，常常是以实

1　Ibn Al-Athir, *al-Kamil fi al-Ta'rikh*, （Beirut，1979）, vol. XII, pp. 380-383, 502; 亦可参看 Smith Jr, 'Mongol and Nomadic Taxation', pp. 46-85。伊本·阿西尔提供了蒙古征服花剌子模时期军队统帅向臣属于他们的城市征用衣服、食物、坐骑和钱财的大量例子。

物而非货币缴纳的。[1]

蒙古帝国的另一种税是"探合"（tamgha，意为"印章"或"徽记"），是向商品征收的一种关税或者增值税。通常而言，商人在一次交易中需缴纳的税率是5%~10%，由一名官员在商品上盖印，表示已经缴过税了。探合是促进贸易的重要措施，因为它使商人缴纳的税率比前蒙古时代显著降低了，以前的商人每经过一个王国都必须缴纳关税和通行费。

最繁重的税可能是缴纳给驿站的，尤其是在管理不当的时期。驿站附近的牧民和农民要缴纳马税，并为维持驿站提供给养。在蒙哥改革之前，这种税被重复征收，使用驿站的商人和官员带着过多的随从人员要求牧民和农民接待，侵害了地方经济，以至于造成人口逃逸，从而导致驿站失灵。

到13世纪中叶，蒙古帝国的税制结合了地方赋税（当地的各种赋税名目）和新型赋役，每年征收两三次，且常常提前两三年征收。蒙哥通过推行改革，结束了这种局面。他创造了一种新的制度，所有成年人都受制于这种源于蒙古文化的纳贡制度。此外，传统的赋税仍然征收，例如伊斯兰教的地税（kharaj）。新的赋税名目还包括农业税（牧民免缴此税）和商税。这些改革的一个重要方面就是进一步强调了帝国的中央集权，各地区的诸王被绕过，由中央政府的代表负责收税。在理论上，过度课税的情况并没有出现。蒙古的制度构成了帝国分裂之后各汗国赋税制度的基础。

1　Allsen，*Mongol Imperialism*，pp. 147-148；Morgan，*The Mongols*，p. 101；Bayarsaikhan Dashdondog，*The Mongols and the Armenians, 1220-1335*（Leiden，2011），pp. 111-113.

蒙古行政与成吉思大交换

本章对蒙古行政机构进行了基本的勾勒。从最低的层面来看，蒙古统治下的亚美尼亚与中国东北地区是不同的。蒙古式管理固有的灵活性使之能够适应文化与地域的差异。从更为广阔的区域层面来看，蒙古帝国的统治是较为一致的，因为帝国政府通过课税以及建立财政区划与行省，为帝国提供了稳定性。这种一致性不仅使蒙古人获益，也使商人、军队甚至蒙古的臣民们从中获益。

蒙古帝国解体之后，达鲁花赤、巴思哈和沙黑纳这样的角色变得湮没无闻，但是蒙古式管理在很大程度上仍然得以维持，演变或者调适出新的地域特点，例如伊利汗国和尤赤汗国的伊斯兰式的底万。与此同时，在元朝，本土的选官方式科举考试卷土重来。蒙古人在本质上提出了一些新的模式，既来自自身的创新，也来自被征服的地区。他们的继承者可以自由地选择效法之或者抹煞之。这些官职中有很多在蒙古帝国曾经统治的地区沿用了几个世纪之久。

第 7 章

宗教与蒙古帝国

当一种世界性或者普遍性宗教与一种传统的宗教接触时，传统宗教的追随者出于自愿或者被迫，通常都会皈依。而13世纪的蒙古人在历史上是反常规的。从表面上看，这可能并不令人惊讶，因为蒙古帝国实行一种宽容的宗教政策——这在前现代甚至现代都是罕见的。如果更加近距离地观察这一现象，那么蒙古人的宗教宽容政策可能就不是独一无二的了。彭晓燕指出，哈剌契丹帝国也实行宗教宽容政策。确实，宗教宽容在内亚的诸帝国中有着悠久的传统，可能是因为这里常常成为多种宗教体系交汇的十字路口。[1]

有人可能将蒙古看作内亚诸帝国中最为慷慨和最为重要的

---

1 Michal Biran, *The Empire of the Qara Khitai in Eurasian History: Between China and the Islamic World* (Cambridge, 2005), p. 211；关于其他帝国的研究，可参看 J. P. Roux, 'La tolerance religieuse dans l'empires Turco-Mongols', *Revue de l'Histoire des Religions*, CCIII (1986), pp. 131-168；Johan Elverskog, *Buddhism and Islam on the Silk Road* (Philadelphia, PA, 2010)；Richard Foltz, *Religions of the Silk Road* (New York, 1999)。

一个，因为蒙古人将宗教宽容的做法从内亚带到了蒙古帝国的其他地区。即使一种宗教（例如景教）对蒙古帝国上层造成了可观的影响，但它对蒙古人对其他宗教的观点则并没有显著的负面影响。事实上，蒙古人对所有宗教都保持了极大的宽容。他们在帝国建立后的最初几十年中是信奉萨满教的，但并没有一部阐释性的宗教经典来传授训诫、描述独有的世界观或强调死后的世界。传统的萨满教关注直接影响天命和与疾病、灾难等现实生活相关的灵物。死后的世界与天界非常相似。个人灵魂的救赎是不存在的，例外的情况是人的灵魂会被恶灵盗走。在天界，灵魂是必要的，但是在死后的世界，人只是一种精灵，不必担心受到永恒的诅咒。[1]因此，蒙古人"对任何形式的宗教行为和仪式都很开放，这些都可能帮助他们立刻成功地实现需求"。[2]

蒙古人与帝国全境的宗教团体都建立了关系。如前文所述，他们这样做有多重理由。基本的原因是策略性和实际性的，与宗教领袖的合作减少了被征服者的敌意和反叛的威胁。在蒙古人入侵时，如果一城投降，其宗教建筑往往能够幸免于难。当然，如果一城拒绝投降，那么便无人能够确保平安。不仅如此，大汗还要求僧侣为自己祈祷。[3]当地人常常将此解释为蒙古大汗皈依了他们的宗教，而蒙古人这样做并非出

1　John of Plano Carpini, 'History of the Mongols', in *The Mission to Asia*, trans. a nun from Stanbrook Abbey, ed. Christopher Dawson（Toronto, 1980）, p. 12.

2　Richard Foltz, 'Ecumenical Mischief under the Mongols', *Central Asiatic Journal*, XLIII（1999）, p. 44.

3　同上，pp. 44-45。

于对所有宗教的敬意，这仍然与蒙古人的现实政治策略密切相关。

传统蒙古宗教畏惧超自然的报应，避免触犯精灵，因此尊重所有宗教的仪式，将精灵纳入祈祷词中是避免触犯其灵力的一种方式。不仅如此，将精灵纳入祈祷词中也显示出大汗权力的正当性，因为这得到了地方宗教精英的正式支持。将统治者的名字纳入伊斯兰教的礼拜五宣讲（khutba）中，是一种使用了几个世纪的宣示统治者正当性的做法。在其他宗教中也有类似的做法。

蒙古人除了实行宗教宽容政策，还尝试维持帝国内部各教派之间的和平。这不应归于博爱的理想，而是一种策略需要。蒙古将军哲别追击乃蛮首领古出鲁克入中亚时，那里的穆斯林将他视为解放者并欢迎他。因为在佛教徒古出鲁克的统治之下，当地穆斯林受到迫害。正如彭晓燕所揭示的，这种压迫较少出于实际的宗教动机，而是来自古出鲁克的世俗政策，这被视为宗教偏见。[1]

哲别率领蒙古人击败了古出鲁克，但这并未导致对佛教徒的迫害。蒙古人对卷入宗教争端没有兴趣。哲别下令，所有人都应遵从自己祖先的宗教，不应为了信仰而迫害他人。[2]蒙古人都为了政治目的而处理宗教问题，而对教义本身没有多少兴趣。他们的政策造成的事实是，每个人都有信奉自己宗教的自

1　Biran，*Empire of the Qara Khitai*，pp. 81-82，194-196.

2　'Ala al-Din Ata Malik Juvaini，*Ta'rîkh-i-Jahân-Gusha*，ed. Mîrzâ Muhammad Qazvini（Leiden，1912，1916，1937），p. 50；'Ala al-Din Ata Malik Juvaini，*The History of the World-Conqueror*，trans. J. A. Boyle（Seattle，WA，1997），p. 67.

由，但是如果这威胁到了帝国的稳定或蒙古的地位，蒙古人便不羞于动用暴力。他们不能容忍任何一个宗教宣称其神力凌驾于全世界之上，因为这与他们宣称的对世界的主宰相抵触。[1]这随着成吉思汗、蒙古帝国以及被称为"腾格里主义"（Tenggerism）的宗教性征服意识形态的崛起而产生。[2]在这种意识形态中，"腾格里"（Tenggeri，即"天"）授命成吉思汗及其继承者统治大地，藐视他们就是藐视天意。我们不知道成吉思汗本人是否真的相信这一点，但他的征伐更像是回应性行为，而不是下定决心要征服世界。而窝阔台则似乎将腾格里主义放进了心里。腾格里主义是一种意识形态，是蒙古人独有的，其他人不可能向它皈依。确实，它允许其他宗教存在——作为帝国的臣属，且不能挑战蒙古人的权力。如此，只要其他宗教的僧侣不去阻碍天意，蒙古人就没有问题。

由于蒙古帝国是世界上最强大的国家，其他的政权自然会想要跟它建立某种联系，甚至想要使它皈依自己的宗教。基督教世界也不例外。自从长老约翰的传说出现以来，西欧一直在寻求一支东方的基督教同盟来对抗穆斯林。最初，许多人以为蒙古人就是长老约翰的军队，但是在蒙古人入侵匈牙利之后，欧洲人很快就发现自己想错了。不过，这并没有阻止他们继续梦想蒙古的大汗会皈依基督教。据谣传，如撒里答（拔都之子）这样的蒙古诸王以及一些公主和皇后都是基督徒，教皇

1　Anatoly Khazanov, 'Muhammad and Jenghiz Khan Compared: The Religious Factor in World Empire Building', *Comparative Studies in Society and History*, XXXV（1993）, p. 468.

2　Sh. Bira, 'Mongolian Tenggerism and Modern Globalism: A Retrospective Outlook on Globalisation', *Journal of the Royal Asiatic Series*, XIV(2003), pp. 3-12.

有理由相信蒙古人可以皈依。[1]教皇像其他宗教的领袖一样相信，如果统治精英皈依了，民众便会紧随其后。[2]

由于希望让蒙古人皈依，并且着实担心蒙古人会攻打基督教世界，所谓的"蒙古使团"便出现了。教皇英诺森四世派出数位教士，带着书信向蒙古进发。书信中包含两部分内容。第一部分是申斥蒙古人对基督徒的攻击，并告知他们如果不住手就会面临上帝的惩罚。[3]第二部分是描述天主教的教义和蒙古人应该皈依的原因。[4]

尽管教皇英诺森四世怀着良好的意图，但是这些传教的尝试皆以失败告终，主要是因为教皇以及其他欧洲人可能都不太了解草原上的外交和蒙古人的实力。贵由对英诺森四世的回信以简短、清晰和语气凶恶而著称。贵由回信的核心内容便是，蒙古人已经征服了所有对抗和不肯臣服于成吉思汗及其继承者们的人：

　　天命令我们消灭他们，将他们交到我们手上。如果不

1　William of Rubruck，'The Journey of William of Rubruck'，in *The Mission to Aisa*，pp. 117-119. 从鲁布鲁克到访时的种种迹象来看，撒里答是一名基督徒。波斯作家志费尼的记载进一步证实了这一点。参看 Minhaj Siraj Juzjani，*Tabaqat-i Nasiri*（Lahore，1975），vol. II，pp. 286-287；Minhaj Siraj Juzjani，*Tabaqat-i Nasiri*，trans. H. G. Raverty（New Delhi，1970），vol. II，p. 1291。

2　Anatoly Khazanov，'The Spread of World Religions in Medieval Nomadic Societies of the Eurasian Steppes'，*Toronto Studies in Central and Inner Asia*，I（1994），p. 15.

3　Pope Innocent IV，'Two Bulls of Pope Innocent IV Addressed to the Emperor of the Tartars'，in William of Rubruck，*The Mission to Asia*，pp. 75-76.

4　James Muldoon，*Popes, Lawyers, and Infidels*（Philadelphia，PA，1979），pp. 42-43.

是天如此做，人怎能办到？你们西方人相信自己独为基督徒，而他人非也。你们如何知道天将降恩于何人？我们崇拜上天，以天之力，从东到西，摧毁大地。若非天之气力，人如何能做到？……如果你们不相信我们的话，不遵守长生天的命令，不听从我们的忠告，我们将确认你们意图开战。其后果我们不知道，只有天知道。[1]

教皇英诺森四世在收到贵由的回信之后，又发出了第二封信，声明自己无意开战，只是寻求救赎蒙古人的灵魂。不幸的是，他也从根本上破坏了自己的怀柔企图，因为他坚持说蒙古人有遭到上帝惩罚的危险。相当清楚的一点就是，英诺森四世徒劳无功，因为这一说法无法动摇蒙古人，他们相信天是站在自己一边的。而且在蒙古人的眼中，教皇并不是上帝在世上的唯一代表。[2]

教皇英诺森四世并不是唯一一位试图与蒙古人达成某种和解的基督教领袖。法国国王路易九世也派出使节，前往蒙古大汗处寻求结盟，以共同抗击穆斯林。这些使节也失败了，因为蒙古人将他们看作向蒙古臣服和纳贡的人。[3]事实上，蒙古人有充分的理由将路易九世的使团看作臣服的象征；路易九世为夺回基督教圣地而付出了全部的热情和努力，但是他的失败远

1　Güyük Khan, 'Guyuk Khan's Letter to Pope Innocent IV（1246）', in William of Rubruck, *The Mission to Asia*, pp. 85-86.

2　Francis W. Cleaves, trans. and ed., *The Secret History of the Mongols*（Cambridge, 1980）, p. 53.

3　Jean de Joinville, 'The Life of Saint Louis', in *Chronicles of the Crusades*, trans. and ed. M. R. B. Shaw（New York, 1963）, pp. 287-288.

远多于他取得的微小胜利。在蒙古人看来，路易九世向他们表示臣服以获得帮助来对抗他的敌人，尤其是在第七次十字军东征（1248—1250）失败之后，这是很合乎逻辑的。

因此，基督徒向蒙古人传教的早期尝试，或者至少是与他们拉近距离的努力，都是十足的失败。这可能主要应归咎于教廷对其他宗教的态度。西欧尽管卷入了十字军东征，但与世界上其他地区相比仍然是一种闭塞的文化。欧洲人的思维模式在整体上比驻圣地的法兰克人、与之敌对的穆斯林甚至已经处在蒙古人统治之下的罗斯人都更加闭塞。除了与东方的东正教以及西班牙和西西里的伊斯兰教相邻的边境居民，欧洲拉丁人与其他文化没有足够的接触，尚未认识到文化交流中的隔阂，不论是宗教、外交还是其他方面。西欧人倾向于认为自身高于所遇到的其他任何族群、文化和宗教。教廷痛斥穆斯林君主不允许基督教传教士在其领地内传教，但是教皇英诺森四世并不认为这种禁令应该是相互的。[1]因此，天主教的传教士和教皇们蔑视土著风习，认为聂思脱里派基督徒走上了歧路。这也导致他们在试图将蒙古大汗引向天主教信仰的同时，也向蒙古人发出了上帝惩罚的警告。对于西方人而言，只有一条路可走，那就是天主教，此外别无他路可行。

这并不是说，这条路一定是笔直且狭窄的。教皇英诺森四世确实尝试了减缓对异教和异端用兵。1245年，他发布了教皇训谕，与教皇格里高利九世（Gregory IX）于1235年发布的

---

1 Muldoon, *Popes, Lawyers, and Infidels*, p. 50.

训谕类似，为促进传教而授予了传教士以特别权力。[1]其中最重要的四项特权是：有权在任何地方聆听忏悔；免于被开除教籍之罪；允许在各种不规范的仪式下皈依；在基本上不偏离天主教道路的情况下尽可能简单地实现皈依。此外，训谕中还包含了一个列表，其中列有18种人，包括各种族群和教派，都被设定为传教的目标。可以想见，鉴于蒙古帝国幅员辽阔，这18种人多数都住在蒙古控制的地区。

即使有了这些新的特权，天主教传教士也没能对蒙古人造成影响。西方人视野狭隘，自视甚高，这可能对他们的传教活动造成了最坏的影响。聂思脱里派基督徒的存在没有任何助益，因为他们为蒙古人展示了基督教的一种样式。尽管蒙古人当中有一定数量的聂思脱里派基督徒（即景教徒），但是蒙古的汗们总体上对他们不太尊崇。[2]而聂思脱里派基督徒整体上对于各种文化及其融合的态度更加开放。休斯顿（G. W. Houston）写道："聂思脱里派的传教活动大概不抱有这些（与天主教一样的）偏见，（聂思脱里派基督徒）自由地将地方宗教的风习纳入其教派之中。"[3]

哈赞诺夫（Anatoly Khazanov）对于教廷到蒙古传教的失败有另外一个相关的观点：

---

1 Muldoon, *Popes, Lawyers, and Infidels*, p. 36. 这些特权常常与婚姻有关，例如择偶标准可能与天主教会接受的程度不一致。

2 Güyük Khan, 'Guyuk Khan's Letter', p. 85. 教皇要求蒙古人皈依基督教，并停止进攻基督教世界，贵由汗在回信中说："汝既云我应作一聂思脱里基督徒，敬神而禁欲，然汝等如何知晓上帝宽恕何人，怜悯何人？"

3 G. W. Houston, 'An Overview of Nestorians in Inner Asia', *Central Asiatic Journal*, XXIV（1980）, pp. 64-65.

窃以为，他们失败的一个主要原因，与他们宣称教会权力高于世俗权力有关。游牧统治者担心，皈依基督教将威胁到他们的独立性。[1]

这两位学者的观点都是正确的，至少是部分正确的。如休斯顿所揭示的，聂思脱里派基督徒相对于天主教徒确实有一个优势，即他们的教派融合性更强，能够接纳各种文化。不仅如此，如哈赞诺夫正确观察到的，聂思脱里派基督徒没有像教皇在欧洲那样，在蒙古人之上建立任何神权。另一方面，我必须反对哈赞诺夫提出的蒙古统治者担心皈依天主教将导致失去独立性这一观点。有很多证据表明，蒙古人不会容忍任何对他们权力的威胁，不论来自世俗势力还是宗教人物。成吉思汗处死了帖卜腾格里，就是因为这位强大的萨满试图掌握政治权力。[2]蒙古人终结了阿拔斯王朝哈里发的统治，因为哈里发至少在理论上能够得到神权和世俗权力。鉴于教廷试图将自己置于世俗统治者之上，如果蒙古人侵入罗马，那么教皇大概会遭遇与哈里发相同的命运。不过，种种事件令教皇相信，自己能够让蒙古人皈依。

1　Khazanov，'The Spread of World Religions'，p. 24.

2　Cleaves，*Secret History of the Mongols*，pp. 181-182. 应该注意的是，关于帖卜腾格里是否为萨满存在争议。参看 Tatyana D. Skrynnikova，*Kharizma vlasti v epokhu Chingiskhana*（Moscow，1997）。

基督教

我们能够理解，为什么很多基督教传教士误认为蒙古帝国皈依的条件已经成熟。蒙古草原尽管在多数时代都不处于东西方交通的主路上，但即使在蒙古帝国形成之前也并不是与其他宗教隔绝的。在约1009年，传教和商业的联系逐渐使蒙古草原中央的克烈人皈依了景教。这一年，巴格达的聂思脱里派主教收到了木鹿城主教阿卜迪朔（Ebedyeshu）的信件，信中称克烈人需要牧师和执事去施行洗礼。皈依者的确切数目不详，但是一般认为有20,000名克烈人。*很多乃蛮人、蔑儿乞人和汪古人也皈依了，不过是基督教与萨满教并存。

因此，克烈、乃蛮、蔑儿乞、汪古诸部被纳入大蒙古国之后，景教分布广泛，但在蒙古人中并不占主导地位。无论如何，大多数蒙古人仍维持其原初信仰。[1]尽管景教徒并不占多数，但他们对蒙古人造成了显著的影响，尤其是因为很多蒙古精英的妻子以及统治机构中的一些高级官员都出自克烈、乃蛮诸部。窝阔台汗（1229—1241年在位）的宰相镇海（卒于1252年）就是一名景教徒。此外，拖雷之妻克烈人唆鲁禾帖尼（卒于1252年）、窝阔台之妃蔑儿乞人脱列哥那（卒于1246年）、贵由之妻蔑儿乞人斡兀立海迷失（卒于1252年）

---

* 一说20万。——译者

1 Samuel Hugh Moffet, *A History of Christianity in Asia*, Vol. I, *Beginnings to 1500* (New York, 1992), pp. 400-401. 此外亦可参看 J. M. Fiey, 'Chrétiens Syriaques sous les Mongols（Ilkhanat de Perse, XIIIE-XIVE S.）', *Corpus Scriptorum Christianorum Orientalium*, vol. CCCLXII, subsidia tomus 44（Louvain, 1975）.

等人也都是景教徒。教廷一直将大汗的基督徒后妃视为使大汗皈依的一条途径，然而这条途径的传教效果是极小的。[1]无论如何，基督教的影响在帝国上层是存在的。[2]

　　蒙古帝国分裂之后，蒙古人与西欧的关系进入了考虑结盟的新阶段。不过在这一阶段，基本上是由蒙古人发起联系，而教廷则小心翼翼地接受蒙古人的提议，同时对蒙古人的皈依渐已不抱乐观态度。平心而论，教廷确实也尝试了向蒙古人传教的新方法，但宗教本质的隔阂仍然无法逾越。蒙古人提出与匈牙利国王贝拉四世联姻，教皇亚历山大四世（Alexander IV）强硬地教导他谢绝了联姻。亚历山大四世承认，蒙古军事机器确实是他面前的一个威胁，但他也正确地认识到，这种联姻最终会导致匈牙利屈服于蒙古。支持亚历山大四世逻辑的原因有

1　James D. Ryan, 'Christian Wives of Mongol Khans: Tartar Queens and Missionary Expectations in Asia', *Journal of the Royal Asiatic Society*, 3rd ser., VIII/ 3（1998）, p. 417.

2　在 431 年的以弗所会议导致教会分裂之后，聂思脱里派基督教在亚洲繁荣了数百年。可参看 Moffet, *A History of Christianity in Asia*。聂思脱里派教义的基础是摩苏迪亚（位于安提阿以北）的主教提阿多若（Theodore, 350—428）这一学派的思想。他的思想基于对《圣经》的字面阅读，但很少解释和强调关于先知的段落。他认为原罪是一种可以被克服的弱点，而不是一种疾病或者"丑恶的欲望"。聂思脱里（Nestorius）是他的弟子，于 428 年被选为君士坦丁堡牧首。但很多人并不喜欢他，因为他此前籍籍无名。他发起了驱逐雅利安人等异端的运动，但他自己也被亚历山大港牧首济利禄（Cyril）指控为异端，部分是由于政治原因。亚历山大港是仅次于罗马和君士坦丁堡的第三大基督教城市，亚历山大港和安提阿的教会之间也存在竞争。济利禄指控聂思脱里"否定基督的神性"（p. 174），并发出 12 份逐出教会令。安提阿教会则开出 12 份反逐令。东罗马帝国皇帝狄奥多西二世（Theodosius II）于 431 年在以弗所召集会议以平息争端。在聂思脱里的安提阿支持者抵达之前，济利禄便开始了会议，于是聂思脱里从一开始就抵制这次会议。结果济利禄在会议上以 200 比 0 的投票将聂思脱里逐出教会。聂思脱里从未真正否定过基督的神性或者一体性。他使用"prosopon"一词来指代表象，而济利禄使用"hypostatis"一词来指代实体。他基本上承认基督的人性和神性是二分的。

两个。第一个原因是蒙古人不是基督徒，因此在教廷看来是无法信任的。蒙古人没有受洗，又怎么会尊重在基督教堂中的宣誓，而这是巩固联盟的通常做法。第二个原因则更为准确，联姻会让匈牙利成为蒙古的诸侯，而不是对等的盟国。[1]前文已论，这是蒙古人的标准做法。汗的女儿实际上代表她的父亲成为当地的统治者或执政者。

无论如何，这些问题都没有妨碍教廷希冀蒙古统治精英（当然最好是汗）皈依，并相信民众会加以效法。尽管之前蒙古与教廷的关系史显示蒙古人不会皈依，但是教廷仍然沉溺于这一美梦，因为蒙古上层有不少基督徒。这并不是没有证据的，因为对蒙古人皈依的乐观态度出现于蒙古帝国分裂之时。伊利汗国开始与罗马交涉，寻求盟友来抵御敌对国家的包围。1274年，伊利汗阿八哈的使者迈出了移除主要障碍的第一步——他们受了洗礼。因此他们不再是异教徒了，可以代表阿八哈汗进行交涉。[2]

教廷不满足于这第一步，并将蒙古人皈依一事的重要性置于近东拉丁王国的存在之上。如同他们与希腊人的关系一样，他们答应以军事联盟报答其皈依。马尔顿（James Muldoon）认为这一安排存在一个严重的瑕疵，他写道："教廷为希腊人和其他求援的人提供军事援助的能力变弱了，教皇似乎更加坚持在对方臣服后才答应提供援助，但实际上根本无力提供。"[3]

1　Muldoon, *Popes, Lawyers, and Infidels*, pp. 59-60.

2　同上，p. 62。

3　同上。

教廷无法满足协议中的条件，例如对埃及的马穆鲁克发动进攻，这样一来蒙古人就没有什么理由皈依了。教廷还面临着其他的问题。即使在蒙古人看起来对基督教空前地兴趣盎然时，前往蒙古人地盘上的基督教传教士也仍很匮乏。最著名的例子就是马可·波罗家族。当波罗兄弟于1269年从忽必烈大汗的宫廷回来时，他们带回了大汗给教皇的信件。忽必烈要求教皇派100名有教养的人来教他基督教的教义。教皇只派出了两名传教士，他们刚到蒙古人的地盘就返回了。[1]我们不能完全怪罪这两名传教士。有很多故事和流言说蒙古人是歌革（Gog）和玛各（Magog）[*]之子，来自地狱，也有很多关于蒙古人行径的传说。因此，前往蒙古人控制的地区并居留数年，对于任何预期的志愿者而言都是令人畏惧的经历。

因此，教皇在与伊利汗的通信中经常只谈皈依，遣使送来的信中解释了基督徒对于统治者的教化。1291年，教皇尼古拉斯（Nicholas）遣使去见伊利汗旭烈兀之子帖古迭儿，后者的洗名也是尼古拉斯[**]。[2]在这封信中，教皇尼古拉斯警告帖古

1　Marco Polo, *Description of the World*, trans. A. C. Moule and P. Pelliot（London, 1938）, p. 79.

*　《圣经》中黑暗力量的统治者，在先知的预言中是人类反抗基督的领袖。——译者

**　又译捏古来。——译者

2　蒙古诸王捏古来是旭烈兀和忽推之子，后者也是聂思脱里派基督徒。不过，史料记载不清的是，捏古来在1282年即位之前何时改宗了伊斯兰教。他的穆斯林名字是阿合马（Ahmad），1282年至1284年在位。他是伊利汗国的第一位穆斯林统治者，也是第一位被废黜的统治者，可能是因为他寻求与马穆鲁克苏丹国的同教中人和平共处。关于他的皈依及其作用，参看 Reuven Amitai, 'The Conversion of Tegüder Ilkhan to Islam', *Jerusalem Studies in Arabic and Islam*, XXV（2001）, pp. 15-43。

迭儿，在使其他人皈依基督教时，他不应显著改变其生活方式。教皇尼古拉斯特别警告了服饰的改变，这将是一个非常明显的改变，会引起皈依者与其他人之间的冲突。尼古拉斯与之前的几任教皇不同，他认识到让皈依者既为蒙古人亦为基督徒（而非只是基督徒）是十分重要的。[1]然而不幸的是，对于基督徒而言，这种认识来的太晚了。

伊斯兰教

　　基督教没能让蒙古人皈依，而伊斯兰教却做到了。不过，伊斯兰教最初也像天主教一样，没能让蒙古人改宗。于阗的穆斯林将蒙古人视为帮助他们摆脱宗教压迫的解放者，而当蒙古人入侵花剌子模帝国时，穆斯林（以及基督徒）大多将其视为上帝对他们原罪的惩罚。蒙古人的确是灾祸，为许多穆斯林带来了信仰危机。自从632年先知穆罕默德在麦地那建立乌玛（'umma，穆斯林公社）以来，持续扩张的伊斯兰世界在异教徒军队的杀戮之下骤然缩小。不过，一些苏非教团将蒙古的入侵看作上帝的裁决——惩罚那些处死苏非（Sufi，意为"真主之友"）的不公正的统治者。[2]

　　然而，在蒙古帝国分裂之前，很少有蒙古人皈依伊斯兰

1　Muldoon, *Popes, Lawyers, and Infidels*, p. 67.

2　Leonard Lewisohn, 'Overview: Iranian Islam and Persianate Sufism', in *The Legacy of Mediaeval Persian Sufism*, ed. Leonard Lewisohn（London, 1992）, p. 30; Leonard Lewisohn, *Beyond Faith and Infidelity: The Sufi Poetry and Teachings of Mahmûd Shabistarî*（Aldershot, Surrey, 1995）, pp. 57-58.

教。我们所知的第一位蒙古人穆斯林，也是在蒙哥汗去世之前最重要的一位，便是尤赤之子别儿哥。所有穆斯林史料都一致记载了别儿哥的信仰，非穆斯林史料如果没有直接说明他的信仰，则也支持这一观点。真正的问题在于，我们不知道他在何时成为穆斯林，史料表明他幼时便是穆斯林，在登基为尤赤汗国的统治者时便公开宣布了自己的信仰。[1]暂且不论他何时信奉了伊斯兰教，所有史料都一致记载他的皈依是缘于一位库布拉维教团的苏非谢赫·赛甫丁·巴哈尔兹（Shaykh Sayf al-Din Bakharzi）的努力。[2]

以别儿哥为楷模，其他人也逐渐皈依了伊斯兰教，最早的几位是别儿哥的兄弟秃花帖木儿、别儿哥彻儿以及别儿哥的妻子彻彻格哈敦。非成吉思汗后裔也皈依了伊斯兰教。尽管确切的数目不清楚，但是皈依伊斯兰教的军民及官员的比重是相当可观的。[3]尽管如此，1257年别儿哥即位之后，尤赤汗国并没有一夜之间骤然变为一个穆斯林国家。尽管别儿哥的继承者脱迭蒙哥也是一名穆斯林，说明伊斯兰教在最高层有所延续，但是我们必须记住，支持尤赤汗国内部伊斯兰教发展的多数史料都是马穆鲁克史料。马穆鲁克苏丹国自身的合法性很不稳固，它可能会夸大伊斯兰教的传播，为其与异教国家建立同

1　Istvan Vasary, 'History and Legend in Berke Khan's Conversion to Islam', in *Aspects of Altai Civilization III*（Bloomington, IN, 1990）, pp. 235-237. 亦可参看 Minaj Siraj Juzjani, *Tabaqat-i Nasiri*, ed. 'Abd al-Hayy Habibi（Kabul, 1964-1965）, pp. 284-288 及 Juzjani, trans. Raverty, p. 1283。

2　Istvan Vasary, 'History and Legend in Berke Khan's Conversion to Islam', p. 238.

3　同上，p. 256。

盟和外交关系提供合理性。德威斯（Devin DeWeese）教授指出，很多宣扬皈依伊斯兰教的说法，更像是一个从其他群体那里获得利益的工具，在尤赤汗国是如此，在其以外尤其是马穆鲁克苏丹国也是如此。[1]的确，脱迭蒙哥没有采用阿拉伯名字，表明尽管他们对伊斯兰教的兴趣在增长，但它并未被统治者的支持者们普遍接受。脱迭蒙哥和别儿哥没有改名，也没有增加伊斯兰元素，表明伊斯兰教在很大程度上仍然是他们认同的一个次要方面。

因此，尽管伊斯兰教取得了一些成功，但是很难说它在尤赤汗国的蒙古上层社会之外有多么重要。当然，伊斯兰教至少在成吉思汗时期就已经为蒙古人所熟知，成吉思汗在统治初期就已经与穆斯林商人做生意了。在1206年至1260年间，蒙古人并没有什么信奉伊斯兰教的动力。蒙哥在其统治期间，对中东发动了新的攻势。鉴于蒙古人采取宗教宽容政策，他们对于毁灭伊斯兰教并没有真正的兴趣。但是，有两支伊斯兰教势力不承认蒙古人的统治，从而触动了蒙古人敏感的神经——一支是伊朗的属于什叶派的尼扎里亦思马因派，另一支是阿拔斯哈里发王朝。在摧毁了这两支势力之后，蒙古人更没有什么理由皈依伊斯兰教了，因为上天显然站在蒙古人一边。不仅如此，如果伊斯兰教在尤赤汗国或者蒙古帝国的其他地区已经广泛传播，那么蒙古统治者后来的皈依也就不那么重要了。

帝国分裂之后，伊斯兰教在尤赤汗国之外也有稳定的发

1　Devin DeWeese, *Islamization and Native Religion in the Golden Horde*（University Park, PA, 1994）, p. 89.

展。1295年，伊利汗拜都公开皈依伊斯兰教，只是他从未公
开祷告或斋戒。他的宣言可能只是为了赢得那些穆斯林或者治
下有穆斯林的蒙古和突厥首领的支持。伊利汗合赞奉伊斯兰教
为国教，可能也是因为其民众已经成了穆斯林。[1] 即使合赞汗
的皈依像表面看来那样虔诚，奉伊斯兰教为国教也反映了这一
事实，但这仍然是国家政策的一次根本转型。

　　由于宗教宽容政策，伊利汗国的一些宗教群体（主要是基
督徒）认为伊利汗偏爱他们——可能只是因为他们没有受到迫
害。而合赞汗的统治显然使伊斯兰教成为最受偏爱的宗教。佛
教寺院遭到拆毁或改作清真寺，其中一些寺院建于旭烈兀统
治时期（1260—1265）。景教徒遭到处刑，只有其他基督徒
（如亚美尼亚人）所受冲击较少，可能是因为他们在自己的宗
教中占大多数。这一切也并非毫无征兆。最激进的信仰卫士常
常是那些刚刚皈依的人，暴露出自证虔诚的深层动机。

　　在合赞汗的统治下，伊斯兰教逊尼派和流行的诸苏非派
最受欢迎。完者都汗在位的短暂时期（1304—1316）则是例
外。他于宗教无所不爱，在不同的场合可以是基督徒、佛教
徒、伊斯兰教逊尼派追随者或者什叶派穆斯林。身为什叶派穆
斯林的他，迫害逊尼派穆斯林。他的继承者不赛因（1316—
1335年在位）则回归了对伊斯兰教逊尼派的偏爱。皈依伊斯
兰教意味着广为传布的来自蒙古传统的宗教宽容政策走向了终
结，其他信仰者仍被视为吉玛，继续实践着他们的信仰。这也

1　David Bundy, 'The Syriac and Armenian Christian Responses to the
Islamification of the Mongols', in *Medieval Christian Perceptions of Islam*, ed.
John Victor Tolan（New York, 1996）, p. 35.

意味着蒙古人成了艺术的赞助者，尤其是波斯风格的艺术。不仅如此，伊斯兰教在整个伊朗更加普及，很多佛教徒离开了，其他宗教在社会和法律地位上显然处于劣势。

尽管尤赤汗国是蒙古诸汗国之中最先出现穆斯林统治者的，但它是第二个成为真正意义上的伊斯兰国家的蒙古汗国。直到1313年月即别汗皈依，伊斯兰教才成为主导性宗教。自视为穆斯林的游牧人口数量不断增长，但很多精英反对月即别汗将伊斯兰教的教法"沙里亚"（shari'a）置于成吉思汗的札撒之上。[1]月即别汗主要依靠普通教徒的支持平定了他们的叛乱，但无论如何，这表明放弃传统信仰并未得到所有人的支持。

在札撒和沙里亚之间找到平衡，对所有的统治者而言都是一种挑战，也显示出宗教宽容的局限性。一个核心问题可能就是关于一餐饭。蒙古传统的屠宰习俗是在牲畜胸部开口，伸手入内切断心脏或主动脉，让牲畜死于内出血，将血留在体内。这样做是为了不浪费血，用于制作血肠等食物。另一个原因可能是，蒙古的习俗是不让血流到地上，因为按照萨满教信仰，这样可以困住灵魂。然而，犹太人和穆斯林实行洁食（kosher）或清真（halal）之法，切断牲畜的颈部大动脉并将血放干，在这一过程中和食肉时都要祝祷。这两种习俗显然无法调和。蒙古帝国在全境曾多次禁止清真法，常常导致对穆斯林的迫害浪潮，这可能是因为汉人或者其他人嫉妒穆斯林在

---

1 Devin DeWeese, 'Yasavina Legends on the Islamization of Turkistan', *Aspects of Altaic Civilization III*（Bloomington，IN，1990），pp. 108-109.

行政和商业领域不断增长的势力。[1]这些事件可能也反映出蒙古人对于将其他法律制度纳入其自身政治体制时的挣扎。同时，这种矛盾使境外的人十分不满，他们不接受蒙古人的皈依，因为蒙古人总是不接受穆斯林法。其中最激烈的攻讦者是伊本·泰米叶，他不断地诅咒蒙古人，号召反抗他们。而且在他看来，蒙古人并不是穆斯林，他宣称他们应该被杀死，那些与他们做生意的人也应该被杀死。[2]这一问题部分与让蒙古人皈依的那些人有关。在伊本·泰米叶等人看来，苏非们的融合做法并不纯粹，他们不是穆斯林，因此蒙古人也不可能是穆斯林。尽管马穆鲁克苏丹国将伊本·泰米叶封禁，但是他的学说确实间或拥有追随者，其中便包括今天的一些极端分子。[3]

中亚皈依伊斯兰教则较晚。尽管几个世纪以来，穆斯林在河中地区已经占据了主导地位，但是察合台汗国的其他地区仍然保持着传统的信仰——萨满教和佛教。我们的确很难说，察合台汗国是否完全变成了一个穆斯林国度。当然，14世纪时的河中地区已经成为伊斯兰地区，但是其他地区就不清楚了。答儿麻失里皈依伊斯兰教通常被看作一个转折点，但是迟

1　Johan Elverskog, *Buddhism and Islam on the Silk Road*, pp. 228-338; F. W. Cleaves, 'The Rescript of Qubilai Prohibiting the Slaughtering of Animals by Slitting the Throat', *Journal of Turkish Studies*, XVI（1992）, p. 69. 史料中有大量此类的例子，艾鸿章对各种史料的归纳是典范式的。

2　Teresa Fitzherbert, 'Religious Diversity under Ilkhanid Rule c. 1300 as Reflected in the Freer Bal'ami', in *Beyond the Legacy of Genghis Khan*, ed. Linda Komaroff（Leiden, 2006）, p. 397; 亦可参看 Denise Aigle, 'The Mongol Invasions of Bilâd al-Shâm by Ghâzân Khân and Ibn Taymîyah's Three "Anti-Mongol" Fatwas', *Mamluk Studies Review*, XI/2（2007）, pp. 89-119。

3　Aigle, 'The Mongol Invasions of Bilâd al-Shâm'; Michal Scott Doran, 'Somebody Else's Civil War', *Foreign Affairs*, LXXXI/l（2002）, pp. 30-31.

至1339年，也孙铁木耳仍在保护佛教寺院。[1]无论如何，答儿麻失里由佛教改宗伊斯兰教可能是为了赢得穆斯林商人的支持，以沟通中亚的市场。不过，如前所述，这一地区并没有完全皈依。蒙古精英最终杀死了答儿麻失里，因为他试图以沙里亚取代札撒。他的继承者们甚至将清真寺改成了佛寺。河中地区的西部与伊斯兰化的尤赤汗国和伊利汗国之间有频繁的联系，东部则与元帝国的佛教世界之间有更多的交往。尽管河中地区长期与伊斯兰地区有交往，但是其全面伊斯兰化直到帖木儿时代才开始推进。艾鸿章（Johan Elverskog）提出了一个令人信服的观点，即察合台系统治者由于地理位置原因而并没有完全皈依伊斯兰教。他注意到，郊野和城镇之间的对立发挥了一定的作用。中亚的伊斯兰教更像是一种城镇现象。[2]苏非们当然没有进入草原，而伊斯兰教最成功的地方也是在城市，清真寺和经学院体系以及公开虔信行为在那里最具影响力。

除了蒙古和突厥游牧人口的皈依，蒙古征服也带来了伊斯兰教的变化。最引人注目的变化之一，就是宗教权力和文化的中心从巴格达迁移到了其他地方。随着巴格达在1258年的陷落，学者、教法学家和其他乌里玛成员纷纷逃往别处（主要是开罗）。这是自1219年蒙古人进入伊斯兰世界以来的最后一

---

1 Michal Biran, 'The Chaghataids and Islam: The Conversion of Tarmashirin Khan（1331-1334）', *Journal of the American Oriental Society*, CXXII/4（2002）, pp. 742-752. 文中详细探讨了答儿麻失里的皈依。亦可参看 Elverskog, *Buddhism and Islam on the Silk Road*, p. 189；Gyorgy Kara, 'Medieval Mongol Documents from Khara Khoto and East Turkestan in the St Petersburg Branch of the Institute of Oriental Studies', *Manuscripta Orientalia*, IX/2（2003）, pp. 28-30。

2 Elverskog, *Buddhism and Islam on the Silk Road*, pp. 189-191.

次大逃亡。结果，开罗和德里成了伊斯兰世界中新的文化和宗教中心。麦加和麦地那仍然是朝圣的中心，而开罗、大马士革和德里（全部位于蒙古帝国之外）则成为所有学者的教育中心和目的地。前两座城市位于马穆鲁克苏丹国境内，而后者则是与之齐名的德里苏丹国的首都。它们的合法性都来自抵御蒙古人，因此成为信仰的守护者，同时也得益于资助宗教精英建造清真寺和经学院。因此，开罗和德里不仅是政治中心，也分别成为伊斯兰世界西部和东部的宗教、文化和教育中心。众多有学识的人物、文学家和宗教权力的到来，使德里从军事阵营转型为一个复合型大都市和知识中心。与此同时，按照罗斯·敦恩十分贴切的说法，巴格达"降格为一个省级商业城市"。[1]确实，罗斯·敦恩将开罗的大规模人口部分归因于来自蒙古征服地区的难民。[2]其他的因素还包括，它是马穆鲁克苏丹国的首都，也是地中海和红海之间的贸易枢纽。开罗的宗教中心地位，缘于伊利汗合赞在1299年至1300年间入侵叙利亚时洗劫了大马士革。

　　因此，即使蒙古人皈依了伊斯兰教，并成为伊斯兰世界的一部分，但他们在某种意义上仍然身处其外，至少在逊尼派穆斯林眼中是如此。奇特的是，在完者都汗统治伊利汗国时期，由于他对什叶派的偏爱，什叶派穆斯林开始接受蒙古人为合法统治者。而在蒙古帝国之外，很多人拒绝接受蒙古人的皈依，无论是逊尼派还是什叶派。最终，蒙古人与伊斯兰教的关

1　Ross Dunn, *The Adventures of Ibn Battuta: A Muslim Traveler of the 14th Century*（Berkeley, CA, 2005）, p. 41.

2　同上，p. 46。

系与二者刚刚接触之时相比确实有了很大的不同。蒙古人并未终结伊斯兰教，而实际上扩展了其范围和形式。

佛教

尽管蒙古人在西夏和吐蕃就已初次接触了佛教，但在忽必烈统治时期以前，蒙古人对佛教从未有过任何真正的爱好。当然，个别蒙古人可能对它有兴趣，但这对他们来说是另一种宗教。无论如何，哈剌和林有着西夏佛教教派和其他教派的寺院。藏传佛教和汉地禅宗的高僧像许多其他宗教的领袖一样，启程去见成吉思汗。[1]其中一次这样的会见使禅师海云被赐予了统领中国佛教的最高权力，后来又得到贵由和蒙哥两任大汗的重申。窝阔台也在1229年赐予佛教徒（及道教徒）以免税权，对此，萨迦斯特（Klaus Sagaster）写道："这是政治重要性的体现，因为在金朝末年，佛教徒就深受处于优势地位的儒士的偏见。"[2]

藏传佛教直到13世纪40年代才获得了影响力，不过蒙古人肯定是通过西夏的藏僧接触到的。接触的增多始于窝阔台之子阔端（1206—1251年在位）征服吐蕃，导致一些寺院遭到破坏，数以百计的僧侣丧命。在征服过程中，他的统帅朵斡

1　Klaus Sagaster, 'The History of Buddhism among the Mongols', in *The Spread of Buddhism*, ed. Ann Heirmann and Stephan Peter Bumbacher（Leiden, 2007）, pp. 381-382.

2　同上，p. 382。

耳答*遇到了一些教派的代表，他建议阔端邀请一位宗教领袖
到他的营帐中去。阔端决定邀请萨迦派的班智达（pandita）
贡噶坚赞（Kun-dga'-rgyal-mtshan，1182—1251）。[1]这次会
见可能带有一些宗教底色，但阔端的主要目的还是政治方面
的。藏传佛教诸派的领袖拥有极大的宗教和世俗权力，因此蒙
古人召见萨迦班智达扩展了蒙古对吐蕃的控制。但这并不是
说，萨迦班智达是被动地入质。他利用这一机会在阔端帐下传
教，并发挥他的医术，这也成为佛僧与蒙古人建立关系的另
一条途径。而且，他入侍阔端使萨迦派成为吐蕃的主导性教
派；在蒙哥汗时期，萨迦班智达被赐予了在吐蕃所有佛教教派
之上的权力。[2]

在帝国的西部，佛教扩张到了伊朗。几个世纪之前，伊朗
东部原已有佛教，但差不多快要消失了。佛教也通过西辽进入
了草原，西辽于1218年被蒙古吞并。在蒙古扩张前夕，随着
加兹纳维王朝和古尔王朝的进击，佛教在印度北部和阿富汗日
趋衰落，许多高僧大德逃亡吐蕃。吐蕃是日益流行的密宗佛教
的中心，在蒙古治世的保护下，密宗自然而然地传出吐蕃、西
辽和河西走廊。波斯史书中常载佛教徒迫害穆斯林的故事，表
明了佛教徒的普遍存在。[3]这些故事大多有些夸张，不过确实
也反映出佛教徒数量的增长，如果不是在蒙古人当中的话，就
是在朝堂上和整个帝国之中。我们也应该考虑到，蒙古人迁

---

* 又译多达那波。——译者

1　Sagaster, 'The History of Buddhism among the Mongols', p. 384.

2　同上，pp. 386-387。

3　Elverskog, *Buddhism and Islam on the Silk Road*, p. 134.

徙人口的做法可能也导致了这些问题。外来宗教信徒骤然混居，肯定会引发紧张。这也反映出"不同宗教传统之间的竞争，而这种宿怨很多时候又与帝国内部的政治斗争纠缠在一起"。[1]畏兀儿人在帝国中的重要性无疑助长了这种恐惧。塔里木盆地的畏兀儿人涉足于景教和摩尼教，最终多数信仰了佛教。1209年，他们归附成吉思汗。作为一只脚踏在定居世界而另一只脚踏在草原上的人群，他们成为早期蒙古官僚机构中的关键人物。[2]与其他宗教一样，蒙古人也资助了佛教寺院和纪念物的建造。畏兀儿人的重要性很自然地使畏兀儿成为其他佛教徒谋求蒙古支持时的必经之地。畏兀儿首都别失八里的居民增加到了50,000人。[3]

任何宗教的虔信者都担忧汗的皈依，所有的汗似乎都乐于走在折中所有宗教的道路上。在伊利汗国，旭烈兀资助建造了3座佛寺，以及什叶派科学家纳速剌丁·图昔（Nasir al-Din Tusi）的观星台。他的继承者们踵事增华，例如乞合都汗将佛教仪式纳入了宫廷礼仪。最有趣的是，合赞汗将伊利汗国转型为一个伊斯兰化国家，而他的父亲阿鲁浑将他养育为一名佛教徒。即使在合赞汗皈依伊斯兰教之后，佛教仍然留存下来。他的继承者完者都汗（一个佛教化的蒙古名）也皈依了伊斯兰教，而伊利汗国的佛教徒们试图让他恢复佛教信仰。完者都汗

1　Elverskog, *Buddhism and Islam on the Silk Road*，p. 136.

2　畏兀儿人在蒙古政府中的重要性是众所周知的，一个长时段的考察见 Michael C. Brose, *Subjects and Masters: Uyghurs in the Mongol Empire*（Bellingham, WA，2007）。

3　Biran, *The Empire of the Qara Khitai in Eurasian History*，p. 177 n. 53.

命令拉施特在《史集》中不仅要编写蒙古史，也要扩大到世界史。这便包括了数量可观的佛教内容。于是，一位逊尼派宰相带着他的有佛教徒参加的研究团队，为信奉什叶派伊斯兰教的蒙古汗编纂了一部佛教史。

　　有证据表明，佛教徒在整个帝国中都找到了支持者。在蒙哥统治时期，所有大的佛教教派都得到了成吉思汗系诸王（通常是拖雷系诸王）的支持。[1]他们不仅在吐蕃，也在自己的领地内为佛教提供经济支持。这种支持也扩大到了非拖雷系诸王当中。如前所述，察合台汗国在14世纪30年代保护佛寺，迟至1326年还有一座佛寺得到重修。察合台系地区佛教的长久存在并不令人惊奇，因为它的大部曾属于西辽帝国，毗邻畏兀儿地区，后者在海都统治时期屡次成为察合台系和窝阔台系控制的地区。尽管河中地区几乎完全伊斯兰化了，但是东部地区的改宗则缓慢得多。即使在秃忽鲁帖木儿汗（卒于1363年）于1354年皈依伊斯兰教之后，佛教和萨满教也没有完全消失。而且，秃忽鲁帖木儿汗皈依的是苏非派，而非逊尼派。不仅如此，他的皈依并没有结束这一地区的宗教宽容政策，佛教徒被分类为吉玛。他皈依伊斯兰教之后，佛教在该地区持续繁荣。如前所论，汗国东部郊野的存在以及汗国与元朝之间的联系，有助于保持该地区的佛教认同。尤赤汗国中也有佛教徒。在脱脱汗（1290—1312年在位）统治时期，一些畏兀儿佛教徒就职于尤赤汗国的官僚机构中。[2]

1　Luciano Petech，'Tibetan Relations with Sung China and with the Mongols'，in *China Among Equals*，ed. Morris Rossabi（Berkeley，CA，1983），pp. 182-183.

2　Elverskog，*Buddhism and Islam on the Silk Road*，p. 150.

在东亚，佛教十分繁荣。忽必烈长期属意于佛教，甚至询问禅宗高僧海云，一个宗教能否降服世界。他就此询问了佛教、道教和儒教，海云很自然地回答，佛教能够做到。佛教的繁盛不仅是由于朝廷的支持，也有赖于蒙古治世。几个世纪以来，朝鲜半岛一直是佛教传播的通道，尤其是在中国和日本之间。日本僧侣到元朝担任佛寺的首领，如鲁大维所论，这说明日本与蒙古人之间的交流并未因13世纪元朝攻打日本而终止。[1]从日本来的僧人的数量确实较少反映出蒙古人与日本之间的关系，却能反映出元朝内部的稳定性。在红巾军起义和元朝衰弱的年代里，来华日僧的数量减少了，也有很多已经居留多年的日僧返回日本避乱。讽刺的是，导致佛僧逃亡的红巾军起义，实际上正是起源于佛教的千禧年信仰，即所谓的"白莲教"。

尽管忽必烈支持了禅宗的领袖海云，但同样是在忽必烈的统治下，密宗佛教在元帝国变得特别流行。虽然忽必烈延续了宗教宽容政策，但是他对佛教有着绝对的偏好，有时会有所偏袒。他十分热衷于宗教辩论，因此宗教辩论在他统治的时期比蒙哥汗时期激烈得多。在一次佛道论争中，论败的道士被勒令剃发从佛，而他的母亲唆鲁禾帖尼显然谴责他偏离了传统，迫使他发怜悯之心。[2]佛教官员也得到了更多的支持。喇嘛八思巴（'Phags-pa）成为忽必烈最为信任的顾问之一，他发明的八思巴字成为元帝国的官方文字，但它在元朝灭亡之后很快就消失了。

---

1 David M. Robinson, *Empire's Twilight: Northeast Asia Under the Mongols* (Philadelphia, PA, 2009), p. 260.

2 Morris Rossabi, *Khubilai: His Life and Times* (Berkeley, CA, 1988), p. 42.

两人之间的关系在蒙哥汗时期就开始了。忽必烈在出征大理的途中，于1251年到达了萨迦班智达所居的凉州。[*]忽必烈希望与萨迦班智达交谈，于是召见了这位著名的喇嘛。萨迦班智达患病不能成行，便派其侄八思巴去见忽必烈。这位年轻人打动了忽必烈，1253年忽必烈出征大理返回时他们再次会面。当时萨迦班智达已经去世，八思巴继承其位。这一次，忽必烈开始热衷于他的教法。[1]与此同时，八思巴喇嘛与忽必烈之间的关系变得更加复杂了，宗教与政治纠缠在一起。八思巴喇嘛居留在忽必烈的宫廷中，成为一名人质。他在藏传佛教世界中的身份，确保了大喇嘛和精英在吐蕃的优势地位，也保证了其教法受到蒙古人的关注。忽必烈汗也利用八思巴来强化蒙古人在佛教各派之上的权力，任命他为统领天下释教的国师，最终使他成为吐蕃乃至整个帝国中权力最高的佛教人物。[2]1270年，八思巴被封为帝师，这成为元帝国一直沿用的一个职位。不仅如此，1288年他受命领总制院事，管理佛教事务。^{**}我们不可以将八思巴喇嘛单纯看作一名人质，因为他所属教派的地位和他的权力也在增长。与此同时，这也不是一点危险都没有的，因为禅宗为多数中国佛教徒所信奉，在蒙哥汗统治时期也受到偏爱。尽管如此，作为佛教徒的忽必烈倾向于整合佛教，如此不仅能够带来宗教和谐，也可以强化他对信

---

* 忽必烈出征大理时，于 1253 年召见八思巴于六盘山。征大理北返途中，于 1254 年与八思巴再次相会于刺之地。——译者

1 Sagaster, 'The History of Buddhism among the Mongols', p. 387.

2 同上，p. 391。

** 八思巴领总制院事在 1264 年。——译者

佛人口的控制。

忽必烈动用很多手段进行强力整合，也引发了矛盾。禅宗僧人在帝国中的职位被萨迦派僧人取代。占据官位意味着也要承担义务，大规模的预算和特权遂成为必要。这激怒的不仅是禅僧，还有儒士，他们感觉受到了冷落，而道士们则屡次受到打压。佛僧也利用这些特权，这不可能改善帝国内部日益加剧的紧张关系。并非所有受宠的僧人都来自萨迦派，但他们基本上都来自吐蕃，这给了敌人一个准确的焦点。尽管出现了这些未曾预料的后果，但忽必烈的举措助益了佛教在蒙古人中的传播。数种著作被译为蒙古文和汉文，有的进入禅宗成为重要的文本，例如《彰所知论》（Shes-bya-rab-gsal）。[1]

忽必烈也会见了其他的藏传佛教僧人，例如噶举派传人噶玛拔希（Karma Paksi，法名却吉喇嘛，1204—1283）。他们于1255年会面，但噶玛拔希并未得到忽必烈对八思巴那样的偏爱。我们可以推测，作为八思巴的施主，忽必烈大概不会追随一个与之对立的教派。而且，噶玛拔希颇受蒙哥汗喜爱。不过，忽必烈与噶玛拔希之间的恩怨还没有结束。蒙哥死后，噶玛拔希支持阿里不哥反对忽必烈。我们不禁要猜想，宗教竞争是否就是恩怨的根源。[2]在欧洲，教皇的权力经常与君主的权力产生冲突，与之不同的是，忽必烈握有至高权力。1264年，噶玛拔希幸免于被处死，但是基本上被限制在了其位于吐蕃的寺院之中，而他的继承者们则促成了噶举派与其他教派间

1　Sagaster, 'The History of Buddhism among the Mongols', pp. 393-395.

2　同上，p. 388。

的互动。

在忽必烈之后，蒙古人继续热衷于佛教，尤其崇奉藏传密教。汉文史料中将其与元朝的衰落关联起来，尤其是蒙古人沉溺于密教的双修法。史料称，这消耗了他们的精力，使他们无心处理朝政。有些谴责是应得的，但谴责的程度有问题，而有些指控则来自汉地佛教、儒教和道教的酸葡萄心理。蒙古人将外来宗教置于汉地宗教之上，在汉人眼中显然是错误的思想。无论如何，这与蒙古人的衰落关系不大，而用于佛事的财政支出则难辞其咎。元朝灭亡之后，佛教在蒙古人中停步不前，但在16世纪初重获重视。

说佛教在北元消弭是不对的。蒙古草原上的寺院得到了兴建和重修。由于缺乏北元王朝的财政支持，很多活动受到了限制，不过萨迦、噶举等教派仍然在蒙古人中传播。佛教还必须与萨满教竞争，而且寺院常常成为洗劫的目标，不仅是在明朝与蒙古的战争中，在蒙古诸王的内战中同样如此。

随着成吉思汗诸后裔夺得了草原的统治权，并图谋恢复蒙古人对中原的统治，佛教重新出现了。如前所述，很难说佛教曾完全消失，随着蒙古人退出中原，吐蕃的寺院与蒙古联系不易，从而陷入了孤立。[1]无论如何，随着蒙古人的复兴，佛教得到了新的推动力。一方面，明帝国推动佛教在蒙古人中传播，盲目乐观地误认为佛教会安定蒙古人好战的本性，减少他们在边境的抢掠。结果，北方的蒙古人非但没有安定下来，反而在洗劫了边境之后拿出部分战利品奉献给他们的新信仰，从

1　Sechin Jagchid, *Essays in Mongolian Studies*（Provo, UT, 1988）, pp. 121-124.

而又一次证明政治与宗教之间罕能相安无事。不过更为重要的是，成吉思汗的后裔阿勒坦汗与藏传佛教格鲁派（又称黄教）之间建立了关系。虽然阿勒坦汗的妻子皈依了佛教，但是他在宗教方面仍然没有明确表明态度。阿勒坦汗战胜了明军之后，藏传佛教和汉地佛教的信徒都视他为有潜力的救星，能够改变儒家对佛教的压制，尽管他并没有做出承诺。很多高僧来到他的都城呼和浩特（意为"青城"），其中最著名的是格鲁派领袖索南嘉措（Sonam Gyatso）。他宣称阿勒坦汗是忽必烈转世，因此是全体蒙古人的汗。作为报答，阿勒坦汗封赠索南嘉措"达赖喇嘛"称号，意思是"大海般的上师"，以象征他的虔诚和智慧。尽管阿勒坦汗并未皈依，但他鼓励和保护佛教徒。他罹患痛风，以传统的疗法将病足插入奴隶或马的胸部，但没有效果。一名格鲁派僧人治好了他的痛风之后，他皈依了佛教。随着宗教信仰和健康状况的转变，阿勒坦汗成为一位热忱的佛教推动者。藏传佛教也成为蒙古人主要的宗教。

结论

一个合理的问题是，为什么蒙古人在帝国分裂之前没有皈依一种世界性宗教？而之后他们为什么皈依了佛教和伊斯兰教？答案可能部分关系到蒙古人如何看待自己。显然，他们相信是"长生天"（Möngke Köke Tengri）授命成吉思汗及其子孙统治大地。如前所述，这一信仰被学者们命名为"腾格里主义"。[1]腾格里主义中还包括一个观念，即天上只有一个神，地上只有一位大汗。

起初，蒙古人的敌手是游牧势力，与之有着类似的文化，通常也实践着相同的萨满教信仰。虽然乃蛮人和克烈人中都有景教徒，但我们并不清楚其基督教信仰有多深。这似乎是一种融合的形态，其中包含了传统的草原信仰。随着帝国的扩张，蒙古人遇到的文明拥有更为复杂的宗教实践，更加关注死后世界而不是天命。在蒙古人的生长环境中，死后世界与当下世界非常相似，因此蒙古人很可能认为强调死后世界的那些宗教没有什么用处。毕竟，如果生前为汗，死后亦必为汗。

而且在成吉思汗的眼中，这些宗教能为其信徒提供什么保护呢？他打败了克烈部的王罕和乃蛮部的诸汗等景教徒。正如豁儿赤预言的那样，他统一了蒙古诸部。[2]随着蒙古征服了更多的国家，这进一步证实了蒙古人受天之命统治大地。不仅如此，蒙古人也发现宗教可能是分裂的工具。于阗的穆斯林欢迎蒙古人的到来，宁愿接受一位未知的统治者也不愿被佛教徒统治，因为他们会遭到后者的迫害。蒙古人哪有什么动机去信仰这些被征服民族的宗教？很自然地，蒙古人不想冒犯任何宗教，所以他们也不会进行宗教迫害。

随着时间的推移，很多人相信蒙古人逐渐转向了一神教。这可能是因为他们提及了"长生天"，以及他们向域外政权致

1　Sh. Bira, 'Mongolian Tenggerism and Modern Globalism：A Retrospective Outlook on Globalisation', *Inner Asia*, V（2003），p. 110.

2　Igor de Rachelwiltz, trans. and ed., *The Secret History of the Mongols*（Leiden，2004），pp. 52-53.

书的方式。[1]不过，腾格里主义在13世纪中叶演化为一种更复杂的形态，如沙·比拉（Sh. Bira）所论，它确实成了一种一神教。[2]沙·比拉断言，腾格里主义是蒙古征服背后的力量源泉。[3]但我们必须谨慎对待这一观点。蒙古人确实相信他们统治世界是上天的旨意，但这是出于腾格里主义的宗教热情，抑或只是解释他们无与伦比的成就？这是另外一个问题，也是研究中的疑难所在。而非蒙古人是否是在相同的语境下理解腾格里主义的，也是很有疑问的。哈赞诺夫写道，蒙古人的一神教倾向"反映出的不是他们自身宗教的演化，而是信仰一神教的观察者们的渴望"。[4]

总之，蒙古人能在帝国分裂之前拒绝皈依一种世界性宗教的原因有以下几条。首先，他们相信自己是奉天命征服世界的。腾格里主义的概念很有力量。在这一背景之下，基督徒的上帝、穆斯林的安拉以及所有其他关于神灵或天神的概念，都可以轻易地被纳入"腾格里"之中。人们如何称呼"天"并不重要，蒙哥汗说："手有五指，天有诸道。"[5]因此，既然人们信仰的是同一个"天"，为何要改宗呢？汗廷中举行的多次神学论争，对蒙古人而言一定是有趣而又费脑筋的，因为参加者的论辩都很哲学化。

1　Carpini，'History of the Mongols'，p. 9. 柏朗嘉宾写道，蒙古人信仰一神，他是万物的创造者，掌管善恶。但他们并不以祈祷或礼仪等方式来敬神。

2　Bira，'Mongolian Tenggerism and Modern Globalism'，p. 110.

3　同上，p. 111。

4　Khazanov，'Muhammad and Jenghiz Khan'，p. 466.

5　William of Rubruck，'The Journey of William of Rubruck'，p. 195.

　　这引出了第二点。既然他们崇拜同一位神，所以就没有理由在宗教层面迫害其他人。因此，蒙古人很自然地对所有宗教都十分宽容，这种态度在那个时代是很少见的。这种宽容扩大到所有宗教，只要他们不发表政治宣言威胁蒙古人的权力即可。

　　第三，对伊斯兰教和基督教而言，皈依是毫无理由的；而蒙古军队消灭了所有的反抗者。这些宗教看起来提供不了任何策略性益处。当然，蒙古人也没有迫害这些宗教的信徒，而他们对于崇奉一神的解释并没有产生让蒙古人改宗的吸引力。[1]

　　最后，基督教向蒙古人传教失败的原因之一是一个文化问题（伊斯兰教也有这个问题）——禁酒。这个问题在伊斯兰教中可能更加明显，但不同的教派和苏非派对于所禁酒类的规定当然各有不同。基督教并不禁酒，但拥有禁酒的观念。鲁布鲁克在前往蒙哥汗廷的途中就遇到了这种情况。在驻扎于黑海草原某地的蒙古军统帅斯合塔台的营帐中，鲁布鲁克遇到了一位想要改宗基督教的穆斯林，估计是一名突厥人。但这个人担心自己不能再喝忽迷思（即发酵马奶酒）了，这是游牧民饮食的重要组成部分，尤其是在夏季。[2]鲁布鲁克非常喜爱忽迷思，便劝说此人，但是徒劳无功。鲁布鲁克在那里遇到了几名基督徒，包括希腊人、斡罗思人和阿兰人，他们怀有相同的感伤。基督徒不仅不可以喝忽迷思，而且如果喝了他们就不再是

1　有几条记载称，清真寺、教堂和寺院遭到掠夺，宗教人员受到打击。这些活动多发生于征服战争期间，蒙古人将所有抵抗者视为敌人。在征服之后，偶尔也有劫掠宗教人员的情况，但更多地是出于洗劫的欲求，而不是对某一特定宗教的直接攻击。即使在洗劫时，蒙古人对于各个宗教也是一视同仁的。

2　William of Rubruck, 'The Journey of William of Rubruck', p. 111.

基督徒了，"牧师会将他们赶走，如同他们悖离了基督信仰一样"。[1]

我们不清楚蒙古人是否听说过这一点，但蒙古帝国的很多基督徒都将忽迷思看作非洁食的。这也需要从宗教的视角来看。蒙古人是异教徒，那么对于这些东方的基督徒而言，蒙古人喜爱的饮品定然是不敬神的。无疑，牧师们会指出忽迷思不见载于《圣经》。对于天主教徒而言，鲁布鲁克很喜欢忽迷思，柏朗嘉宾甚至毫不在意，因为他们此前没有接触过草原文化，只是感到很新奇。[2]无论如何，随着蒙古人与东正教之间的接触越来越多，如果蒙古人要皈依东正教，就必须戒除忽迷思，而这是他们文化中至关重要的部分，戒除忽迷思在某种意义上就是失去了"蒙古性"。

直到蒙古帝国的统一中断之后，宗教才开始发挥作用，每位汗都寻求在其敌手面前占得优势。有人可能会回到腾格里主义的话题，如果腾格里主义赋予了蒙古人统治世界的神圣权力，那么帝国的分裂是否破坏了这一核心信仰？成吉思汗的后裔互相攻伐而不是征服世界，有人可能会问，蒙古诸王和平民是否仍将腾格里主义作为其宗教信仰？伴随着信仰危机的产生，很多人可能会向其他宗教寻求慰藉。有一些改宗行为是真诚的，但多数则最初是出于一种政治策略，而非出自虔诚。这种算计最终引火烧身。皈依世界性宗教导致蒙古人变得与被征

1　William of Rubruck，'The Journey of William of Rubruck'，p. 109.

2　同上，p. 212。在大不里士附近的木干草原上的蒙古统帅拜住的营帐中，鲁布鲁克被赐予了酒，他表示自己更喜欢忽迷思，因为这种饮品"更能让饥饿的人得到满足"。

服者极为相似，因此统治者变得与被统治者很相似，蒙古帝国大部分地区都出现了同化现象。

尽管蒙古人皈依了伊斯兰教和佛教，但在大多数地区都罕有迫害少数宗教的现象。在尤赤汗国的城市如哈林、卡法、苏达克和塔纳中，既有基督徒的教堂，也有穆斯林的清真寺，官府并不进行抑制。当地居民可能有着不同的感受，但蒙古的汗们仍然是只要被挑起兴趣就会喜爱一种异教。在黑海的贸易口岸，蒙古人不会疏远意大利人，后者将商品带到了西方世界；意大利人也不会惹怒穆斯林统治者，后者允许他们大为获利。

哈赞诺夫写道，伊斯兰教在赢得追随者方面更加成功，因为皈依者不必放弃自己的族属，也不必改变自己的生活方式——教皇尼古拉斯也已经开始认识到这一点。[1]蒙古汗国大多以伊斯兰教为国教，只有大汗之国（东亚）接受了佛教。因此，伊斯兰教传播的地理区域空前广大。这主要是因为苏非派的增长。此前，苏非派常常受到统治者的压制，出自乌里玛或保守的宗教精英的怂恿。苏非派更加包容，经常被认为是偏袒异教徒。但在蒙古入侵造成的混乱及其后一定程度的精神危机之下，苏非派的泛神论比保守的逊尼派更能带来切实的慰藉。[2]

考察蒙古帝国及其与宗教之间的关系，关键的问题可能在于，蒙古的宗教宽容产生于其处于宗教十字路口的位置和萨满教的本质。随着腾格里主义的出现、大蒙古国的建立、成吉思汗札撒的行用以及蒙古帝国军事统治的施行，一种鲜明的蒙古

1　Khazanov，'Spread of World Religions'，p. 24.

2　Timothy May，'The Relationship Between Sufis and Inner Asian Ruling Elites'，*Southeast Review of Asian Studies*，XXX（2008），p. 88.

身份认同出现了。至少在蒙古人看来，接受另一种宗教常常意味着失去这种身份认同。因此，外来的宗教很少得到信徒。对于蒙古人而言，无论是天主教、东正教、犹太教、逊尼派或什叶派伊斯兰教还是佛教诸教派，都意味着信仰和世界观的改变以及文化的转型。在所有蒙古人眼中，这都是在摧毁他们的"蒙古性"。而且，蒙古人最终皈依伊斯兰教和佛教，并不是因为这些宗教与萨满教有相似之处，而是因为他们皈依的那些教派具有包容性，可以融合该教以外的其他文化因素。从这一方面来说，蒙古人并没有失去身份认同。他们是蒙古人，恰巧也是穆斯林或佛教徒（早期也有基督徒），他们的蒙古人身份居于宗教身份之上。另一种可能性是，伊斯兰教和佛教都支持商业活动。蒙古人与热那亚人和威尼斯人有很多接触，但方济各会传教士在重视贸易的蒙古人面前没有优势，因为他们宣誓安贫乐道，且教会对商人持蔑视态度。而伊斯兰教则一直都受到商人们的钟爱。佛教在历史上也乐于拥抱贸易，借由商人和随着商队旅行的僧侣得到广泛传播。

第8章

蒙古人与瘟疫

我听说，在过去的一年即1347年中，一个部落的不计其数的鞑靼人攻打一座基督徒所居的非常坚固的城市。灾难性的疾病降临到了鞑靼军中，死亡率很高，传播很广，每二十人中也没有一个人能存活下来。他们经过内部讨论之后，认为如此大量的死亡是出于上帝的报复，遂决定进入他们围攻的城市，请求成为基督徒。于是，幸存者中最强健的人进入了城市，但他们发现那里的人更少，因为其他所有人都死了。他们看到，死亡不仅在他们当中也在基督徒当中爆发，是因为不洁的空气，于是他们决定保持自己的宗教信仰。[1]

---

1 Giles li Muisis, 'Receueil des Chroniques de Flander II', in *The Black Death*, trans. and ed. Rosemary Horrox（Manchester，1994），p. 46.

于是，蒙古人皈依基督教的努力又一次受到了阻碍，因为细菌对兼容宗教信仰的人们有所偏袒。不管我们称之为淋巴腺鼠疫、黑色瘟疫还是黑死病，结果都是一样的——接触者大多会死亡。[1]瘟疫可能是蒙古帝国和当时东西方交流的一个最致命的结果。尽管瘟疫并不是由蒙古人直接引发的，但是如果没有蒙古人，很难想象它能传播得如此迅速，而瘟疫反过来也加速了蒙古帝国的终结。疾病像思想、商品和旅行家一样，都获益于蒙古治世和蒙古帝国建立并保护的商路。瘟疫很可能出现于中央欧亚草原，时至今日仍然偶有爆发，但与14世纪不同的是，现代医药已经可以很轻易地加以控制和治愈。

为什么是草原？因为这是最合理的地方。不过也有人认为，是蒙古征服大理（今云南）时遇到了发源于邻近的喜马拉雅山的瘟疫，随后蒙古人将其带回了蒙古草原。另一个可能的地区则是非洲中部的大湖地区，不过这肯定不是14世纪淋巴腺鼠疫的源头。[2]瘟疫源于喜马拉雅山一说也是空洞无力的，因为如果蒙古人在13世纪中叶把它带回了蒙古，那么在去往蒙古草原的路上为什么没有出现大量的病死之人？事实上，瘟疫在近一个世纪的时间内都没有出现。鉴于瘟疫是从中亚南下摧毁了印度北部，看起来它不太可能来自喜马拉雅山。而

1　黑色瘟疫之名直到16世纪才成为流行的说法，当时，丹麦人和瑞典人将中世纪的瘟疫称为黑色瘟疫或黑死病，黑色表示的是其骇人的、可怕的性质，而不是指症候中出现了黑色。

2　William H. McNeill, *Plagues and Peoples*（New York, 1998）, pp. 140, 170; John Aberth, *The First Horseman: Disease in Human History*（Upper Saddle River, NJ, 2007）, p. 12.

且，淋巴腺鼠疫本是小型哺乳动物（例如生活在内亚草原上的土拨鼠）的疾病；寄居在这些啮齿动物身上的跳蚤常常带有一种杆状细菌——鼠疫耶尔森菌，正是它引发了淋巴腺鼠疫（以颈部、腋窝、腹股沟等处的淋巴命名）。

如果杆状细菌进入肺部，就会成为肺鼠疫，并通过唾液传播。淋巴腺鼠疫的致死率为60%，而肺鼠疫的致死率则高达90%。通常而言，这种病一般出现在跳蚤和土拨鼠或其他小型哺乳动物身上。游牧民大多都知道如何躲避生病的土拨鼠（猎人则可以通过淋巴来辨别）。土拨鼠很可能死在洞穴中，跳蚤便在其他土拨鼠中找到新的宿主。这种疾病在人身上一般潜伏 2～8 天，发作后会出现高达105华氏度（40.6摄氏度）的高烧。病人随即开始出现颤栗、呕吐、晕眩、怕光、两肋疼痛等症状，而且经常精神恍惚。高烧持续 2～3 天之后，病人的皮肤开始出现斑点，跳蚤叮咬处和淋巴腺开始发炎。如果病人没有死于器官衰竭、心脏病或内出血，则会在经历 8～10天的痛苦之后康复。细菌也有可能进入肺部，从而转变为肺鼠疫，传播的可能性也会增加。土拨鼠和其他小型哺乳动物的症状也是类似的，不过和人类一样，它们也能够产生抗体。在这种情况下，就会出现毫无症候的携带鼠疫的土拨鼠。

鼠疫要想传出土拨鼠洞穴，杆状细菌就必须转移到其他动物或者人类身上。鼠疫耶尔森菌是非能动性、非孢子性的细菌，须借助其他途径来传播。[1]而这条辅助途径就是跳蚤（通

1　Susan Scott and Christopher J. Duncan, *Biology of Plagues: Evidence from Historical Populations*（Cambridge，2001），pp. 51-52.

常是印鼠客蚤）。[1]并非所有的跳蚤都能携带细菌，所以在处理土拨鼠的时候就像是在赌博。如果跳蚤携带了细菌，并在跳蚤的腹内积聚到足够的数量，这样当跳蚤吸血的时候，血无法进入其腹中，从而导致跳蚤呕吐到血管里，其中便包括鼠疫耶尔森菌，于是就造成了受害者感染。可爱而美味（对蒙古猎人而言）的土拨鼠一旦被感染便无法存活。然后，可怜的跳蚤去哪里呢？

没有人确切知道鼠疫是如何传播的，一种较为稳妥的猜测是，一位蒙古猎人杀死了一只土拨鼠，而土拨鼠肉是一种受人喜爱的食物（至今仍是如此），经常被用作军队的口粮。鼠疫耶尔森菌的传播，可能是因为猎人食用了感染细菌的动物，或者更有可能是跳蚤离开了死去的土拨鼠而找到了新的宿主——蒙古猎人。[2]这是一个合乎逻辑的解释。有超过300种小型哺乳动物（多数体型都很小）易感染鼠疫耶尔森菌，但仍有一些不易感染。猫、绵羊、牛、山羊和马都是很难感染的，至少跳蚤对马毫不措意。[3]因此，跳蚤跳到了蒙古猎人身上。现代人（以及一些中世纪的人）很在意卫生，但是蒙古人并不以清洁著称。[4]而且，跳蚤在蒙古人身上比在他们的狗身上存活的

---

1 Scott and Duncan, *Biology of Plagues*, pp. 57-58. 有 30 种跳蚤能够携带这种病菌，但证据显示，印鼠客蚤是 14 世纪瘟疫的祸根。

2 同上，p. 65。其他的方式也有可能，但是在草原上，这两种细菌与人类接触的可能性是最大的。

3 同上，p. 53。

4 John of Plano Carpini, 'History of the Mongols', in William of Rubruck, *The Mission to Asia*, trans. a nun from Stanbrook Abbey, ed. Christopher Dawson（Toronto, 1980）, pp. 16-17.

几率更大。草原上除夏季外多数时间天气都太冷，跳蚤无法存活，它们的卵也无法孵化。[1]而在一顶温暖的毡帐中，它就能找到一处安全的港湾。跳蚤及其产的卵能从一个蒙古人身上最终传遍从蒙古草原到黑海的卡法港的所有商路，然后黑色瘟疫再从卡法传向中东和欧洲。

卡法与瘟疫

尽管地中海世界的瘟疫来自克里米亚半岛上的卡法，但是瘟疫并非起源于这个热那亚商人的殖民地。我们知道，瘟疫来自东方，沿着商路而来。伊塞克湖（位于今吉尔吉斯斯坦）景教墓园的墓碑显示，瘟疫在1338年至1339年间袭击了这座位于北方商路沿线的城市，不过我们对于鼠疫耶尔森菌在此之前的行踪毫无线索。鉴于伊塞克湖地区有土拨鼠，所以这里可能就是整个事件的起始点。该地区早在6世纪就发生过淋巴腺鼠疫，这再一次与喜马拉雅山起源之说相扞格。[2]鼠疫在1346年尤赤汗国的蒙古人攻打卡法时传到了这里。札尼别汗在1343年（或1344年）决定攻打此城，以平定一起贸易争端——起因于一名蒙古人在威尼斯殖民地塔纳被杀。由于蒙古人对威尼斯放弃的塔纳进行了报复性洗劫，当地居民乘船逃到了

1　Scott and Duncan, *Biology of Plagues*, p. 59. 跳蚤生存的理想温度是50~80华氏度（10~26.7摄氏度）。

2　Michael W. Dols, *The Black Death in the Middle East*（Princeton, NJ, 1997）, p.16.

卡法。[1]蒙古人也追到了卡法。蒙古人中的鼠疫很可能是由来自尤赤汗国东部的援军，或者是从东方来到军营中的商人带来的。到1346年，尤赤系蒙古人越来越多地皈依伊斯兰教，不过许多人仍然追随萨满教。在瘟疫袭来时，他们仍然要以适当的礼节处理死者。对于普通的穆斯林蒙古士兵而言，这意味着必须清洗尸体并在七日内安葬。与此同时，信仰萨满教的蒙古人的尸体被带到草原上，曝露着留给大自然。我们很容易推测，随着跳蚤从一个宿主移到另一个宿主身上，那些处理尸体的人就成了下一个受害者。很快就没有人愿意接触尸体了，但是尸体仍然必须被移出军营。当时的死亡率可能太高了，导致无法适当地处理死者。[2]蒙古人在战术方面一直很注重实用，于是设计了一种解决方案。

对热那亚商人来说，这可能是很美好的一天，他们坐在卡法的一个客栈外面，饮用由当地葡萄酿成的酒，可能还吃着用当地鲟鱼制成的鱼子酱。城市的确是被包围了，但蒙古人不太可能破坏这座城市，因为虽然他们曾在1298年（或1299年）和1308年两度抢掠卡法，但他们也从途经卡法的贸易中获得了极其可观的税收。卡法是一座港口，这意味着逃离相对容易。人们热切希望谈判能够成功，新的协约能够签订，因此虽然有恐惧和冒险，但蒙古人在1346年至1347年间围城的前景与一个世纪以前不太一样，上一次蒙古人的策略是一份只有三

1　Gabriele de Mussis，'Historia de Morbo'，in *The Black Death*，trans. and ed. Rosemary Horrox（Manchester，1994），p. 17.

2　同上。德·米西写道："因病致死之人每天达成千上万，宛如天空降下箭雨，打击并压制鞑靼人的气焰。"

个字的最后通牒——"降或死"。突然，一个物体从晴朗的蓝天之外坠落，砸到了桌子上。随后，大块的尸体、血液和淋巴的脓液在整个区域四处飞溅。蒙古人决定将尸体作为抛石机的炮弹。一具重约70~80千克的尸体由抛石机抛出100米，并以9.8米每平方秒的加速度坠落，飞溅半径是多少？[1]大得足够让卡法市民陷入恐慌。

关于这一事件的主要史料来自德·米西（Gabriele de Mussis），据记载："宛如山一样的死尸被扔进了城中，基督徒们无法躲藏、闪避或逃走，但他们倾卸尸体之多就像往海里倾卸一样……没有人知道或者能够找到抵御的方法。"[2]这显然是一名有自尊的普通商人撤离卡法的标志。结果，大量的船离开了卡法。当然，由于被抛出的尸体淋巴破碎，蒙古军营中和运送补给品到卡法的船上受感染的跳蚤移宿到老鼠身上，都能导致细菌的传播，商人们可能已经感染了。因此，卡法的逃亡船成了死亡之舟。黑海只有一个出口——穿过博斯普鲁斯海峡。商人们在君士坦丁堡停靠，他们从那里前往埃及或者返回意大利。有三艘船在1347年12月31日抵达热那亚，但是人们在得知船上猖獗的恶疾之后就驱逐了这些船。市民们并不欢迎他们回家，而是用火箭和炮弹将船赶走了。[3]这三艘船从热那亚起航，于1348年抵达西西里岛港口墨西拿，于是鼠疫传

1　de Mussis, 'Historia de Morbo', p. 17; Peter Jackson, *The Mongols and the West*（Harlow, 2005), p. 305, 暗示蒙古人抛掷的只是头颅而不是全尸。

2　de Mussis, 'Historia de Morbo', p. 17.

3　Louis Sanctus, 'Letter April 27, 1348', in *The Black Death: The Great Mortality of 1348-1350*, ed. John Aberth（Boston, MA, 2005), p. 22.

播到了地中海东岸。[1]如果这三艘船在热那亚被隔离了，就有微弱的机会能够避免这一切的发生，但是鼠疫从此传到了欧洲，不过另一艘船也可能会将它带到欧洲的其他地区。随着货物、人员和老鼠登岸，鼠疫也跟随他们一起到来了，细菌或者是已经潜伏在人的身上，或者是在老鼠和人身上的跳蚤体内。到1349年，鼠疫向北传播，远达苏格兰。从乐观的角度来看，通过外交手段解决围城终于实现了。1347年，尤赤汗国、热那亚与威尼斯之间关于卡法达成了协约。

对世界的影响

关于瘟疫对欧洲的影响已有大量的著作，大卫·赫里希（David Herlihy）和诺曼·康托（Norman Cantor）等人认为它导致了欧洲的转型。[2]他们的观点是有说服力的。瘟疫导致的人口崩溃，造成了改变整个社会的社会反应。雇佣劳动出现并迅速增长，对教会的质疑增多，新的圣徒崇拜出现，医药学发展，因为旧的信仰和秩序在瘟疫之后的欧洲不再起作用了。简而言之，瘟疫及其毁灭性的丧钟声从根本上改变了欧洲世界。

1　Nicephorus Gregoras, 'Historias Byzantina', in *The Black Death: The Great Mortality of 1348-1350*, ed. John Aberth（Boston, MA, 2005）, p. 15.

2　参看 David Herlihy, *The Black Death and the Transformation of the West*（Cambridge, MA, 1997）; Norman Cantor, *In the Wake of the Plague: The Black Death and the World it Made*（New York, 2002）。这是最著名的相关著作，但就像黑死病一样，还有其他的作品也在传播。

其中最显著的影响便是由于人口的不足，一些职业也开始招收女性。啤酒和麦芽酒制造业在14世纪后期和15世纪中叶由女性主导。[1]雇佣劳动的增长是因为庄园中缺少足够的劳动力来种植和收获，所以为了吸引人力必须提供工资。在工资不够高的时候，反抗就出现了。这并不值得惊奇。当时的平均死亡率是50%，而且我们必须记住，有些地方死亡率较低，而有些地方死亡率较高。为了将人们吸引到需要人力的地方，就必须要有吸引力。现金支付当然是一种吸引力。人力短缺也使节省劳动力的机械的出现有了必要性，它们基本上是在现有机械的基础上改进而成的。[2]有了现金支付，农民就有可能拥有土地了。不过，很少有人能有足够的钱来购买土地，因此他们就租种土地。由于缺少农夫，一些土地变成了牧场，英格兰和佛兰德斯的羊毛工业因此而获益。但牧场也可能被地主租出，且租金常常过高，正如摇篮曲《咩咩黑羊》（*Baa Baa Black Sheep*）中所唱的："一份给主人（国王的税收），一份给女主人（地主太太），一份给巷子里住着的小男孩（农民最后只得到了羊毛利润的三分之一）。"

教育也发生了改变。淋巴腺鼠疫是一个机会平等的传染源，因此受教育阶层的人数也减少了。在瘟疫爆发之前，欧洲存在大约30所大学，之后只剩下24所。[3]促使大学停办的原因是瘟疫使旅行变得困难，在这个混乱时期，各个城镇自然不欢

1　Cantor，*In the Wake of the Plague*，p. 203.

2　Aberth，*The First Horseman*，pp. 19-20；Irwin W. Sherman，*The Power of Plagues*（Washington，DC，2006），pp. 79-80.

3　Sherman，*Power of Plagues*，p. 78.

迎陌生人。因此，一些大学的关闭完全是因为缺少学生。不过，瘟疫一结束，富有的赞助人就建立了新的大学并招收当地学生。学生都来自当地，因此就不太需要一种通用语，于是便使用当地语言而非拉丁语，这成了一种突出的新现象。

盖伦医学强调四种体液（血液、黑胆液、黄胆液、黏液），但无法解释瘟疫，盖伦派医生开出的疗法也毫无效果。这些医生相信是不洁的空气（或瘴气）传播了疾病（对于肺鼠疫而言是正确的），所以很多人尝试将空气与住所隔离。具体疗法则包括努力抑止呼吸，或者以某种方式躺卧。医生们戴着有装饰的面具，其中装满香料以净化空气，到处走动并挥动着香料杖，试图除去有不洁元素的空气。这当然对后来的巫师和术士有所启发，但是他们的病人却死去了。随着盖伦医学的失败，一种新的经验主义医学发展起来，十分强调解剖学。这当然是很好的，但新从业者中的多数人同时也是理发师。

天主教会也发生了巨大的改变。新的感性的圣徒崇拜发展起来，强调启示性。其中特别重要的是圣洛克（St Roch），他显然感染了瘟疫（在圣徒画像中，他的手指向自己的淋巴），却能将其治愈。也正是在这一时期，鞭笞派教徒大量出现。这些狂热分子相信，疾病（例如蒙古人带来的瘟疫）是上帝对他们原罪的惩罚。因此，他们恰如其分地鞭笞自己作为忏悔。一些人甚至相信，鞭笞派教徒热烈的血液能够治疗瘟疫，甚至有可能起死回生。鞭笞派是对教会的公然挑衅，因为教会似乎对瘟疫完全无能为力。不幸的是，其中一些人也是反犹主义分子。尽管许多人将瘟疫看作上帝的惩罚，但有一些人相信犹太人与此有关，而这也成为劫掠当地犹太人的一个很好的借口。中世纪的犹太人作为外来者，频繁地成为被攻击的目标，有些犹太人被指控通过巫术或者向井中投毒来传播瘟疫。因此，许多犹太人从西欧（尤其是神圣罗马帝国）逃亡到波兰，波兰国王卡西米尔（Casimir）为他们的商业才能找到了用武之地。蒙古人又一次将苦难带给了欧洲的犹太人——在13世纪，另一个解释蒙古人来源的流行猜想便是，认为他们就是《圣经》中所说的十个失落的部落。恐惧横扫了神圣罗马帝国，人们认为是犹太人邀请了蒙古人入侵，并秘密储藏了武器和其他物资以帮助他们。接踵而至的便是似乎不可避免的大屠杀。

随着瘟疫引发的信仰危机，人们可能会对教会产生某种同情。在这些新的挑战之外，教会还有其他的问题需要应对。由于人们迫切需要临终仪式，教会不得不任命新的牧师，以接替那些已经倒下的牧师。在仓促的替换之下，有时会出现新任牧师训练不善的情况，有的牧师对拉丁语和正规仪式一窍不通。在仪式中越来越多地使用本国语言，异端思想也越来越多。为了矫正这一点，教会开始招募大学生，因为他们在大学中打下了牢固的拉丁语和神学基础。但大学生们也学习了其他领域的知识（例如哲学），其中容纳了教会深恶痛绝的一些信条。在这一时期，文艺复兴和宗教改革的一些根基都已埋下。[1]

关于欧洲的瘟疫已有大量的研究成果，但实际上，整个非

1　Cantor，*In the Wake of the Plague*，pp. 206-208.

洲和欧亚大陆都遭受了瘟疫，很少有地方能够幸免。瘟疫离开蒙古帝国以后，通过卡法以及其他方向的难民传播到了中东。同时也蔓延出中亚，进入伊利汗国故地，随后蜿蜒进入印度和安纳托利亚，并通过君士坦丁堡这一途径继续传播。之后，瘟疫南下穿过叙利亚，仿佛采用了蒙古人两面包抄的钳形战术。在欧洲，瘟疫被视作上帝的惩罚，只是由精灵执行而已。也有人将其看作上帝的赏赐——在某种意义上，是让信徒去殉教。如迈克尔·多尔斯（Michael Dols）所论，在中东，关于瘟疫的确切目的是缺乏共识的。[1]

　　1348年，伊本·白图泰在历经多年旅行之后的归乡途中遭遇了瘟疫。他在阿勒颇听说瘟疫从埃及而来，席卷了加沙，据说每天导致1,000人死亡。[2]之后，瘟疫又立刻侵袭了亚实基伦、阿迦和耶路撒冷，即使到阿克萨清真寺这样的圣地也无法避开。[3]伊本·白图泰并没有等到瘟疫沿海岸或经安纳托利亚传来，而是尝试进入内陆前往大马士革。他刚刚抵达霍姆斯，就听说瘟疫在叙利亚首都每天致死2,000人。其他材料报道的死亡数字更为合理，是每天100人。[4]无论如何，在瘟疫结束前，这座城市的居民已经从80,000人减少到了30,000人。据

1　Dols，*The Black Death in the Middle East*，pp. 10，291-292.

2　Ross Dunn，*The Adventures of Ibn Battuta: A Muslim Traveler of the 14th Century*（Berkeley，CA，2005），p. 270；Ibn Battuta，*Rihala Ibn Battuta*.

3　Abu Hafs Umar al-Wardi，'Essay on the Report of the Pestilence'，in *The Black Death: The Great Mortality of 1348-1350*，ed. John Aberth（Boston，MA，2005），p. 17.

4　Imad al-Din Abu al-Fida Ismail ibn Umar Ibn Kathir，'The Beginning and End: On History'，in *The Black Death: The Great Mortality of 1348-1350*，ed. John Aberth（Boston，MA，2005），p. 11.

多数材料记载，开罗的人口从原来的50万减少了大约20万。像世界上的其他地区一样，如果瘟疫进入房屋，其中的居民在两天内就会死亡。送葬的队伍导致了全城范围内的交通堵塞，很多尸体只能被堆在路边。一些城镇和街区空空荡荡，以致连祷告的呼唤都无法完成，因为缺少宣礼员。[1]到1348年年底，整个黎凡特的海岸和内陆都倒在了瘟疫脚下——这是蒙古军队都未能达到的成就。

在欧洲，出现了"现金为王"的局面。那些处理尸体的人只要能活下来，就拥有了发财之道。《古兰经》读经人十分匮乏，常常被邀约参加一个接一个的临终仪式。搬运工和掘墓人也发现自己从事的职业成了技术工种。确实，《古兰经》读经人每次面对的是一名死者，而掘墓人的工作量是他们的五倍。[2]在收获季节，由于缺少农民，雇佣劳动力得到许诺，可以获得收成的50%。不过，因为雇佣工们饱受饥馑之苦，那些管理收获工作的马穆鲁克常常死于岗位上。马穆鲁克苏丹国的收入蒙受了极大损失，不仅是因为人口减少及随之而来的收入损失，也是因为在瘟疫横行的年代，许多地区估计有一半的耕地都荒废无主。许多职业暂时消失了，因为人们放弃了传统的商业贸易，转而从事更为赚钱的处理死者的职业，这当然是一种勃然兴起的职业。其他人也不去从事远程贸易了，而是满足于收购和销售死者物品的商业行为。由于劳动力短缺，薪酬上涨，

---

1 Ahmad ibn Ali al-Maqrizi, 'A History of the Ayybids and Mamluks', in *The Black Death: The Great Mortality of 1348-1350*, ed. John Aberth（Boston, MA, 2005）, pp. 84-85.

2 同上，p. 85。

国家命令其他人重操旧业，因为运水工乃至洗衣工都陷入短缺。[1]欧洲的商品价格波动起伏。

与欧洲不同，中东的乡村中的穷人没有获得土地所有权。瘟疫的反复爆发，使乡村人口持续减少。城市人口确实也遭受了损失，但是城市的机构尤其是政府机关比欧洲更发达。因此，尽管人口减少了，政府仍能运作（尽管运作水平有限）；而在欧洲，中央集权的缺失削弱了法治，导致了变化的发生。在中东，一旦这个地区充分恢复，它的大部分地方就能像平常一样恢复运转。伊斯兰教逊尼派没有末日审判，产生不了天主教欧洲那样的千禧年信仰，而这正是变革的动力。[2]瘟疫可以是一种惩罚或者赏赐，而多数穆斯林都知道，真主会随心所欲。如果疫病产生于原罪，那么人们无论怎么做，也无法逃避惩罚或得以赎罪。而且，在伊斯兰教教义中不存在原罪，所以瘟疫不是对全人类的惩罚。这可能会让人们觉得所有穆斯林都是宿命论者，但事实并非如此，而这种思想倾向导致拥有末日审判信仰的人的行为与其他人是不同的。最终，随着瘟疫的传播，在中东和伊斯兰世界大体上是看不到人口数量的变化的，因为人们避开了瘟疫。空城的现象没有出现，社会作为一个整体也没有中断。如上文所述，人口数量确实显著减少了，但是瘟疫并没有打乱这个社会，也没有使其转型。简而言之，在面对瘟疫时，伊斯兰社会比基督教王国更适于应对和持续。尽管如此，并非所有地区都是一样的。马穆鲁克苏丹国幸

1　Ahmad ibn Ali al-Maqrizi, 'A History of the Ayybids and Mamluks', pp. 86-87.

2　Dols, *The Black Death in the Middle East*, p. 294.

免于难，不过仍有争议的是，它到底有没有完全复原。瘟疫的确促成了伊利汗国故地诸政权的接连崩溃，为帖木儿的征服酝酿了成熟的时机。同时，正是在这一时期，一支来历不明的突厥贵族在安纳托利亚出现了。应该论证的是，瘟疫对于奥斯曼帝国的建立也发挥了一定的作用。[1]

黑色瘟疫从草原传出之后最吸引人的一个方面就是，据记载，人类并不是唯一的受害者，牲畜、鼠、猫和狗也同样死于疫病。在君士坦丁堡，狗、马、鸟、鼠都死了。[2]其他材料也注意到，瘟疫是人兽不饶的。很多人认为，老鼠是问题的一部分。瘟疫时期人们对于除鼠的渴求，见于"哈梅林的花衣魔笛手"（Pied Piper of Hamlin）这个故事中。[3]我们不能相信孩子们是魔笛手除鼠的酬劳，而应该将花衣魔笛手看作死神，用黑色瘟疫杀死了孩子们。牲畜也死于瘟疫，只是有一些牲畜比另一些抵抗力更强，但牲畜死亡这一事实让有些人推测这场疫病是炭疽，或者伴随着瘟疫也有炭疽或其他疾病出现。毫无疑问的是，在当时那种不卫生的状况下，其他的疾病也会导致死亡。但是，如上文所述，多数牲畜较为不易受瘟疫感染。鉴于瘟疫存在于草原上，游牧民的牲畜对它的抵抗力可能更强，只是偶有发病而已。但在没有蛆虫的地区，这是不适用的。牲畜经常与农民同居一室，相对于人口较为稀少的草原而言，会共

1　Uli Schamiloglu, 'The Rise of the Ottoman Empire: The Black Death in Medieval Anatolia and its Impact on Turkish Civilization', in *Views From the Edge: Essays in Honor of Richard W. Bulliet*, ed. Neguin Yavari, Lawrence G. Potter and Jean-Marc Ran Oppenheim（New York, 2004）, pp. 270-273.

2　Nicephorus, *Historias Byzantina*, p. 15.

3　Sherman, *Power of Plagues*, pp. 68-69.

享更多的种间疾病。除了最脆弱的动物幼崽，游牧民是不与牲畜同居一室的。与一头耕牛同居一室是一回事，而与100只绵羊和山羊、12匹马、几头牛以及数量不一的骆驼同居一室则完全是另一个概念了。因此，淋巴腺鼠疫侵入地中海世界，就是进入了一个没有什么抵抗力的世界。

对蒙古帝国的影响

关于瘟疫对蒙古帝国造成的影响，迄今还没有一个恰当的评估。下文是在现有学术成果的基础上进行的简短尝试。瘟疫在抵达卡法之前，便已贯穿欧亚大陆，蹂躏了帝国的其他部分。商人们将它带到了丝绸之路沿线的绿洲城市和贸易城市的巴扎之中。在黑死病横行于城市中的市场和街道时，商人和其他旅行者拼命逃走，这无疑促进了疾病的传播。即使在14世纪40年代末的巅峰期过后，瘟疫也没有安静下来。在蒙古帝国统治下的中国，于1353年和1354年再度爆发。我们必须记住，社会、经济乃至国家所遭受的不仅是大量的死亡，还有无处不在的其他效应。在蒙古帝国全境，瘟疫极有可能在帝国的崩溃中扮演了主要角色。元朝在最后一次瘟疫爆发的仅仅14年后就失去了中原。

对于尤赤汗国而言，瘟疫来自东方，袭击了商路沿线的所有主要城市。萨莱、阿斯特拉罕及其他城市皆受其害。克里米亚的材料显示，1346年有85,000人死亡——这还不包括卡法的死亡数字。[1]瘟疫随后离开尤赤汗国的阿斯特拉罕及其他地区，进入了高加索地区和亚美尼亚，然后抵达中东，同时也向北突进。到1349年，抵达了普斯科夫和诺夫哥罗德。到1352年，事实上所有的罗斯城市都经历了瘟疫，遭受了典型的后果。在普斯科夫等城市，瘟疫曾两次造访。类似的反复发作见于遍布尤赤汗国的记载，最后一波瘟疫发生在1396年。据尤里·沙米洛格鲁推测，瘟疫搅乱尤赤汗国的时间分别是1346年、1364年、1374年以及1396年。[2]

正如沙米洛格鲁所指出的，瘟疫在欧洲杀死了33%~50%的人口，在埃及杀死了四分之一到三分之一的人口，所以估计在蒙古帝国也存在类似的数字也并非不合理。[3]虽然尤赤系、察合台系和元朝都没有崩溃，但是瘟疫导致了动乱。蒙古各汗国的军队被削弱了。尽管游牧民通常比定居人口遭受的损失要小，但是各汗国都有军队驻在城市中心附近。如马穆鲁克所证明的，任何一支军队如果失去了三分之一的人数，则损失的绝不止是数量。老兵、将军和英雄可能与新兵一同遇难。考虑到蒙古帝国全境的蒙古军队的核心都仍是从草原人口中抽调的弓骑兵，这种损失是极大的。贯穿帝国全境的士兵和政府官员的损失，肯定影响了各个汗国的蒙古人的统治能力。[4]此外，14

1　Uli Schamiloglu, 'Preliminary Remarks on the Role of the Disease in the History of the Golden Horde', *Central Asian Survey*, XII/4（1993）, p. 449.

2　同上，p. 450。

3　同上，p. 449。

4　Dols, *The Black Death in the Middle East*, p. 41; J. W. Dardess, *Conquerors and Confucians: Aspects of Political Change in Late Yuan China*（New York, 1973）, p. 55.

世纪下半叶经历了数次瘟疫爆发，以及相应的人口减少。定居人口可能损失了相同的百分比，但是由于人口基数大，他们保持了"战略深度"，因此复原得比较快。

这些因素当然影响了尤赤汗国。沙米洛格鲁明确指出，瘟疫可能是导致尤赤汗国衰落的最重要因素。瘟疫正好出现在月即别汗长久且成功的统治之后。瘟疫的周期性发作，一定会使汗国很难维持控制。在这一时期，如前文所论，尤赤汗国的汗位很不稳定，谋杀、篡位之事极多。政治谋杀和阴谋改换了统治者，但是尤赤系的统治制度和军队保持不变，直到瘟疫使他们无法再统治一个像尤赤汗国这般庞大的帝国。瘟疫也影响了罗斯诸公国。当时，蒙古人拥有的资源变得较为有限了，这意味着他们不得不分出一些权力。莫斯科便由此获益。在西部边疆，立陶宛也获益了，因为蒙古人资源紧张，政治分裂，几乎没有能力应付遥远的西北边境的入侵了。

相似的状况也发生在察合台汗国和元朝。权力的崩溃使察合台汗国逐渐分裂为二。在元朝，瘟疫使强大的统治力遭到破坏，促成了红巾军的兴起。黑色瘟疫可能也对白莲教的千禧年信仰有所贡献。元朝也损失了全都的技术专家。不过，由于元帝国人口较多，如果有机会的话就可能复原。而红巾军造成的混乱使复原并未出现。在察合台汗国和尤赤汗国，城市中贸易的中断和技术专家的损失是无法弥补的。河中地区之所以得以复原，部分是由于帖木儿的崛起，而且他将工匠重新迁至中亚。尤赤汗国则没有复原。瘟疫结束之后，它在恢复到一半的时候遭到了帖木儿的进攻，不过这是由脱脱迷失挑起的。帖木儿摧毁了萨莱等城市，带走了掌握技术的工匠。在瘟疫爆发和

帖木儿入侵之间，尤赤汗国没有什么机会实现完全复原。损失
了太多的生命和人才，意味着尤赤系领土的外围正在脱离他们
的控制。很大程度上是由于瘟疫及其影响，尤赤汗国分裂成了
几个较小的汗国。

第 9 章

移民与人口趋势

蒙古人常常带来整个地区人口数量的减少。尽管学者们从确切数目的角度怀疑这些报告的真实性，但是从较为实际的角度来看，蒙古人显然是善于管理资源的。即使他们杀的人并不像史料所载的那样多，他们也不会像其他一些人认为的那样清白。尤兹扎尼记载了这样一件轶事，一位伊玛目从也里的城墙上摔下来而得以存活，拖雷受到这位毫发无损的人的感染，相信他带来了吉兆，便带他去见成吉思汗。成吉思汗与这位伊玛目相处了一段时间之后，问他世界是否会记得成吉思汗。伊玛目思考了一会儿，请求免于被处死。成吉思汗同意，无论他说什么都不会伤害他，这位伊玛目便回答："有人之处，名可长存。然而如今，汗的仆从杀戮百姓殆尽，无人述说故事，名如何长存？"此言激怒了成吉思汗，但是他镇静了下来，并说：

> 吾曾以君为一睿智精明之人，然以君之言可知，君之所知甚少。史上为王者众。凡摩诃末马蹄所到之处，吾将

执行屠戮，造成毁灭。世上其他王国之百姓将传颂吾之历史。[1]

显然，当蒙古人的意愿得到满足时，他们是反对屠杀的。而他们也用其他方式影响了人口。例如，旭烈兀的军队进入中东时，蒙古人为其牲畜而采取措施保护牧场，这对道路沿线的农夫和牧民无疑是很重要的：

> 接着，额勒赤们被遣先行，去保存世界之王的军队有望通过的所有牧场和草地，始自哈剌和林和别失八里之间的杭海山；那里禁止放牧一切牲畜，以免牧场受害或草地受损。所有花园一样的山区和平原均被封禁，不许畜群之齿在那里嚼草。于是，从突厥斯坦到呼罗珊及遥远的鲁木和谷儿只，草木变成了"以此树为界，不得靠近"的种类，乃至拿一片叶子去喂牲口的人，都被没收了牲口。到头来，说实在话，草木（giyab）变成了罪恶（gunab），绿茵（sabzi）遍野（siri）。额勒赤们这时离开，为的是把他们自己从草地和牧场挪至国王的军队不会通过的地方，因为他们实际上是由一整支军队组成的。[2]

1　Minhaj Siraj Juzjani, *Tabaqat-i Nasiri*, trans. H. G. Raverty（New Delhi, 1970）, pp. 1041-1042. 成吉思汗此处提到的"摩诃末"指的是花剌子模的统治者。

2　'Ala al-Din Ata Malik Juvaini, *The History of the World-Conqueror*, trans. J. A. Boyle（Seattle, WA, 1997）, pp. 608-609; 'Ala al-Din Ata Malik Juvaini, *Ta'rîkh-i-Jahân-Gusha*, ed. Mirza Muhammad Qazvini（Leiden, 1912, 1916, 1937）, 3 vols, p. 93. 关于旭烈兀西征，参看 John Masson Smith Jr, 'Hülegü Moves West: High Living and Heartbreak on the Road to Baghdad', in *Beyond the Legacy of Genghis Khan*, ed. Linda Komaroff（Leiden, 2006）, pp. 111-134。

除了已经在这一地区作战的军队，蒙古统帅拜住的军队也因为这一命令而从木干草原迁移至安纳托利亚。其他的牧民不得不腾出这些地区而迁至其他牧场，取代了另一些牧民，或者进入适于耕种的地区，从而扰乱了当地的农业，因为他们的羊群吃掉了尚未丰收的庄稼。蒙古人的推进，改变了他们进入的每一个地区的生态。本章并不是对人口普查数据的详细考察，而是要考察蒙古人的入侵对人口造成的影响，以及蒙古帝国与其边境的人口统计是如何变化的。史料中常常记载，征服造成了数以百万计的死亡。我们必须小心对待古代史料中的数字，较为稳妥地说，如果说这些数字是不精确的，但它们至少反映出前所未见、始料未及的破坏和死亡。蒙古军队的效率和能力、贸易和文化的影响、蒙古帝国的整体影响都令人神往，但是我们不应忘记，蒙古人毫不在乎被征服地区居民的生命。只要有人反抗，他们便违背了上天的意志——成吉思汗及其继承者们应该统治大地。正如前引成吉思汗所云，蒙古人不在乎背负一个血腥的名声。确实，他们很好地理解了恐惧的价值和宣传力，并优先选择了这一点。

无论如何，蒙古人也在很大程度上影响了他们的地盘的未来，以较为恐怖的方式直接和间接地控制人口。例如，为了旭烈兀大军的前进，他们清理出有效的牧地，按照自己的需要将人口迁走。他们也将逃亡的居民变为难民，这些人的逃离或者是为了免于被消灭，或者仅仅是因为蒙古人想让他们迁徙（例如旭烈兀时的情况）。下面将考察一些这样的事例。

蒙古草原

有趣的是，在1206年以后的蒙古帝国史中，蒙古草原常常被忽视了。通常，人们注意蒙古草原是因为前往哈剌和林的旅行者，而不是因为那里发生的其他事件。最值得注意的现象可能就是身份认同的转变。1206年以后，蒙古草原不再是由众多部落组成的了，而是一个蒙古国家——"全体蒙古兀鲁思"，后来扩大为大蒙古国。成吉思汗将蒙古部族社会重组为十进制单位，部族身份认同虽然没有完全消除，但有所冲淡，同时也建立了超部族的蒙古身份认同。没有成吉思汗，就没有今天的蒙古人。[1]统一战争造成了人口和牲畜数量的减少，但似乎很快就恢复了，对战败者（例如塔塔儿人）的屠杀可能有些夸张，其实只有统治阶层遭到了清洗。部族的身份与主导性因素相关联，外人加入族群相对容易（但并不总是自愿的）。[2]

随着蒙古扩张的进行，人口结构再次改变。其中一个变化便是蒙古人的组织遍布欧亚大陆。一些学者提出，蒙古的扩张缘于气候因素——草原的干旱导致了冲突，从而使向草原之外扩张变得必要。这种环境方面的猜想得不到什么事实的支持。尽管存在草原干旱化的因素，但蒙古人在蒙古草原上建造都城，将成千上万的工匠迁居其中，正如下文将要讨论的，这打破了蒙古草原不宜居的观念。尽管蒙古人进口食物，但是蒙古

1　关于部族动态和认同，参看 Rudi Paul Lindner, 'What Was a Nomadic Tribe？', *Comparative Studies in Society and History*, XXIV/4（1982）, pp. 689-711。

2　Gareth Jenkins, 'A Note on Climatic Cycles and the Rise of Chingis Khan', *Central Asiatic Journal*, XVIII（1974）, pp. 217-226.

统治者仍然在哈剌和林附近游牧，并定期在那里召开忽里勒台大会，从而使数以百计的领袖人物及其支持者返回蒙古草原。

尽管如此，蒙古人的组织确实在向外扩张，因此蒙古草原上的蒙古人口自然会有所减少。不过这似乎并不显著。我们必须记住的是，在成吉思汗重组军事组织的同时，社会也被分成了众多的千户和万户。因此，成吉思汗在分封国家的时候，将军队分给了他的幼子拖雷。在1206年的忽里勒台大会上，共分配了95个千户，这还不包括槐因亦儿坚。[1]他的诸子和一些亲属得到分封，迁出了蒙古草原。尤赤、察合台、窝阔台、拖雷分别得到了9,000户、8,000户、5,000户、5,000户百姓。尤赤、察合台和窝阔台还得到了蒙古草原以外的牧地（嫩秃黑）。那些领有千户甚至万户的军队统帅也被分给了他们。这些加在一起，可能有将近10万蒙古人从此永久地离开了蒙古草原。

但是，这在蒙古草原的人口中占了多大比例呢？学者们对于13世纪初蒙古草原的人口估算没有达成一致，其数字从50万到250万不等。[2]为什么会有如此大的差异呢？当时这一地区

1　Igor de Rachewiltz, trans. and ed., *The Secret History of the Mongols*（Leiden, 2004）, p. 134.

2　John Masson Smith Jr, 'Mongol Society and Military in the Middle East: Antecedents and Adaptations', in *War and Society in the Eastern Mediterranean, 7th and 15th Centuries*, ed. Yaacov Lev（Leiden, 1996）, p. 249; Valery Alexeev, 'Some Aspects of the Study of Productive Forces in the Empire of Chenghiz Khan', in *The Rulers From the Steppe: State Formation on the Eurasian Periphery*, ed. Gary Seaman and Daniel Marks（Los Angeles, CA, 1991）, pp. 189-190. 最广为接受的数字是蒙科耶夫（Ts. Munkeyev）提出的70万。克恰诺夫（E. I. Kychanov）估计的数字稍高，为100万，阿列克谢耶夫（V. Alexeev）的估计数字则稍低，为50万，而 J. M. Smith Jr 估计为85万。蒙古国学者策·达莱（Ch. Dalai）提出异议，估计应为200万~250万。

并没有进行过人口普查，也很少有人口记录，自然也就极难估计人口数量。不过，进行估算仍然是有可能的。多数学者以蒙古国20世纪初前后的人口普查数据（100万）为基础来进行估算。多数学者得出的人口总数都较小，最多只能建立一支较小规模的军队。而且，由于当时这一地区的军事动荡和混乱局面，人口数量与军队数量理应比20世纪初更少。幸运的是，我们知道1206年成吉思汗即位时蒙古军的数量是95,000人。

1206年的数目是基于这样一个假设，即蒙古草原上每个家庭中有一位年龄在15~70岁之间的男性参加了蒙古军，这样就可以比较简单地推断出蒙古草原的大概人口。典型的蒙古家庭一户估计有五口人，因此如果其中有一人参军，蒙古草原的人口应该是约47.5万人，比其他所有数字都小。然而，这一数字能够被接受吗？1241年9月7日至10月6日，失吉忽秃忽推行了一次人口普查，得到的蒙古军的人数是97,575人，蒙古人口数是723,910人。[1]这样每户约为7.4口人。如果以每七人中有一人参军为平均数，那么1206年的人口估计为66.5万。而在帝国的其他地区，典型的征兵方式是十人取一。有人可能会说，这个比例主要是用于像伊朗和中国那样的定居地区。但是，一支采取十进制编制的军队，如果在帝国早期不采用十进制比例征兵就显得很奇怪了。因此，蒙古的人口可能接近95万，最高可能达到100万。马丁（H. D. Martin）在他关于蒙古军事的经典研究中估计，蒙古人在攻打金朝前夕拥有一支约13.8万人的

1　Ch'i-ch'ing Hsiao（萧启庆），trans.《元史》卷98、卷99，in *The Military Establishment of the Yuan Dynasty*（Cambridge，1978），pp. 72-91；92-124。

军队。[1]因此，如果我们采用七分之一或者十分之一的征兵比例，那么蒙古人口的范围便是96.6万~138万。

可能有10%的人口迁出了蒙古草原，其他人死于战争，但蒙古草原仍然是一个兵源储备库。蒙古人将其他游牧民编入军队，意味着他们不必一直从蒙古草原征兵。其他游牧民有着适当的发式和训练，编入军队之后便也成了蒙古人。[2]其中多数是突厥人，被编入十进制的单位之后，他们采取了其中一种部族认同（例如克烈、巴鲁剌思、札剌亦儿等）。这些部族或者和平地臣服于蒙古，或者像克烈部那样因地位非常重要而未被斩草除根。尽管这些部族的蒙古认同仍然存在，但是他们最终在蒙古草原之外突厥化了，对此下文将加以讨论。但是蒙古草原本体仍维持着稳定的人口，也保持着游牧状态，只是在鄂尔浑河谷地出现了都城而已。

重要的转型出现在忽必烈将都城迁出蒙古草原之后。蒙古草原（具体而言是漠北蒙古）最终成为元帝国的一个被遗忘的行省，这与海都的叛乱有关。如前所论，元朝的皇帝们与漠北蒙古渐行渐远，而漠北的蒙古人也是一样。尽管他们多数仍保持忠诚，但愿意同皇帝和政府保持距离。他们的态度在元帝国崩溃时变得更加明显。

在元朝时，共有约24万~40万蒙古军（40个万户）驻扎在中国，他们对于扩张中国领土发挥了重要作用，下文将加以讨论。随着元朝的崩溃，只有一支60,000人的蒙古军回到

---

1 H. D. Martin, *The Rise of Chinggis Khan and his Conquest of North China*（Baltimore, MD, 1950）, p. 15.

2 Timothy May, *The Mongol Art of War*（Barnsley, 2007）, pp. 30-31.

了蒙古草原。其余的则留在了中国，最终被明朝军队吸收。
这60,000名士兵是带着自己的家眷回去的。如果按照上文的
比例来计算，这些回到蒙古草原的逃亡者的人数可能是30万
（五分之一）、42万（七分之一）或者60万（十分之一）。
在任何时间和任何地区，这些数字都会引起一定程度的社会和
资源紧张。草原游牧可能是一种不稳定的生活方式。自然灾
害（zhud，尤其是暴风雪）能够毁灭畜群，在21世纪的蒙古
国，灾害仍导致许多家庭结束了游牧生活。

元顺帝妥懽帖睦尔所回到的蒙古草原，包含了由成吉思汗
后裔（尤其是阿里不哥的后裔）与官员组成的统治机构。一些
官职变成了世袭，积累了巨大的权力。斡亦剌人（或称西蒙古
人，非成吉思汗后裔）在蒙古草原西部兴起，他们也对迁回蒙
古草原的汗廷没有什么兴趣。汗廷当时位于漠北蒙古的克鲁伦
河附近的巴尔斯和坦（意为"虎城"）。[1]迁徙导致了人口的
骤然增长，而他们可能带来了牲畜，也可能没带来。如果带来
了牲畜，就可能导致牧场的短缺；如果没带来牲畜，他们就需
要食物——意味着会征用当地蒙古人的牲畜。不论是哪一种可
能性，都会出现经济和政治压力，当地精英争取维护自己的权
力而反对皇室。此外还要加上北元与明朝之间的战争。

最具破坏性的后果就是，这些新来者中的很多人从未养过
牲畜，他们杀死了大量当地蒙古人的牲畜。牲畜的繁殖数无法
超过死亡数，从而影响到了其他的一切。如果宰杀的牲畜过

1　Udo B. Barkmann, 'Some Comments on the Consequences of the Decline of the
Mongol Empire on Social Development of the Mongols', in *The Mongol Empire and its
Legacy*, ed. Reuven Amitai-Preiss and David O. Morgan（Leiden，2001），p. 277.

多，那么不仅会影响食用牲畜的繁殖和替换，也会使游牧民失去那些牲畜带来的副产品，而这是在草原上生存的必需品，从而最终导致人口下降。紧接着便是经济崩溃和政治动荡。斡亦剌人在14世纪末和15世纪挑战甚至篡夺了成吉思汗后裔的君权，显示出元帝国最后的不稳定性，这一趋势直到15世纪末才得以逆转。

工匠、技师和伎乐人

尽管蒙古军及其家眷离开了蒙古草原，但也有其他的人群迁入（常常是非自愿的）。商人和传教士蜂拥进入蒙古草原，是希望行大运或者想到哈剌和林向大汗传教以拯救人们的灵魂，另一些人则成为帝国的劳动力。当蒙古人攻下一座城市或者王国时，如果他们发现了有技能的人，例如工匠、手艺人或技师等，这些幸运的灵魂就能免遭屠戮，而被送往特定的地点，为蒙古人工作。他们可能会加入蒙古军中，并成为炮兵或技师。不过，其他工匠则被派去为蒙古宫廷制造物品，其中最著名的可能是金银匠巴黎人威廉·比希耶（William Buchier），据鲁布鲁克记载，他曾在哈剌和林设计并制造了著名的银制酒喷泉。[1]

---

[1] William of Rubruck, *The Mission of Friar William of Rubruck: His Journey to the Court of the Great Khan Mongke*, *1253-1255*, trans. Peter Jackson（London，1990），pp. 183-186；William of Rubruck, 'The Journey of William of Rubruck' in *The Mission to Asia*, trans. a nun from Stanbrook Abbey, ed. Christopher Dawson（Toronto，1980），pp. 157，177-178.

除了哈剌和林，最著名的地方是镇海城。镇海是蒙古朝廷中的一名高官，他于1212年在蒙古草原的中西部建造了这座城，起初是作为军事据点。这座城市逐渐扩张，城中有一座颇具规模的作坊，里面有汉人工匠，其中很多人在1265年左右被允许回到华北，在大都和上都附近工作。[1]这可能是忽必烈战胜阿里不哥并拒绝给予海都等人技术资源的一个结果。另一座城市拜八里（意为"富饶之城"）建于色楞格河畔，成为珠宝与金器的设计和制造中心。在蒙古草原上建立这些制造中心是个合乎逻辑的选择，这也使后勤制度的建立变得必要，以向居民供应食物和工作。当然，这也增加了前往蒙古草原的交通运输。

而蒙古草原并不是唯一的工业生产地。蒙古人在叶尼塞河上游支流沿岸建立了一座丝织品制造中心。[2]西伯利亚在历史上并不以产丝闻名，但是这显示了蒙古人的能力，不仅迁移了工人，也给他们提供原材料，由此控制了奢侈品的生产。这里和其他一些地方生产的主要产品是蒙古宫廷极为热衷的织金锦，又称"纳失失"。生产这种织物需要大量的丝和黄金。丝基本上来自中国，而生产中心则设在蒙古草原和西伯利亚，相对靠近蒙古草原西部的阿尔泰山和叶尼塞河流域的金矿。这样一来，就降低了制造纳失失的成本。1盎司黄金能够变为长80千米的线，缠在一条基线上，则可以产出长1,600千米的线。[3]尽管生产纳失失所需的黄金并不多，但是使纳失失生产中心靠

1　Thomas T. Allsen，*Commodity and Exchange in the Mongol Empire: A Cultural History of Islamic Textiles*（Cambridge，2002），p. 35.

2　Li Chih-Chang，*The Travels of an Alchemist*（London，2005），pp. 85-87.

3　Allsen，*Commodity and Exchange*，p. 38.

近更为昂贵的黄金的产地是说得通的。丝也十分昂贵（确实是丝而不是黄金成了元帝国通货的准备金），但是用驼队运输大包的丝显然比运输小包的黄金更加容易，因为黄金比丝更容易消失。

当然，要想获得黄金，除了强力的后盾还需要有技术的劳动力。蒙古在列格尼茨战胜波兰和条顿骑士团等势力的联军之后，蒙古诸王不里带走了所获的俘虏，其中有数量很大的一队日耳曼金矿工人。这些战俘在中亚度过了余生，在距今塔什干东北约270千米处的塔剌思附近为不里工作。[1]蒙古通过入侵花刺子模帝国一战，也获得了数以千计的技术工匠。尽管我们不应完全相信拉施特的估计，他说蒙古人将10万名工匠迁往"东方之地"（bilad-i sharqi），但毫无疑问，到来的工匠确实是数以千计的。[2]

荨麻林就是这样一个地方，位于今北京附近。荨麻林迎来了3,000名撒马尔罕织工，而北京以西的弘州*则迎来了3,000户中亚织工以及300户金朝织工。确实，考虑到日耳曼矿工的困境，蒙古人似乎是将获得的工匠迁到他们有需要的地方。[3]我

---

1 William of Rubruck, *Mission of Friar William of Rubruck*, pp. 144-145; William of Rubruck, 'The Journey of William of Rubruck', p. 135.

2 Rashid al-Din, *Jami'al-Tawarikh*, ed. B. Karimi（Tehran, 1983）, vol. I, p. 216; Juzjani, *Tabaqat-i Nasiri*, trans. Raverty, p. 1158.

* 原文误作"Hangzhou"。——译者

3 关于蒙古帝国技术人员迁移的最佳详细考察，参看 Thomas T. Allsen, 'Technician Transfers in the Mongolian Empire', *Central Eurasian Lectures*, II（Bloomington, IN, 2002）。亦可参看 James C. Y. Watt, 'A Note on Artistic Exchanges in the Mongol Empire', in *The Legacy of Genghis Khan*, ed. Linda Komaroff and Stefano Carboni（New Haven, CT, 2002）。

们知道，哈剌和林的工匠人户是被绑定在其职业上的。蒙古人也将这一政策移植到中国，以确保商品和服务的持续生产，这可能也应用于所有的工业中心。[1]

尽管蒙古人倾向于在帝国内部迁移工人以满足蒙古朝廷的需求，但是他们也明白那条谚语："只工作不玩耍，聪明孩子要变傻。"诚然，就像今天一样，摔跤一直是蒙古人最喜爱的娱乐活动。尽管在成吉思汗的早年生涯中，摔跤手的竞技是为了娱乐和政治的目的，[2]但在帝国时期，摔跤成为取悦大汗的一种重要表演。窝阔台侧近的摔跤手中既有蒙古人，也有钦察人和汉人。[3]绰儿马罕甫一征服伊朗和外高加索地区，窝阔台的摔跤手中就加入了伊朗人和谷儿只人。摔跤如此流行，以至于成吉思汗后裔诸王甚至在出征期间安排了洲际冠军赛。蒙哥派出他最好的摔跤手（一名蒙古人）挑战旭烈兀的属下。旭烈兀最终找到了一名亚美尼亚人，打败了蒙哥的冠军。[4]正如爱尔森所指出的，考虑到蒙古摔跤手旅行了4,500千米之遥，那么成吉思汗系的摔跤联盟（如果我们可以这样称呼它的话）就

1　William of Rubruck, *Mission of Friar William of Rubruck*, p. 162; William of Rubruck, 'The Journey of William of Rubruck', p. 144; Timothy Brook, *The Troubled Empire: China in the Yuan and Ming Dynasties*（Cambridge, MA, 2010）, pp. 146-147.

2　Rachewiltz, *Secret History of the Mongols*, pp. 55, 61-62. 主儿乞部的著名摔跤手不里孛阔被成吉思汗的异母弟别里古台折断了脊背，意味着主儿乞部独立性的终结。不里孛阔是一名比别里古台更优秀的摔跤手。

3　Thomas T. Allsen, 'Command Performances: Entertainers in the Mongolian Empire', *Russian History*, XXVIII（2001）, p. 40; Juvaini, *Ta'rîkh-i-Jahân-Gusha*, pp. 183-184; Juvaini, *History of the World-Conqueror*, pp. 227-228.

4　Grigor of Akanc, 'The History of the Nation of Archers', trans. Robert P. Blake and Richard N. Frye, *Harvard Journal of Asiatic Studies*, XII（1949）, pp. 345-349.

是史上第一次"真正国际性的（甚至是完全世界性的）体育比
赛"。[1]

其他的娱乐工作者也在穿越帝国而移动，包括舞者、小
丑、杂技人和伶人等。其中一些是作为贡品进献而来的，另一
些则像其他时代一样是前来谋求工作的。应用七声音阶的元代
北方杂剧[*]由于蒙古人的支持，其流行程度超越了南方的戏剧
形式。[2]音乐不仅是一种基本的娱乐形式，也出现在宫廷和官
员商议政事的场合，蒙古帝国时代的数位旅行者都观察到了这
一点。[3]在大汗举行宴饮之时，乐手们便在现场奏乐。在帝国
东部，我们可以看到波斯乐手，而在帝国西部，我们也能听到
中国旋律。在一些地区，我们还能看到由各种乐手组成的乐
团。当然，将来自帝国各地的乐手和乐器组合起来，可能会引
发潜在的不和谐。不过，乐手们找到了改编旋律的方法，[4]并
带来了技术和乐器的交流。[5]

一定不能被排除的就是对女性的获取。正如成吉思汗的奋
进和繁育所证实的，蒙古人并不厌恶性。[6]他们将女人带回，

1　Allsen, 'Command Performances', p. 41.

*　原文为"Peking opera"。——译者

2　Dolores Menstell Hu, 'Musical Elements of Chinese Opera', *Musical Quarterly*, I/4（1946），p. 447.

3　John of Plano Carpini, 'History of the Mongols', in *The Mission to Asia*, trans. a nun from Stanbrook Abbey, ed. Christopher Dawson,（Toronto, 1980），pp. 57；William of Rubruck, *Mission of Friar William of Rubruck*, pp. 76-78；William of Rubruck, 'The Journey of William of Rubruck', pp. 96-97.

4　Allsen, 'Command Performances', p. 43.

5　同上，pp. 44, 45。

6　Tatiana Zerjal, Yali Xue, et al., 'The Genetic Legacy of the Mongols', *American Journal of Human Genetics*, LXXII（2003），pp. 717-721.

充当妃妾和奴隶。有些女人成了仆人，或者入侍贵族家庭。帕莎（Pascha，也被称作Paquette of Metz）就是其中之一，她在匈牙利被掳并被带到了哈剌和林，成为一位蒙古诸王的侍女，之后获许嫁给了一名命运相似的罗斯人。[1]女人被视作战利品来瓜分，而大汗当然应该得到最美丽的女人。随着蒙古人建立起统治，女人便成了纳贡的一部分。据说，蒙古人要求安提阿投降之时，索要的贡品中便包括3,000名处女。[2]

元朝宫廷获取贡女的方式则变得更加复杂，有专人负责筛选进入大汗后宫的女子。[3]在元朝后期，高丽女子较受偏爱。但这些横穿帝国的女子，并非都是为了满足蒙古人的性欲或者担任劳力。婚姻也是很关键的，进入蒙古宫廷的高丽女子不仅成为妃妾，还能成为正妻。[4]此外，蒙古女子也成为各个地方统治者的妻子。如果一名女子出自成吉思汗系，那么她的丈夫就拥有了"驸马"的头衔。成吉思汗系的公主统治着自己丈夫的领土，或者保障其领土的稳定。联姻也为那些未臣服的统治者提供了一些安全保障，一个例证便是月即别汗的第三位妻

1　William of Rubruck, *Mission of Friar William of Rubruck*, p. 182; William of Rubruck, 'The Journey of William of Rubruck', p. 157; Simon de Saint-Quentin, *Histoire des Tartares*, ed. Jean Richard（Paris, 1965）, pp. 48, 75; Gregory G. Guzman, 'European Captives and Craftsmen among the Mongols, 1231-1255', *The Historian*, LXXII/l（2010）, p. 136.

2　Matthew Paris, *English History*, trans. and ed. J. A. Giles（New York, 1968）, vol. II, p. 31.

3　Marco Polo, *The Travels of Marco Polo*, ed. Manuel Komroff（New York, 1953）, pp. 107-109; Marco Polo, *The Travels of Marco Polo*, trans. Ronald Lathem（New York, 1958）, pp. 122-123.

4　David M. Robinson, *Empire's Twilight: Northeast Asia Under the Mongols*（Philadelphia, PA, 2009）, p. 142.

子拜占庭公主巴牙伦（Bayalun）。[1]尽管拜占庭帝国从未臣服
于蒙古，但是在蒙古人眼中，君士坦丁堡可能已经是一个属
国了，因为伊利汗阿八哈娶了拜占庭公主玛莉亚·德斯匹娜
（Maria Despina）。同等重要的是，妻妾们能够对蒙古的政
策产生影响，例如宗教方面的事务，但有时也有文化方面的影
响，从而造就了世界文化更大范围的传播。

　　随着蒙古的大规模军事征服，军事知识的传播不可忽视。
尽管突厥人中不仅有参加蒙古军队的，也有加入蒙古敌方军队
的，但是在蒙古帝国全境都进行着军事技术的传播（前文已有
讨论），同时也有族群的扩散。在蒙古的军事机器中，除了蒙
古人和突厥人，还有其他族属的人们在服役，他们都远离自己的
家乡。例如，曾有1,000名汉人技师随旭烈兀来到帝国西部，没
有任何证据显示这些人后来回到了家乡。中亚和中东的技师则前
往东亚服役。在元朝皇帝的怯薛侍卫中，我们可以看到斡罗思人
和阿兰人，[2]而西蒙古的斡亦剌人则在中东作战，并最终投靠了
马穆鲁克。[3]在蒙古帝国解体之后，并非所有人都回到了自己的
家乡，有些人得以回乡，并带回了更为广阔的世界观。

　　最后，我们不能无视蒙古帝国中知识分子的地位。正如第
7章中所论，许多宗教学者和苏非的迁徙，助力了伊斯兰教的
传播和新的知识中心的建立。这同样发生在其他宗教身上，例

1　Ibn Battuta，*Rihala Ibn Battuta*（Beirut，1997），p. 277.

2　Richard Paul Currie，'An Annotated Translation of the Biography of Toghto Temur from the Yuan Shih'，印第安纳大学伯明顿分校硕士学位论文（1984）。

3　Reuven Amitai-Preiss，*Mongols and Mamluks: The Mamluk-Ilkhanid War, 1260-1281*（Cambridge，1995），p. 195.

如景教，列班·扫马（Rabban Sauma）和玛·雅巴拉哈（Mar Yaballaha）由元朝前往伊利汗国，并在那里成为景教的高级领袖。[1]此外，我们还能看到横贯蒙古帝国的世俗知识分子。蒙古的精英阶层允许有知识、有抱负的人（例如马可·波罗）与中亚人一起在东亚的政府中供职，伊本·白图泰也能在他的旅程中找到工作。通过其旅行记的出版，我们得以知道他们在帝国之外发挥了怎样的影响。至于另外一些曾穿越帝国的旅行者，他们没有留下详细的旅行记，但肯定也讲述了很多故事，点燃了人们的想象力。

被迫的迁徙和逃亡改变了欧亚大陆的人口状况，也有一些人则是自愿的。这些人对于人口状况的影响不大，但可能正是他们对文化、思想和物品的传播发挥了最重要的作用。

中国与殖民

蒙古统帅对于杀戮定居人口是毫无顾虑的，而避免这一噩运的最佳方法就是加入蒙古人。在蒙金战争期间，许多汉人就是这样做的，但也有一些汉人抵抗到最后。如果我们相信穆斯林史料，金中都陷落时，数以千计的汉人处女为了不被俘获而遽然赴死。[2]宋朝也遭受了巨大的损失，考虑到宋朝与蒙古之间的战争从1234年一直持续到1279年，这便不会令人过于惊

1　Morris Rossabi, *Voyager from Xanadu: Rabban Sauma and the First Journey from China to the West*（Berkeley, CA, 2010）.

2　Juzjani, *Tabaqat-i Nasiri*, trans. Raverty, pp. 964-965.

讶了。长达65年的战争会对一个国家造成如此巨大的破坏。而令人惊讶的是，12世纪时宋朝人口总数是1亿以上，而1290年元朝人口普查的结果则是不足6,000万。[1]

持续数十年的战争当然会导致大规模的人口死亡，但是，即使考虑到战争的副作用，如饥荒（可能是瘟疫的早期表现）、疾病和社会动乱等，蒙古征服南宋真的造成了4,000万人死亡吗？即使蒙古军强力而又邪恶，4,000万也是一个很夸张的数字。不过多数学者相信，征服战争之后人口数字为7,000万~9,000万是更为现实的。即使考虑到与现代战争相比，这是更加原始且肉身相搏的战斗，但人口减少1,000万~3,000万仍然是很惊人的。导致这一人口调查数字降低的还有其他因素。人口调查者写道，他们知道实际的人口数量更多，但无法著录那些逃入山林的难民或不法之徒（取决于从哪一方的角度来看）。[2]

战争当然会造成人口的大幅下降，但我们也知道，有成千上万的汉人被掳为奴。像往常一样，蒙古人将有技术的工匠迁到其他地区的作坊中为官府工作。而且，战争中男性的大批死亡会减缓人口的生育，而征服战争造成的动乱肯定会妨碍医疗救治。即使是在中世纪，缺乏医疗救治也会带来严重的后果。此外还有移民问题。我们知道，为逃避蒙古人，有成百上千的人试图移民东南亚。这也成为蒙古人入侵东南亚的部分原因。在东北亚，1359年至1361年红巾军起义期间，据估计有

---

1 Timothy Brook，*Troubled Empire*，trans. Raverty，pp. 42-43.

2 同上，p. 3。

40,000户元朝人逃到了高丽。[1]我们可以推测，也有同等数量或者可能更多的难民逃到了高丽或其他地区。

同时，蒙古人也在汉地及附近地区定居。其中一些地区原本处于中国文明和文化的边缘，后来则成为中国的一部分。如前文所论，有40个万户的蒙古人驻扎于汉地。在某种意义上，就像历史上其他的帝国一样，蒙古人开始了帝国的殖民进程。这包括黄金家族成员和蒙古军统帅的封地，以及较大的军事殖民地。在帝国的其他地区，这很大程度上是通过其他游牧族群（主要是突厥人）来完成的。在中国，在用突厥人的同时，用得更多的大概还是蒙古人，原因可能在于与金、宋之间的长期战争。殖民未能将汉地与蒙古草原绑定在一起，部分原因是都城迁出了蒙古草原，但这确实改变了中国的领土完整性。

早在对金战争期间，蒙古人于1211年就占领了位于云内的皇家种马牧地。[2]这一地区以及其他牧地成为蒙古人的集结地和有效的殖民地，也是一片价值巨大的地区，因为汉地的土壤大多缺乏对马而言十分关键的营养元素硒。1257年征服宋朝西南的大理国，为蒙古人提供了更多的牧地。这一地区包括今中国云南省大部，在历史上还未成为中原王朝的一部分，由各种非汉人族群组成。对于蒙古人而言，可以利用云南的牧地作为军事殖民地。由此打开了对宋朝的西南战线，并使他们可以经略东南亚。1257年，速不台之子兀良哈台入侵安南，迅速

1　Robinson, *Empire's Twilight*, p. 142.

2　何秋涛《圣武亲征录》（*Bogda Bagatur Bey-e-Ber Tayilagsan Temdeglel*）, ed. Arasaltu（Qayilar, 1985）, p. 42；Martin, *The Rise of Chingis Khan*, pp. 146-147。

占领了河内，直到当地统治者同意纳贡。蒙古人从大理收紧了对毗邻的吐蕃的控制。由于云南的战略重要性，那里驻扎了大量的蒙古人。[1]

1368年元朝覆灭后，许多蒙古人没能回到蒙古草原，而是滞留在了云南。从14世纪40年代到1368年，声势浩大的红巾军大概是汉人向云南移民最早的导火索。各地的起义是元朝覆灭的关键，但这也促使许多汉人逃离亡国之际的动乱。在新兴的明王朝剿灭不肯效忠的红巾军时，更多的汉人进入了云南。云南不是红巾军活动的中心，但与红巾军的重镇四川接壤。14世纪70年代初期，明军剿灭了四川的红巾军，战事导致更多的汉人农民逃到了更为安全的云南。

尽管与蒙古草原切断了联系，云南仍然是一个蒙古重镇。云南拥有适宜的牧地和丰富的微型地域，使当地的蒙古人足以维持自己的生活方式。尽管元朝于1368年灭亡了，但是明朝直到1381年才开始对付云南的蒙古人。明朝不仅想终结任何潜在的威胁，也想将此地区纳入其统治之下。这一决议导致30万明军出征云南，成为官方层面汉人移民云南开始的标志。随着1382年的征服，云南成为明帝国的一部分，拥有永久驻军。官兵的妻妾子女也跟随而至，形成了颇具规模的汉族人口，不过他们在云南仍然是少数族群。当地人口主要由彝族、藏族及多种泰语族群构成，不过蒙古族人口直到现代仍然颇具规模。

1　Henry G. Schwarz, 'Some Notes on the Mongols of Yunnan', *Central Asiatic Journal*, XXVIII（1994）, p. 103.

突厥化

　　蒙古人对于中央欧亚很多地区的突厥化有着很大的贡献。尽管蒙古人一直是政治和军事精英，但是突厥人构成了他们军队中的大多数。随着蒙古人的西进，他们将更多的突厥游牧民编入军队。其他的突厥人（尤其是钦察突厥人）则开始逃避蒙古人，并引发了移民潮。这并不是突厥的第一次扩张。自从上古时期起，就有一拨又一拨的突厥语族群（以及一些蒙古先民）迁出蒙古草原，最知名的可能是11世纪乌古斯突厥人以塞尔柱人的形式出现。蒙古的扩张不仅将突厥游牧民裹挟入其军队，也造成了逃避蒙古统治的突厥难民潮，这加快了中央欧亚及更远地区的突厥化。

　　钦察突厥人在阔田汗的率领下，应匈牙利国王贝拉四世之邀逃入匈牙利。他们的逃跑引发了蒙古入侵匈牙利，或者至少成为官方的宣战理由。这些钦察人本身已经是草原难民，到了匈牙利却发现自己不受欢迎，因为贝拉四世企图强化中央集权，匈牙利贵族将40,000名钦察战士的到来看作对其特权的威胁。此外，游牧民在农耕人口中的突然出现，也引起了农民和地主的紧张，因为他们可能会发现马和羊在啃食他们的田地。不久，贵族们处死阔田汗，导致了钦察人的暴乱。他们穿过匈牙利向南，最终在保加利亚和拜占庭帝国的领土驻留下来，这两个王国都利用了他们的军事技术。[1]

1　关于钦察人在巴尔干半岛的活动和影响，参看 Istvan Vasary, *Cumans and Tatars: Oriental Military in the Pre-Ottoman Balkans, 1185-1365*（Cambridge，2005）。

蒙古的扩张也助力了其他突厥国家的建立。尽管德里苏丹国在蒙古人到来之前就已经建立了，但它是一个从阿富汗的古尔苏丹国中辗转新生的国家。花剌子模的苏丹摩诃末征服了古尔苏丹国，但并未尝试征服古尔系控制之下的印度河流域。因此，古尔系的马穆鲁克奴隶忽都不丁（Qutb al-Din Aybek）得以作为德里的总督，在1206年建立了自己的统治。忽都不丁将自己的帝国扩张到孟加拉湾，主宰了印度北部，但这个帝国十分脆弱，忻都诸国对它的统治构成了挑战。蒙古征服花剌子模并未有助于打开局面，蒙古人入侵印度后很快就撤走了，因为他们不喜欢那里的气候。此时，德里苏丹国面临着忻都诸国的进攻以及蒙古的频繁抢掠。德里的伪君也避难于蒙古的统治之下。[1]

蒙古的存在也有助于德里转型为一个强国。德里苏丹国对抗忻都诸国，并逐渐向南渗透，但是时隐时现的蒙古威胁迫使德里苏丹国保持警惕，并培养有力的军事力量，不仅是为了防御蒙古人，也为了可以由此在印度扩张。[2]德里的宫廷随着大量学者、诗人、乐手和乌里玛成员的到来而繁荣。尽管逃到德里的知识分子多数不是突厥人，但是他们的到来延续了东伊斯兰世界大部已经存在的波斯–突厥伊斯兰宫廷文化。印度也迎来了突厥移民。突厥–蒙古部落甚至在德里附近驻牧，

1　Aziz Ahmad，'Mongol Pressure in an Alien Land'，*Central Asiatic Journal*，VI（1961），pp. 183-184；Peter Jackson，*The Delhi Sultanate*，*A Political and Military History*（Cambridge，1999），p. 49；Andre Wink，*Al-Hind: The Making of the Indo-Islamic World*，Vol. 2：*The Slave Kings and the Islamic Conquest*，*11th-13th Centuries*（Leiden，1997），pp. 202-211.

2　Ahmad，'Mongol Pressure in an Alien Land'，p. 182.

为德里的军队增加了人力，带来了北印度宗教和文化认同的转型。[1]拉合尔曾是印度穆斯林政权的中心，但是随着蒙古人的逼近，德里已转型为主要的权力中心。[2]此地是一个精明的选择，因为1241年蒙古人洗劫了拉合尔，只是如前文所述，并非所有居民都对它十分满意。无论如何，旁遮普和信德的王公们不得不前来与蒙古人讲和，仅仅是因为与之相距较近。[3]

我们也不能忽视突厥的奴隶贸易。前文已经提及，由于来自黑海和里海草原的钦察突厥奴隶的贩卖，埃及的马穆鲁克苏丹国经历了成长和延续。确实，在蒙古征服草原之后，奴隶市场上充斥着钦察人。尤赤汗国延续了这一贸易，远达比埃及更远的地方。突厥奴隶在托斯卡纳也出现了。马穆鲁克异密们购买适于在军队中服役的奴隶，如果不适于服役就不会购买。拥有钦察突厥奴仆，可能会破坏钦察马穆鲁克的族群优越性。即使在中世纪，撑住门面也是很重要的。那么，热那亚的奴隶贩子会怎么做呢？他们在意大利出售这些奴隶。

直到15世纪，"鞑靼人"奴隶仍在意大利（尤其是托斯卡纳）出现。成吉思大交换中的这一方面，是黑死病之后意大利人口减少的一个结果。随着仆人的短缺，佛罗伦萨政府于1363年颁布了允许进口奴隶的法令。唯一的告诫就是他们必须是非基督徒。[4]这一习俗迅速蔓延到整个意大利。新娘将

1　Jackson，*Delhi Sultanate*，p. 26.

2　Simon Digby，*War-horse and Elephant in the Delhi Sultanate: A Study of Military Supplies*（Oxford，1971），pp. 34-35.

3　Wink，*Al-Hind*，pp. 204-206.

4　Iris Origo，'The Domestic Enemy: The Eastern Slaves in Tuscany in the Fourteenth and Fifteenth Centuries'，*Speculum*，XXX/3（1955），p. 324.

他们作为陪嫁，牧师将他们作为礼物，因此，所谓的"鞑靼人"在意大利无处不在。此外也有其他的族群，但大多数还是"鞑靼人"，也就是钦察突厥人。其中也有一些是蒙古人，通常是由于父母贫穷而被出卖的孩子。在不止一份奴隶贸易的账簿中，鞑靼人和女性所占比例都是压倒性的，而多数男性奴隶可能已经被卖到了马穆鲁克苏丹国。到15世纪末，奴隶需求的对象转变为俄罗斯人或切尔卡西亚人，因为他们的外表及行为不那么野蛮。[1]这些克里米亚鞑靼人在卡法向热那亚人出售奴隶，当然也能保证供应。[2]

从事奴隶贸易的不仅仅是意大利人。被称为"火者"（khwaja）的穆斯林商人也十分活跃地参与这一贸易。他们在蒙古帝国获得了买卖奴隶的许可。尽管很多商人都来自帝国内部，但也有一些来自埃及和德里，甚至可能来自意大利。在贸易路线和长途贸易网络的安全环境之下，我们看到黑海的钦察人不仅出现在埃及和意大利，也出现于北印度。确实，当1241年蒙古人攻下拉合尔城时，火者们支持了蒙古人。[3]他们已经拥有了保护文书，甚至可能拥有帝国朝廷颁发的牌子，他们一定认识到了蒙古扩张所带来的利益以及可能创造的利润。

蒙古帝国（至少是其西部）的突厥化，则以其他的方式展现出来。尤赤汗国有着大量的钦察突厥人口，因此它在13世

---

1 Iris Origo, 'The Domestic Enemy: The Eastern Slaves in Tuscany in the Fourteenth and Fifteenth Centuries', pp. 336-337.

2 Michael Khodarkovsky, *Russia's Steppe Frontier: The Making of a Colonial Empire*, *1500-1800*（Bloomington, IN, 2002）, p. 19.

3 Wink, *Al-Hind*, p. 199.

纪末成为第一个抛弃蒙古语而采用突厥语的汗国也就不足为
奇了。随着蒙古征服的进行，突厥人被编入蒙古的十进制军
队。军事单位常常保留着部族名。如前文所述，克烈部便因成
吉思汗与克烈贵族之间的纽带而保留了部族认同。随着蒙古帝
国的消亡，克烈部和其他已经突厥化的蒙古部族以新的形式存
续下来。克烈人变成了蒙古人、哈萨克人、乌兹别克人、巴什
基尔人中的乞列人以及克里米亚鞑靼人中的吉莱人。[1]其他的
突厥族群还包括克里米亚鞑靼人中的奇亚特（即乞牙惕，也速
该所属的部族）和忙古特（又称曼吉特）。

　　蒙古的崛起也创造了其他的认同形式。军队被组织为千户
和万户，以蒙古族群命名，新的组织也用统帅的名字来命名。
"这成为凝聚那些无法回到旧有群体的幸存者及其后裔的新的
社会模式。"[2]其中最著名的是诺盖人，得名于尤赤系的将军那
海。诺盖人直到18世纪仍是草原政治中的重要一员。而乌兹别
克人则得名于尤赤汗国巅峰时期的统治者月即别汗。

　　突厥化的进程也发生于尤赤汗国之外。中亚也有类似的
进程，只不过因为邻近蒙古而速度较慢。[3]无论如何，到14世
纪，有明显的证据表明了转型的出现。巴鲁剌思千户驻扎于
河中地区，当地有大量的突厥人口，所以这个千户也突厥化

1　Carter Vaughn Findley, *The Turks in World History* (Oxford, 2005), p. 87.

2　Paul D. Buell, 'Mongol Empire and Turkicization: The Evidence of Food and Foodways', in *The Mongol Empire and Its Legacy*, ed. Reuven Amitai-Preiss and David O. Morgan (Leiden, 2001), p. 201; Hodong Kim, 'The Early History of the Moghul Nomads: The Legacy of the Chaghatai Khanate', in *The Mongol Empire and Its Legacy*, pp. 292-293.

3　Kim, 'The Early History of the Moghul Nomads', pp. 313-316.

了，并以"巴鲁剌思"之名著称。莫卧儿人在蒙兀斯坦（前察合台汗国的东北部）出现，成为突厥和蒙古世界的中间人。尽管仍然使用蒙古语（至少对明朝如此），但是他们逐渐突厥化了，在15世纪被哈萨克人、乌兹别克人和吉尔吉斯人吸纳。他们在14世纪因与异密帖木儿之间自相残杀而被削弱，从而为新的突厥族群打开了大门，尤赤汗国的突厥人主宰了这一地区。[1]该地区演化出的突厥语被称为察合台语。在帖木儿系领地和乌兹别克汗国，察合台语不仅是游牧民的口语，还成为其书面语（以阿拉伯字母书写）。尽管中亚也出现了其他的方言，但察合台语直到20世纪仍然是该地区的书面语。

在伊利汗国的蒙古人也逐渐被同化，不过有些蒙古人呈现出更加伊朗化的认同。那些基本保持游牧生活方式的人也突厥化了。与其他族群一样，他们仍然保持着一副蒙古人的外表，巴格达附近的札剌亦儿政权便是如此。札剌亦儿人原本是一个蒙古部族，木华黎便出自此部。[2]在伊利汗国的统治之下，他们呈现出波斯–突厥宫廷文化和生活方式的特征。其他的突厥族群也出现了，例如土库曼部落联盟国家白羊王朝和黑羊王朝。蒙古人的出现也导致大量突厥部落逃入安纳托利亚。13世纪40年代以前，塞尔柱鲁木苏丹国便受益于此。包括苏非和诗人鲁米（Rumi）一家在内的其他难民，使德里苏丹国和马穆鲁克苏丹国同样受益。塞尔柱人将很多不服管束的游牧民族迁至西部边境，这样他们就可以掳掠拜占庭人并找到

1　Kim，'The Early History of the Moghul Nomads'，p. 313.

2　Rachewiltz，*Secret History of the Mongols*，p. 59.

牧地。在这些游牧民族中演生出了一个突厥族群，以其首领的名字被命名为"奥斯曼"。

第10章

文化交流

　　成吉思大交换不仅促进了贸易和宗教的传播，也带来了思想与技术在全球范围内的交流。在文化交流方面，蒙古人自身并不总是传播的动力，不过他们确实有着直接或间接的参与。蒙古军队令人敬畏的力量保障了商路的安全，而这些商路则被商人、传教士和唯利是图的人所使用。因此，旅行者们亲眼目睹和亲身经历了新的思想、文化和技术，并经常将它们带回故乡。爱尔森关于元朝与伊利汗国之间知识文化交流的著作，是这一领域最为详缮的研究。[1]下文是对蒙古帝国与更远地区之间的思想、艺术、饮食和物质商品转运的探索。由于篇幅有限，而这一主题足以写成好几本著作，所以这里收录的条目不仅是因为它们的重要性，而且因为其中有一些未得到正确的评价。

1　Thomas T. Allsen，*Culture and Conquest in Mongol Eurasia*（New York，1997）.

思想

　　成吉思大交换通过思想的传播极大地改变了世界，尤其是在帝国分裂之后。在帝国分裂之前，学者、科学家以及其他有学识的人物在帝国周围活动，伊利汗国与元朝之间的联系则带来了更紧密的（至少是得到较完善记载的）学术交流。事实上，每个地区的学问都得益于在蒙古人支持下召集的国际论坛。波斯学者将波斯语巩固为一种书面语言，并使之成为伊利汗国宫廷和中亚的一种学问。这延续了蒙古时代之前就已开始出现的一种倾向，当时波斯语是突厥的宫廷语言。波斯影响下的文学和艺术传入安纳托利亚和印度，并成为这两个地区的主导性风尚。

　　蒙古人对位于蔑剌哈的天文台的赞助，带来了伊斯兰天文学与中国天文学的共同进步，因为帝国全境的学者们都从这个科学机构中获益。[1]纳速剌丁·图昔在这里发现太阳系是以太阳为中心的，比哥白尼早了近200年。尽管哥白尼的发现有可能也是独立完成的，但我们也可以推测他是否以某种方式接触到了图昔著作的译本。其他的工程还包括伊斯兰历与中国历换算表的发明。有趣的是，天文学得益于蒙古人的支持，但这却是间接的结果，因为旭烈兀下令修建天文台是为了辅助图昔为

1　'Ala al-Din Ata Malik Juvaini, *Ta'rîkh-i-Jahân-Gusha*, ed. Mirza Muhammad Qazvini（Leiden, 1912, 1916, 1937）, 3 vols, vol. I, p. 116; 'Ala al-Din Ata Malik Juvaini, *The History of the World-Conqueror*, trans. J. A. Boyle（Seattle, WA, 1997）, p. 148; Rashid al-Din, *Jami'al-Tawarikh*, ed. B. Karimi（Tehran, 1983）, vol. II, p. 734.

他进行星占。[1]这种思想随后传播到了帝国的其他部分，据记载，中东的天文学和数学设备在13至14世纪传到了高丽，而东亚的方法也进入了中东。

医学知识开始相互混合。许多蒙古大汗都很短命，尤其是在瘟疫横行的年代里，但是也有一些大汗相当长寿。成吉思汗活了大约65岁，忽必烈汗则活了将近85岁。两人都在危机四伏的宝座上度过了活跃的人生，像成吉思汗就曾不止一次死里逃生。无疑，他们的长寿至少部分是因为得到了医学界最好的健康护理。在帝国的地理版图之中，蒙古大汗得到的不仅有蒙古传统的医疗方法，也有中医和伊斯兰医学（其中包括盖伦医学），以及藏医和印度阿育吠陀医学的治疗方法。当一种医药体系无法奏效时，他们可以换用另一种体系。有一次，穆斯林医生没能治好合赞汗的病，他就找来了中国医生，而他在奄奄一息时也喝了印度和畏兀儿佛教医家的药。不幸的是，这些似乎只是加速了他的死亡。[2]

医术的混合导致了医药的融合，新的思想和条目进入了其他体系。例如，随着新的食物被引入中国和蒙古草原，传统的中医经历了一次新成分的爆发式增加。从相关的文献中，我们不仅能得到治病的药方，也能知道孕妇应该避忌哪些食物。[3]

1　参看 George Saliba, 'Horoscopes and Planetary Theory: Ilkhanid Patronage of Astronomers', in *Beyond the Legacy of Genghis Khan*, ed. Linda Komaroff（Leiden, 2006）, pp. 257-368; John A. Boyle, trans., 'The Longer Introduction to the Zij-i Ilkhani of Nasir-ad-din Tusi', *Journal of Semitic Studies*, VIII（1963）, pp. 246-247。

2　Allsen, *Culture and Conquest*, pp. 142-143.

3　参看 Paul D. Buell and Eugene N. Anderson, trans. and eds, *A Soup for the Qan*（London, 2000）, pp. 6-7。食谱根据功用和药性进行分类。

后者大概是基于伟大的中亚学者伊本·西纳（Ibn Sina，卒于1047年）——西方传统称之为阿维森纳（Avicenna）——的思想。此外还存在其他的类目。中医可能将许多药方看作是治病用的，而蒙古人也将它们当作晚餐，下文将对此加以讨论。拉施特本人也是一名医生，他在自己的著作中也记录了关于中医和其他医术的信息，使它们不仅出现在操作层面，而且也有了波斯语译文。[1]

我们也不应忽视史学的发展。拉施特写出了人类最早的世界史著作之一——《史集》。我们很难相信拉施特独自写成了这部书，因为他同时还要管理国家事务和其他的项目。他的做法就像现代的政治人物一样，与一些捉刀人和研究助手合作。拉施特能够接触到蒙古的文献和名人，这是他无与伦比的优势条件，他需要依靠助手来吸收所要用到的蒙古文、汉文、波斯文、阿拉伯文、藏文、回鹘文等多种语言的材料。[2]尽管《史集》可能并不是拉施特独自撰写的，但无论如何，该书在编纂方法和史源的使用方面是极为突出的，从而成为研究蒙古帝国的最重要的史料之一。尽管《元史》和其他汉文史料的重要性可能与《史集》相匹敌甚至尤有过之，但是它们之间有一个重要的不同点。拉施特撰写《史集》是为了献给合赞汗，因此反映出的观念对当时的蒙古人和政府而言是非常重要的；而《元史》则编纂于明朝，依据的是汉文史学传统。因

1　Abdulhak Adnan, 'Sur le Tanksukname-i-Ilhani dar Ulum-u-Funan-i-khatai', *Isis*，XXXII（1940），pp. 44-47.

2　Allsen, *Culture and Conquest*，pp. 84-90. 该书第12章中有关于拉施特的史学方法的全面研究。

此，《元史》虽然收罗了很多信息，但已经经过另一个政府的过滤，更多地根据汉人而不是蒙古人的兴趣进行了剪裁。[1]蒙古人在编纂《宋史》和《金史》时也参与了汉文史学传统，而且也接触过其他的史学传统，例如他们参与了拉施特《史集》的撰写。爱尔森对于《史集》史学编纂的先锋性研究揭示出，元朝与伊利汗国不仅在史料方面，而且在史学编纂与方法上都共享着信息。[2]在某些方面，他们所做的事情与互联网的初衷是相同的，即学者与政府机构之间共享信息。

地理学与地图学也得到了极大的推进，因为蒙古治世使旅行者们能够更为容易且安全地横穿帝国。每个旅行者的信息都建立在已知信息之上。例如，柏朗嘉宾显然像与他同时代的很多人一样，只知道耶路撒冷东部而不知道印度在哪里。而马可·波罗返回威尼斯的旅程是从中国到印度沿海再进入波斯湾。伊斯兰世界的学者们是较为博学的，像志费尼、拉施特这样的史学家或是像伊本·白图泰这样的旅行家提供的信息，促进了地图上的空白的填补。他们的著作揭示出大量关于东亚许多地区的知识，令人印象深刻。尽管这不是一夜之间发生的，但随着旅行者们揭露出一些神话传说背后的真相，世上的妖魔鬼怪和奇异事物就越来越少了。鲁布鲁克对于长老约翰传说的怀疑正是在这种情况下出现的——当然，鉴于葡萄牙人最终在16世纪将长老约翰认定为埃塞俄比亚的统治者

1　Allsen，*Culture and Conquest*，p. 93.

2　同上，p. 101。

（Negus），说明有些人拒绝放弃一个美丽的故事。[1]

当然，蒙古人在地理知识的传播过程中也并不是消极的。蒙古人的军事征伐及其建立的将整个帝国连为一体的驿站制度，直接促进了地理知识的增进。尽管蒙古人可能是在没有借助地图的情况下设立了最初的驿站，但随着他们扩张到蒙古草原之外，他们就需要依靠地图来规划最佳路线，以及保证驿站间距的统一。为了达到后一目标，技师们通过设置标记来测量驿站之间的距离，由此对空间距离与帝国的疆域有了更为切实的感受。

王权与正统的观念也在蒙古帝国这个大熔炉中发生了变化。蒙古人崛起之后，对于中央欧亚的大部以及某些更远的地区而言，成吉思汗的后裔才是拥有天命的、唯一真正合法的统治者。[2]在游牧地区尤其如此，因为蒙古人的成功和威望是无可争议的。蒙古帝国分裂后，蒙古人修改了他们的正统观。元朝统治者必须同时成为蒙古大汗和中国皇帝，而伊利汗则展现出波斯王统的一些外在象征。合赞汗及其继承者们偶尔会使用"帕迪沙"（Padishah）的称号。那些后来皈依了伊斯兰教的汗国也采用了一些伊斯兰因素，不过蒙古的权力意识形态仍然是最具主宰性的因素。在伊斯兰世界，前蒙古时代的模式仍然

1　William of Rubruck, *The Mission of Friar William of Rubruck*, trans. Peter Jackson（Indianapolis, IN, 2009）, p. 122.

2　Igor de Rachewiltz, 'Some Remarks on the Ideological Foundations of Chingis Khan's Empire', *Papers in Far Eastern History*, VII（1973）, pp. 21-36; Anatoly Khazanov, 'Muhammad and Jenghiz Khan Compared: The Religious Factor in World Empire Building', *Comparative Studies in Society and History*, XXXV（1993）, pp. 464-466.

存在，但是蒙古的阴影非同小可。随着阿拔斯王朝的覆灭，再也没有人能够自称是普世伊斯兰帝国的统治者了。[1]对于马穆鲁克而言，他们自身通过弑君而夺取大权，由此得来的统治权难免底气不足。他们只能紧紧抱住绝境中的蒙古人和乌里玛成员，以寻求支持。不过在蒙古人的眼中，马穆鲁克仍然是篡位者，甚至是奴隶。[2]

在后帝国时代，蒙古的意识形态仍然颇具影响力。明朝不必将自身的正统地位联系到蒙古身上，而是可以使用汉地传统的方法，宣称蒙古人失去了天命。在伊利汗国崩溃和蒙古人对中亚的统治力减弱之后，新兴诸政权都利用了蒙古正统性的因素。最著名的例子就是帖木儿与成吉思汗后裔的公主们结婚，将成吉思汗的三支后裔置于他的宝座之上，并且使用了"驸马"的称号。帖木儿的首要称号为"异密"，而在更为宏大的场合则称"吉星相会之主"（sahib qiran）。其他的突厥族群如奥斯曼和白羊王朝也保持着蒙古的模式，但将成吉思汗换成了显赫的突厥祖先。[3]莫斯科公国也奋力控制一种蒙古遗产，它尝试建立草原正统来对抗其定居邻国。

蒙古人也影响了女性的政治参与及其对于艺术、科技和宗教建筑的赞助（后者在本书第 7 章中已经有所讨论）。蒙古女性对于国家大事和忽里勒台大会的参与震惊了很多旅行者，他

1　Anne F. Broadbridge, *Kingship and Ideology in the Islamic and Mongol Worlds*（Cambridge，2008），p. 9.

2　长篇的讨论见 Charles Halperin, 'The Kipchak Connection: The Ilkhans, the Mamluks and Ayn Jalut', *Bulletin of the School of Oriental and African Studies*, LXIII（2000），pp. 229-245。

3　Broadbridge, *Kingship and Ideology*, pp. 9-10.

们对此做出了评论。来自基督徒、穆斯林和儒士的评论，显然都对女性公然颁布政府命令一事感到很不自在。在定居王国中，偶尔会出现活跃的女性统治者，而这在游牧民族中则是不寻常的。成吉思汗后裔诸公主都拥有自己的封地，且参与其治理。她们作为哈敦会公开地向自己的丈夫提出建议，而在其他的伊斯兰国家，在统治中发挥作用的女性也不会公开地这样做。尽管从蒙古帝国终结一直到20世纪，女性直接参与政治与统治事务的情况减少了，但是蒙古帝国统治过的很多地区仍然延续了这一传统。确实，受蒙古遗产的影响越强烈，女性就拥有越多的自由。帖木儿帝国及其继承者们很好地说明了这一点，因为那里的女性仍然参与忽里勒台大会、主持公共仪式并摄政监国。[1]

　　游牧社会中女性的地位相对平等，这决定了蒙古女性从蒙古帝国初期开始就在较大程度上相对公开地参与国家事务。[2]尽管游牧民族不是平等主义者，但其分工和生活方式要求女性能够承担与男性相同的工作，反之亦然。[3]因此，蒙古女性在丈夫或父亲缺席的情况下能够习惯性地承担起领导职责。尽管存在寡妇嫁给亡夫的兄弟或亲属的习俗，但是她也可以回绝这

1　Lisa Balabanlilar, 'The Begims of the Mystic Feast: Turco-Mongol Tradition in the Mughal Harem', *Journal of Asian Studies*, LXIX/l（2010），p. 126.

2　这一主题需要更多的关注。目前关于蒙古后妃的英文著作只有一本，即杰克·威泽弗德的 *The Secret History of the Mongol Queens: How the Daughters of Genghis Khan Rescued His Empire*（New York，2010）。不过，这一主题实际上在所有关于蒙古的著作中都有零星的讨论，但罕有专门的研究。希望在不久的将来，这一状况能够有所改变。

3　Timothy May, *Culture and Customs of Mongolia*（Westport，CT，2009），pp. 37-39，103-115.

样的提亲。在后蒙古时代，游牧民族的平等主义不再是唯一的
因素。即使在朝廷和精英较为定居化的时候，女性仍然在朝廷
中发挥着显著作用。这可能与她们能为像帖木儿系这样的驸马
君王提供合法性有关。[1]公主们（即使是很多代之后的公主）
的活跃地位维持了成吉思汗系纽带的概念。非成吉思汗系的继
承者们发现，称"驸马"是宣示合法性的一种便捷方法。

　　蒙古帝国的继承国失去其作为继承者的地位而建立自己的
独立认同，其中一个鲜明的标志常常与皇室女性的地位相关
联。这在萨法维帝国、奥斯曼帝国和莫卧儿帝国体现得最为明
显。萨法维帝国早期的皇室女性比晚期享有更多的自由。萨法
维帝国早期遵循的是游牧传统及其之前的白羊王朝、帖木儿帝
国和蒙古帝国的制度。女性在公共事务和外交事务中发挥作
用。蒙古帝国和帖木儿帝国的女性很少戴面纱，而萨法维帝国
的女性则戴面纱，通常以透明材质制成。随着时间的推移，蒙
古文化的影响终结了，帝国变得更加定居化。随着红头土库曼
的游牧习俗对波斯王统和宫廷生活失去了影响力，对女性地位
的限制就变得较为严格了。[2]

　　另一方面，在莫卧儿帝国，女性在朝廷中的影响力并未出
现衰退，甚至有扩大的倾向。大概是因为帖木儿系和成吉思汗
系双重的正统地位太过稳固，不会让位于来自波斯、印度或其

1　Balabanlilar, 'The Begims of the Mystic Feast', p. 126.

2　Maria Szuppe, 'Women in Sixteenth Century Safavid Iran', in *Women in Iran from the Rise of Islam to 1800*, ed. Guity Nashat and Lois Beck（Urbana, IL, 2003）, p. 162. Balabanlilar, 'The Begims of the Mystic Feast', p. 127; John Woods, *The Aqquyunlu: Clan, Confederation, Empire*（Salt Lake City, UT, 1999）, p. 95.

他地区的因素。我们甚至看到，来自阿富汗（或普什图）的妻子们拥有与成吉思汗后裔公主嫁给莫卧儿王子时一样的地位。她们实质上成为其部族在朝廷中的大使或者代表。[1]不仅如此，虽然蒙古统治者拥有众多妃嫔，但仍然只有他们的正妻对国家而言才最重要，因为只有正妻所生的儿子才有资格继承皇位。而且，娶妻的目的不仅仅是生育子嗣或者满足性欲，与伊斯兰世界中的后宫（harem）妃嫔不同。[2]因此，无子嗣的正妻仍然能够在宫廷生活中发挥作用。这一传统后来被帖木儿帝国和莫卧儿帝国沿袭。

奥斯曼帝国出现了一种与此类似但又有所不同的情况。起初，正妻们发挥着显著的作用。与萨法维帝国一样，当蒙古对奥斯曼人的影响衰退时，奥斯曼朝廷中女性的地位便改变了。尽管女性在联姻中仍然很重要，但是她们不像蒙古和莫卧儿朝廷中的女性那样在外交事务中发挥作用。不仅如此，妃嫔在生育子嗣方面更加受宠，这成了她们存在的理由，不过也有其他的目的。一名女性在生育子嗣之后，她的地位就与自己儿子的地位捆缚在一起。女性仍然在政治中发挥作用，但通常不是在公开场合，而是在幕后。[3]

政治观念也发生了改变。尽管忽必烈汗对儒学的使用很少，甚至不实行儒家的科举制度，而是偏重非儒家人士，但儒

---

1 Ruby Lal, *Domesticity and Power in the Early Mughal World*（New York, 2005）, p.176.

2 Leslie P. Pierce, *The Imperial Harem: Women and Sovereignty in the Ottoman Empire*（Oxford, 1993）. 这仍然是关于奥斯曼帝国后宫和后宫制度的最佳研究。

3 Balabanlilar, 'The Begims of the Mystic Feast', p. 129.

学还是回归了。1313年，元朝重开科举，用朱熹的理学作为注解，以助于管理这个汉化程度日益加深的国家。宋朝的学者们创立了理学，而元朝则将其影响扩大开来。在国际化的元帝国中，高丽的学者和官员们接触到了理学，并将其带回了朝鲜半岛。与汉族士人之间的长期交流，以及元朝官方的支持，无疑加快了理学在高丽和其他地区植根的进程。例如，元朝官方允许外国人参加科举考试。因此有一些高丽人在中国学习并参加科举，一些人留在了大都，也有一些人则回到了高丽。这使得许多受过教育的高丽人开始重新思考他们的官府、社会乃至其个人的举止。这种改变的回响至今仍有余音，因为这"引发了一场改变高丽社会的革命，塑造了文化规范和伦理标准的基础以及国家与社会的概念，在21世纪仍然影响着韩国人"。[1]

思想观念的表现还有其他很多方面，以上只是其中的一些例子。接下来是对其他方面的探索，即成吉思大交换如何改变了人们对文化、饮食和物质商品的认识，以及这如何影响了整个世界。

艺术

现在常见的蒙古人形象常常仍是穿着毛皮的野蛮人，穿越欧亚大陆放火和抢劫（尽管有时是正确的），但人们忽视了这

1　Michael J. Seth, *A Concise History of Korea: From the Neolithic Period through the Nineteenth Century*（Lanham，MD，2006），p. 117.

样一个事实，即他们在各种类型文化的传播以及艺术概念的重构中发挥了作用。蒙古人通过入侵、逃难和赞助等方式，刺激了文化的变化。

在安纳托利亚（即今天的土耳其），由希腊文化大规模转变为突厥文化的过程主要是在蒙古时代发生的。当然，突厥化进程始于1071年塞尔柱人在曼奇刻尔特战胜拜占庭帝国。后来突厥游牧民族的稳定涌入，以及拜占庭帝国影响的消失，导致了希腊文化因素的衰退。尽管如此，从族群和文化上来说，当地居民仍然基本上是希腊人。塞尔柱苏丹国有着显著的波斯影响，并模仿了伊朗的官制。无论如何，安纳托利亚在文化方面仍然是一个非常偏僻的地区，直到13世纪20年代仍然如此。

正是在这时，成吉思汗的军队确实如同穿着兽皮的野蛮人一般在烧杀抢掠，铁骑踏过中亚和伊朗西北部。显而易见，人们但凡能逃走就不会留下来面对蒙古人。许多诗人、学者等知识分子奔逃1,800多英里，到达塞尔柱苏丹国的首都科尼亚。也有一些人逃到了其他国家避难，但安纳托利亚一夜之间成为文化收容所和难民知识与创作的受益者。就像把纽约的戏剧、电视和教育中心迁移到俄克拉荷马州的图斯拉——一个自得其乐的城市，但没有人会将它列为美国的文化中心。20年后，蒙古人在1243年赢得了阔薛答黑之战的决定性胜利，并征服了安纳托利亚大部。这说明1,800英里的距离不足以避开蒙古人，但是蒙古人在这里的统治相对宽松，只有在发生地方叛乱时才会插手。蒙古人更钟爱的是波斯文化而不是阿拉伯文化，安纳托利亚的上层文化继续波斯化。蒙古人的到来也为安纳托利亚带来了更多的突厥人，有的是作为难民，有的是作为蒙古军队的成员，从而加剧了该地区的突厥化。特别是在伊斯兰教成为伊利汗国的国教之后，这一地区进一步伊斯兰化。[1]

艺术史学者越来越注意到，蒙古时代是伊斯兰艺术的一个高峰，尤其是在伊利汗国境内。这在很大程度上是因为西方、波斯和中国传统的结合带来了新的风格。拉施特编纂的《史集》每年都要以波斯文和阿拉伯文抄写一遍，为了绘制插图，他将很多艺术家带到了他的工作坊中。他们的画作中不仅有传统的波斯主题，也结合了中国、中亚的佛教艺术和拜占庭圣像艺术，以及意大利锡耶纳的艺术。这些艺术风格不仅来自对实物的模仿，在蒙古治世之下，中国、意大利和希腊等地的艺术家来到大不里士，带来了各自的技艺。最显著的证据就是中国山水画技法的使用，作品以山岩为架构，包含了地势与其他自然景物。[2]类似的情况也发生在东亚，中东风格进入了中国艺术之中——最生动的体现是瓷器，下文将加以讨论。这一时期的艺术也受益于跨文化的观念，并体现在艺术品当中。蒙古文化和佛教都不禁止表现人物和神像。[3]因此，信仰伊斯兰教的蒙古人允许波斯细密画描绘先知穆罕默德——这在马穆鲁克苏丹国是永远都不会出现的。在这种情况下，中国和波斯的

1　参看 Speros Vyronis, *The Decline of Medieval Hellenism in Asia Minor and the Process of Islamization from the Eleventh through the Fifteenth Century*（Berkeley, CA, 1971）。

2　Oleg Grabar, *The Illustrations of the Maqamat*（Chicago, IL, 1983）, p. 150.

3　Robert Hillenbrand, 'The Arts of the Book in Ilkhanid Iran', in *The Legacy of Genghis Khan*, ed. Linda Komaroff and Stefano Carboni（New Haven, CT, 2002）, p. 150; Johan Elverskog, *Buddhism and Islam on the Silk Road*（Philadelphia, 2010）, p. 167.

艺术都变得更加国际化，我们可以将其看作艺术史上一个独特的时期。这种交互影响扩展到了伊朗和中国之外，伊利汗国统治下的亚美尼亚等地也效法了新的风格。[1]

同时，在大不里士工作的也有意大利艺术家，于是这些新风格就传到了意大利，为意大利艺术注入了新能量。[2]蒙古帝国发生的事件也出现在了意大利的艺术作品中，例如1321年塔纳的方济各会士的殉道。我们不能将意大利文艺复兴归功于蒙古人，但是他们显然产生了影响，比如在艺术方面，以及意大利商人通过与蒙古人贸易而获得了财富。意大利商人是文艺复兴的赞助人，他们为创作计划提供了大部分的资金。在蒙古人到来之前，他们在地中海东部和黑海非常活跃，但是如果没有成吉思大交换，文艺复兴很可能会呈现出不同的面貌。

在某些层面，蒙古人的影响并不值得诧异。正如蒲乐安（Roxann Prazniak）注意到的，蒙古皇室的意识形态"直白地提出向多元宗教迈进，将艺术创作置于当下社会空间之中，而不受地域文化格局的限制"，"蒙古赞助的文化工程，强调在创造历史过程中的人文动力，以及表现客观世界时的自然主义"。[3]她也观察到，意大利艺术作品中越来越多地出现亚洲面孔，这是14世纪的一个趋势。[4]不过，这可能并不

1 关于亚美尼亚艺术的转型，可参看 Dickran Kouymjian, 'Chinese Motifs in Thirteenth-Century Armenian Art: The Mongol Connection', in *Beyond the Legacy of Genghis Khan*, ed. Linda Komaroff (Leiden, 2006), pp. 303-324。

2 Roxann Prazniak, 'Siena on the Silk Roads: Ambrogio Lorenzetti and the Mongol Global Century, 1250-1350', *Journal of World History*, XXI (2010), p. 216.

3 同上，pp. 215-216。

4 同上，p. 209。

完全准确，因为艺术作品中出现的蒙古人或鞑靼人（已成为欧洲艺术作品中一切草原游牧民族的代表）可能表现的是意大利的鞑靼奴隶。[1]

经历了文化转型的不仅仅是意大利和波斯，蒙古的入侵可能也促进了高丽的文化自觉。[2]由于蒙古的反复入侵，高丽在14世纪以前的文学和艺术作品罕有存留，而在元代，战争的终止导致了某种文化复兴。正是在这一时期，朝鲜开国祖先檀君的传说出现于《三国遗事》和《帝王韵记》中。高丽佛僧与更大的佛教世界之间的交流日增，从而使高丽编纂和翻译了佛教经典《高丽大藏经》。[3]这是现存最完整的三藏经典，全书最初纂成于11世纪，后毁于1231年蒙古的入侵。1235年至1251年间，高丽人在江华进行重修，共雕造了81,137块版，足以印刷16万页。

新的思想和文化无论进入还是离开高丽都要经过中国。中国与高丽之间的物质和思想交流已经持续了很多个世纪，艺术也不例外。元朝与宋朝不同，没有建立由官方出资的画院。自8世纪的唐朝便已建立的翰林院，仍然聚集了大量艺术家和学者供蒙古人任用，其中包括中国中古时代最重要的艺术家之一赵孟頫。也有一些艺术家拒绝了蒙古人的资助，但仍然极富创造力，发展出了"文人画体系"，并"主宰了此后的中

1　Iris Origio, 'The Domestic Enemy: The Eastern Slaves in Tuscany in the Fourteenth and Fifteenth Centuries', *Speculum*, XXX/3（1958）, pp. 321-366.

2　Seth, *A Concise History of Korea*, p. 109.

3　同上。

国绘画"。[1]在帝国的其他部分，翰林院之外的艺术家也得到了蒙古人的资助。忽必烈汗的曾孙女祥哥剌吉是一位艺术收藏家，也是几位艺术家的赞助人。其他的蒙古公主也如法炮制。蒙古官员也资助制造宗教用品的艺术家。

蒙古人对中国艺术的影响与其他统治中国的异族王朝相似——出现了更多非中国产的动物。如果你见到一匹马成为一幅中国绘画的中心部分，而奇怪的是它却来自外来（草原）艺术，不过汉人自己也有描绘朝贡而来的马的艺术作品。中亚艺术中有大量的动物主题，其中鹿、鹰和马是最受欢迎的。这不仅出现在绘画中，也尤其常出现在金属制品上，甚至是在无处不见的鞍饰、带饰和牌子等物品上。[2]

元代也是书法和诗歌的创新时代，这部分是由于被朱子理学灌注了活力。理学艺术运动中最有影响力的人物之一是畏兀儿人贯云石（1286—1324）。他不仅参加科举并成为官员，同时也是一位中国文学传统中的诗人，且兼擅儒学与散曲。[3]他也作为最伟大的散曲作家之一而闻名于世。散曲出现于元代，由元杂剧的唱词发展而来。

想要讨论蒙古帝国引发的所有艺术变化是不可能的。但关键的因素在于，它允许融合性风格的出现，同时各种各样的艺

1　Morris Rossabi，'The Mongols and Their Legacy'，in *The Legacy of Genghis Khan*，ed. Linda Komaroff and Stefano Carboni（New Haven，CT，2002），p. 29.

2　James C. Y. Watt，'A Note on Artistic Exchanges in the Mongol Empire'，in *The Legacy of Genghis Khan*，ed. Linda Komaroff and Stefano Carboni（New Haven，CT，2002），pp. 66-68.

3　F. W. Mote，*Imperial China 900-1800*（Cambridge，MA，1999），pp. 508-509.

术家可以分享其想法。确实，我们很容易看到中东艺术中的中国影响，反之亦然。同时我们也不能忘记，蒙古帝国将中国分裂了300年的南北双方统一了。正如牟复礼（Frederick Mote）注意到的，南方与北方的文化氛围有着显著的不同。[1]中国统一所产生的影响，使南北交流变得与东西交流一样重要。

饮食

任何一个曾经去过外地旅行的人都知道，各地的饮食可能会非常相似，也可能极为不同，比如芝加哥或纽约的披萨，或者河南和四川菜中的辣椒。中世纪时期也没有什么不同，蒙古帝国引起的一个重要变化就是对烹饪习惯的影响。这样一个跨越大洲的帝国，且人口穿越帝国活跃地迁徙，从而使新的饮食和口味得以传播、混合和演变。蒙古人从未舍弃他们的肉食和乳制品（可谓今天高蛋白饮食习惯的先驱），但他们确实也对新的菜肴表现出了兴趣。尽管在蒙古时代之前，中国与中亚族群之间就有着可观的联系，但是在蒙古帝国时期发生了重要的烹饪交流。尤其值得注意的是，许多食谱（通常是药方）出现在了汉文史料中，其中带有明显的中东影响。

例如，中东的一种主要食物鹰嘴豆与富含麸质的硬粒小麦一同在元代中国出现，并进入了中国的饮食。小麦可能更为重要，因为它是一种制作发酵面点的关键成分，也可以制成薄面

1　F. W. Mote, *Imperial China 900-1800*, pp. 511-512.

片用来包饺子，或者用于制作点心和面条。[1]

据传说，是马可·波罗将面条带到了意大利，实际上应该感谢蒙古帝国将面条带给了大众。[2]我们也不应忽视鹰嘴豆的传播。在《饮膳正要》中，我们发现鹰嘴豆出现在13份食谱中。[3]通过这部著作，我们可以对中医以及大汗宫廷中的医药进行深入的观察。《饮膳正要》的译者们甚至仿制了所有的盘子，只是不得不做些妥协，因为所有的杂货商都狼狈为奸。无论如何，在蒙古帝国如此辽阔的疆域内，可以得到种类极多的调味品和食物，更不用说厨师了。20世纪末21世纪初的"融合菜"显然并不是一种全新的现象。

对蒙古帝国的饮食方式做出突出贡献的是突厥人。如果不考虑被卖为奴的操突厥语的马穆鲁克，那么突厥人先于蒙古人200年就到达了中东，他们可能保持着自身的一些文化规范，但实际上并未带来自己的文化环境。随着蒙古时代而来的不仅有蒙古人，还有更多的突厥人。尘埃落定之后，突厥人仍然是膳食领域的重要对话者。他们不仅将中东食物融入自己的饮食，也把其他的食物引入了中东。[4]因此，《饮膳正要》的作者忽思慧是一名汉化的畏兀儿人也就不足为奇了。蒙古征服汉

1　Buell and Anderson, *A Soup for the Qan*, pp. 65-67.

2　正如与马可·波罗有关的一切事物一样，意大利面何时在意大利出现至今仍有疑问。当然，意大利人必须等到哥伦布发现美洲以后才有了土豆，直到19世纪土豆泥才投入使用。

3　Buell and Anderson, *A Soup for the Qan*, pp. 275, 278-279, 281-282, 284-286, 288-289, 302, 517-518.

4　Paul D. Buell, 'Mongol Empire and Turkicization: The Evidence of Food and Foodways', in *The Mongol Empire and Its Legacy*, ed. Reuven Amitai-Preiss and David O. Morgan（Leiden, 2001）, pp. 204-205.

地带来了中国和蒙古膳食的突厥化，至少在宫廷中是如此，正如《饮膳正要》中所反映的那样。蒙古基本食谱中常常加入突厥化的鹰嘴豆，或者其他拥有更鲜明突厥源头的食物，例如千层饼（börek），于14世纪（元代）首次在中国出现。其他的食物还包括果仁蜜饼（baklava），其名称可能源于蒙古语词汇。一种标准的突厥食物被称为"manty"，其名称可能源于汉语中的"馒头"。不过，突厥人的"manty"通常带有肉馅，因此这种关联可能仅仅是巧合。[1]

人们用餐时少不了饮品，蒙古人也不例外。金银匠威廉·比希耶设计的银制喷泉可以喷出四种酒。蒙古人本来的饮品是马奶酒，突厥语中称为"忽迷思"，由马奶发酵而成。初秋季节以后，马奶酒就很难找了，以我个人的经验，在每年9月以后寻找马奶酒真是比登天还难。不过，汗们显然能够做些安排，以保证自己得到供应。[2]威廉·比希耶的银树中喷出的其他三种酒反映出蒙古帝国的疆域范围：来自中国的米酒、来自中东和中亚的葡萄酒以及来自罗斯森林的蜜酒。应该注意的是，酒量随着世代推移而增长。[3]成吉思汗喜爱马奶酒，也会喝一点他遇到的其他酒，而窝阔台可能极为热爱他的葡萄

1　Buell, 'Mongol Empire and Turkicization', pp. 216-217, n. 69.（宋元时期的馒头确实是有馅的，因此突厥语中的"manty"与汉语中"馒头"之间的关联应该不是巧合。可参看蔡美彪：《辽金元史十五讲》，第十五讲"馒头、包子的由来与同异"，北京：中华书局，2011年。——译者）

2　William of Rubruck, *The Mission of Friar William of Rubruck: His Journey to the Court of the Great Khan Mongke, 1253-1255*, trans. Peter Jackson（London, 1990）, p. 82.

3　Thomas T. Allsen, 'Ögedei and Alcohol', *Mongolian Studies*, XXIX（2007）, pp. 3-12.

酒。后来的汗们在中国和中东的影响下遇到了蒸馏酒。现今蒙古国生产的成吉思汗牌伏特加，可以说是蒙古人吸收了俄罗斯的影响。

物质商品

不管人们吃饭还是饮酒，总是需要一件用于盛装的器皿。在蒙古帝国时代，瓷器是一种遍及欧亚世界的主要商品。元朝在13世纪制造的瓷器，在大马士革附近、埃及以及那里与其产地江西景德镇之间的几乎每一处考古遗址中都有所发现。一个现成的市场出现了，尤其是在精英阶层之中。在伊斯兰教地区有禁用金银餐具的禁忌，因此形成了一种需求。[1]相似的需求也出现于中世纪的欧洲。在蒙古时代之前，瓷器可能是整个欧亚世界所渴求的一种奢侈品，蒙古人使其变得较以前更加易得，而且创造出一种新的风格，并型塑了接下来几个世纪中瓷器的外观。

蒙古时代瓷器的标志是其青色装饰。在蒙古时代以前，中国瓷器倾向于不使用装饰。景德镇的瓷器作坊于约1325年开始生产青花瓷，包括碗、瓶等各类器型。[2]匠人们给白瓷上釉，然后饰以青色，接着再上一层釉，用高温烧至表面坚硬而

1　Timothy Brook，*The Troubled Empire: China in the Yuan and Ming Dynasties*（Cambridge，MA，2010），p. 206.

2　Carswell，'More about the Mongols: Chinese Porcelain from Asia to Europe'，*Asian Affairs*，XXXVI/II（2005），p. 158.

透明。[1]青色的使用是引人注目的，因为青色对蒙古人而言是长生天的颜色，因而是一种神圣的颜色，而染色技术则得自伊朗陶瓷使用已久的钴青染色法。通过蒙古统治下中国和中东之间的商品贸易和技术交流，人们采用新的技术制造出了一种极美的产品。许多物件是专为满足蒙古人的需求而制造的，例如盛马奶酒的碗。不仅如此，除了钴青染色法，瓷器的销量和产量较宋代都有显著增加。这并不令人感到惊奇，因为这些产品既美观又实用。陶瓷上的釉能够防止以流食为主的蒙古人的汤（shülen）渗漏或者被容器吸收。这只有在成吉思大交换的作用下才可能出现。波斯的陶瓷工匠缺乏制作瓷器的技术和白陶土，而中国工匠则需要钴青染色法。不过应该注意的是，仍有许多陶工拥有制造仿制品的精巧技术，仿制品的外观与真品十分相像。[2]

陶瓷的魅力持续了几个世纪。尽管欧洲人在奥地利找到了合适的白陶土，但是他们仍然缺乏制造较高质量陶瓷的技术，而且设计不出精美的细节。据我在作为一名考古学学生时关于瓷片的经验，13世纪之前英国、法国和德国的努力在精美的中国陶瓷面前都是苍白无力的。欧洲各国的精英从未停止对陶瓷的欲求，随着工业革命的进展，中产阶级也开始追求精美的瓷器，今天通常称之为"晚宴瓷器"。

其他地区产的陶瓷也在蒙古帝国境内来来往往。除了中国

1　Brook, *The Troubled Empire*, p. 206.

2　关于各种制造方法，可参看 Oliver Watson, 'Pottery under the Mongols', in *Beyond the Legacy of Genghis Khan*, ed. Linda Komaroff（Leiden, 2006）, pp. 325-345。

瓷器，可能还有伊朗的彩绘陶瓷。尤赤汗国境内的考古发现显示，彩绘陶瓷模仿了中国瓷器。萨莱的工匠使用一种名为"卡申"（kashin）的硅酸盐，制作出与中国瓷器类似的表面和白色。[1]工匠们还使用伊朗的釉技术，将钴蓝色和其他多种颜色结合在一件产品上。卡申瓷器虽然比中国瓷器稍稍滞后了一步，但也具有很高的质量。金帐汗国的众多作坊中生产的瓷器，与伊利汗国和马穆鲁克苏丹国的产品是同等水平的。[2]在蒙古征服之前，尤赤汗国地区并不生产这种类型的瓷器，因此技术交流肯定发生在帝国分裂之前或者蒙古–马穆鲁克联盟时期。制造卡申瓷器必须使用高温窑。考古学家已经发掘出了高度发达的窑，其中有复杂的垂直管道，能通过火室传递热量。[3]

瓷器是一种奢侈品，而更加世俗的物事也在欧亚大陆移动。其中之一就是独轮车。独轮车自从汉代就存在于中国，但是直到13世纪才在欧洲出现，即蒙古人进军欧洲的数年之后。鉴于独轮车不太可能是碰巧从蒙古人的马背上掉落的，因此更有可能是某位前往东亚的旅行者见到了它，并记录了其使用方法。

另一项便是印刷术，自10至11世纪起就分别在中国和朝鲜付诸使用。木版印刷术在此之前就已经投入使用，但是活字印

1　Carswell，'More About the Mongols'，p. 160.

2　Mark G. Kramarovsky，'Conquerors and Craftsmen：Archaeology of the Golden Horde'，*Genghis Khan and the Mongol Empire*（Seattle，WA，2009），pp. 187-188.

3　同上，p. 188。

刷术极大地改变了出版界。宋人毕昇在11世纪40年代发明了活字印刷术。[1]起初使用黏土制版，偶尔用木制，这两种类型在元代都有所使用。[2]这种技术开始向西传播，西夏人使用木活字印刷，吐蕃人也偶有使用。[3]

印刷术随着蒙古人传到了中东，但没有发展出波斯文和阿拉伯文的印刷术。而乞合都汗于1294年引入并发行纸钞时也引入了印刷术，不过木版印刷在蒙古时代之前就已存在。马可·波罗提到了纸钞的使用，但没有描述其印刷技术，因此在瑞典于1661年发行纸币之前，印刷术最重要的用途之一一直被欧洲人忽视。[4]元帝国最初使用木版，1275年之后改用铜版。元朝的纸牌也使用类似的方式制造，但是，目前还没有证据表明在乞合都汗或者其他伊利汗时期曾用印刷术制造纸牌。[5]因此，如果印刷术传入了欧洲，应该是来自东亚或者尤赤汗国的，不过后者的可能性较小。

下一项重要的革新是发明金属活字。已知最早使用金属活字的事例是1234年高丽印制《详定礼文》28部。[6]考虑到《高丽大藏经》所需木版的数量，高丽发明金属活字或许是出于担心木版原料耗尽。尽管旅行者们一定曾见过印本书籍，但是我

1　Mote，*Imperial China*，p. 326.

2　Allsen，*Conquest and Culture*，p. 176.

3　L. Carrington Goodrich, 'Movable Type Printing: Two Notes', *Journal of the American Oriental Society*, XCIX（1974）, pp. 476-477; Richard P. Palmieri, 'Tibetan Xylography and the Question of Movable Type', *Technology and Culture*, XXXII（1991）, pp. 82-90; Allsen, *Culture and Conquest*, p. 177.

4　Marco Polo，*The Travels of Marco Polo*，p. 134.

5　Allsen，*Conquest and Culture*，p. 181.

6　Seth，*A Concise History of Korea*，p. 114.

们不太清楚这样的书籍是否曾被向西带到欧洲或中东。拉施特显然只是从乞合都汗印行纸钞的行为中见识到了印刷术的部分潜力。[1]不幸的是，印刷术未能流行——可能是受到了印钞的牵连。正如爱尔森所指出的，中东对活字印刷术的反对持续了几个世纪之久，直到19世纪才予以接受。他们的反对是基于社会、宗教和政治方面的理论。这可能是一种仇外主义，不过与接受其他事物相比，反对活字印刷术似乎是很不恰当的。[2]制作阿拉伯字母的词首、词中、词尾形式方面的难度，大概才是真正的原因。想象一下如果古腾堡（Gutenberg）第一次进行印刷的时候使用连体字母会是什么样子吧。

因此，印刷术留在了东亚，而没有在中东产生持久的影响。拉施特对印刷术表示向往约150年之后，古腾堡创造出了高丽金属活字印刷术的改进版。尽管独立的发明是可能的，但是印刷术的复杂性显示，外部影响发挥了一定的作用。高丽人使用金属活字印刷术比古腾堡早了200年，这种创意很可能是在蒙古的中介作用之下传给了古腾堡，例如一本今天已经佚失的传教士或商人的旅行记。不过，古腾堡印刷术的其他方面显然借用自葡萄酒和橄榄油压榨术等技术。

尽管在大众的想象中，蒙古风格就是穿着皮裘的野蛮人，但蒙古人其实是相当有时尚意识的，而且实际上对中世纪的时尚造成了可观的影响。如前文所述，他们热爱金线丝织品纳失失。这种布料既可以是素雅的，也可以是华丽的，结合了

---

1 Allsen，*Conquest and Culture*，pp. 184-185.

2 同上，p. 235。

伊斯兰世界、中亚和中国的花纹和式样。欧洲人称之为"鞑靼布",其异域风情和高昂价值很快鼓动起一次时尚风潮。尽管蒙古模特并未走下哈剌和林的T型台,但旅行者们见到了鞑靼布并得到了这种礼物。菲利普五世(Phillip V)在1317年也拥有各种鞑靼服装(如tartair、draps d'or applez naques及nachis)。[1]因此,我们看到纳失失作为一个借词进入了欧洲语言。如同今天的时尚一样,模仿者很快紧跟潮流。颇有讽刺意味的是,在意大利人们将阿拉伯字母和亚洲文字用作装饰,或者臆造出一种文字,以模仿蒙古帝国的方体字——八思巴字。[2]尽管在意大利也出现了一些丝绸产业,但是意大利商人也从东方获取丝绸,因为大不里士在蒙古人的统治之下成为一个丝绸中心,阿亚斯港的西里西亚同样如此。此外,热那亚商人从阿迦购买蒙古丝绸并出口到欧洲,不过这随着1291年马穆鲁克攻陷阿迦而告终。

丝绸并不是蒙古人影响时尚的唯一媒介。棉花也是由蒙古人刺激了需求的一种布料,只不过不是奢侈品。棉花的生产直到13至14世纪才在中国出现。它生长于西域(现在的中国新疆)和云南,但这两个地区当时都不在金朝和宋朝的控制之下。因此棉花只是通过贸易输入,与丝、麻难以竞争。[3]这种情况的改变得益于棉纺织技术的发展,也得益于蒙古人的到

1　David Jacoby, 'Silk Economies and Cross-Cultural Artistic Interaction: Byzantium, the Muslim World, and the Christian West', *Dumbarton Oaks Papers*, LVIII(2004), p. 233.

2　同上, p. 235。

3　Stephen F. Dale, 'Silk Road, Cotton Road, or . . . Indo-Chinese Trade in Pre-European Times', *Modern Asian Studies*, XLIII/1(2009), p. 83.

来，因为元帝国制造军装需要棉花。[1]有五个行省以棉花的形式缴税。奉行实用主义的蒙古人无疑认识到了在潮湿的江南和东南亚穿着皮制、丝制服装的局限性。棉布也能制造出符合军事需要的更好的服装。不过棉花的传播并没有随着蒙古军事活动的停止而中断。棉花和棉布的生产在1363年通过外交使节为高丽人所知。一位名为文益渐的使臣目睹了棉花的生产，他获得了一些棉花种子，并送给了他的岳父，后者成功地种植出了棉花。[2]

正如意大利人开始模仿蒙古式时尚，在帝国另一端的高丽人也在这样做。成千上万的高丽人或在蒙古宫廷中服务和探访，或与蒙古官员通婚，蒙古时尚在高丽成为主流，许多高丽人都采用了蒙古人的服装和发式。[3]其中包括蒙古风格的毛皮长袍，其样式从13世纪至今基本未变。这是一种宽松的长袍，长及膝盖以下和小腿中部以上，前面用两个线扣系在重叠侧的环上，连住右侧的上部及内部。通常也系以腰带，男女下身皆穿裤。正是蒙古人右衽（衣襟右掩）的这一事实，将他们与左衽的其他游牧民族区别开来。

蒙古头饰也影响了欧洲的服饰商。欧洲常见的公主皇冠是尖头的，并带有面纱或拖裾，这是受到了蒙古公主们的冠帽的启发。多数蒙古帽都有折边，且为皮制，不过皮革和毛衬里也

---

1 Stephen F. Dale, 'Silk Road, Cotton Road, or . . . Indo-Chinese Trade in Pre-European Times', p. 83.

2 Seth, *A Concise History of Korea*, p. 110.

3 Evariste-Regis Huc and Joseph Gabet, *Travels in Tartary, Thibet and China, 1844-1846*（New York, 1987）vol. I, pp. 315-316.

很常见。至于欧洲的时尚，则是冠帽逐渐变高，这成为欧洲巫师帽和法师帽的原型。考虑到教会对巫术的态度，其主要服饰与蒙古人相关，更容易让人将巫术联想为一种"他者"。

结论

这只是成吉思大交换的后果中的一些样本。直到最近几十年，蒙古帝国在世界历史上的影响才被蒙古帝国史研究者之外的学者真正领会，而其他人则很早就注意到了蒙古的影响：

> 这些冒险家中有很多一定是留在或者死在了他们探访的国度。也有一些回到了自己的故国，像他们离开时一样名不见经传；但是他们带回了满载着见闻的想象，并转述给了他们的家人和朋友，其中无疑带有夸张的成分；但是他们在荒谬的预言之中留下了一些有用的回忆和故事，这非常有益。因此，在德国、意大利和法国，在修道院、贵族阶层甚至是下层社会中，宝贵的种子都已播下，在后来的时代中注定会发芽。所有这些名不见经传的旅行者，将他们故乡的技艺带到了远方，并带回了同样宝贵的其他信息，从而无意中影响了生产力更强的物品的交流，而不是那些已经在贸易中出现的商品。通过这种方式，不仅来自印度斯坦的丝绸、瓷器和商品的运输变得更加广泛和畅通，并打开了新的工商业之路，而且那些更有价值的、来自前所未知的外来民族的风俗习惯和奇特产品，也都被带

到了自罗马帝国陷落之后就封闭在狭小圈子里的欧洲人眼前。人们开始想到，在世界上最优秀、最古老、人口最稠密的文明之中，毕竟有些东西是值得注意的。人们开始思考和研究这些民族的艺术、宗教和语言，甚至有人建议在巴黎大学设立鞑靼语言教授。浪漫的口吻在一定程度上被讨论削弱，但朝所有方向传播了更为公正、更为多样的消息——世界似乎正向着东方开启。地理学迈出了巨大的步伐，地理大发现的热情成为欧洲人冒险精神的新形式。随着我们对自己所处的半球更加了解，另一个半球也不再是一个缺乏可能性的悖论了。哥伦布正是在寻找马可·波罗所说的日本（Zipangri/Zipangu）的过程中发现了新世界。[1]

本章只是对蒙古时期文化交流的一个简要介绍，关于这一题目可以写成一整本书。我在本章开头提到了爱尔森，他可以说是从世界视野研究蒙古帝国的成就最突出的学者，他在《蒙古欧亚的文化和征服》一书中探讨了这一课题。尽管该书用了七章的篇幅来阐述医药、印刷等专题，但仍然不够。无疑，学者们仍然会继续研究文化交流和文化传播，揭示出更多的材料，披露出更多的信息。因此，更多的工作（包括本章在内）都会关注东西交流。未来的学者可能也会强调南北交流，以更多的细节来阐明蒙古帝国如何影响了西伯利亚和南亚、东南亚的文化，而关于德里苏丹国的研究则表明，这项工作已经开始了。

1　Seth，*A Concise History of Korea*，p. 110.

专名表

Alba qubchiri
差发。既有临时征收，也有定期缴纳。形式是为蒙古政府服役，通常是军役，但也有其他形式。

Altan Orda
金帐、金宫。指代皇家宫帐。

Altan Urugh
黄金家族。成吉思汗家族。

Anda
安答。结义兄弟。

Aq Orda
白帐汗国。术赤汗国的一部分，与金帐汗国相对，统治里海草原并延伸至哈萨克斯坦。

Bichegchi
必阇赤，又作bichigchi，复数为bichigchin。蒙古官制中的书记官。

Dalai
答来。帝国内属于国家的土地，本质上属于大汗，其赋税缴纳给国库而非诸王。

Darughachi
达鲁花赤，复数为darughachin，职官名。其管辖范围可能是一个村镇，也可能是整个地区，负责收税和维持法度。

Dinar
第纳尔。伊斯兰世界的货币，以罗马和拜占庭帝国的denarius银币为基础。典型的形式是金币，但合赞汗统治时期改为银币。

Dirhem
迪拉姆。源于萨珊王朝货币，是伊斯兰世界的小额货币。在伊利汗国，6个银迪拉姆等于1第纳尔。

Faqih
伊斯兰教法学家，复数为fuqaha。

Gerege
牌子。准许使用驿站的官方文书或通行证，以木、铜、银或金制成，使用者的地位越高、特权越大，材质也越贵重。

Güregen	成吉思汗系驸马。
Inje	媵者。蒙古贵族和高级官员的从属财产，既包含地产，也包含奴隶和自由属民。
Inju	因朱。见*inje*。
Iqta	亦黑塔。伊斯兰世界的一种土地税，以货币或实物的形式缴纳给士兵或官员。后者并不一定统治此地，只是获取收益。
Jarghuchi	札鲁忽赤。蒙古帝国的断事官。亦见*yeke jarghuchi*。
Keshik	怯薛。大汗的侍卫和家中执事。
Kizilbash	红头突厥。游牧民和萨法维苏非的追随者，后来成为什叶派萨法维王朝的支柱。
Köke Orda	青帐汗国。通常指尤赤之子昔班的斡耳朵及尤赤汗国大部。
Khamag Monggol Ulus	全体蒙古兀鲁思。成吉思汗最初所建国名，后改为大蒙古国（*Yeke Monggol Ulus*）。
Khwajas	火者。从事远距离贸易的穆斯林商人。
Madrasa	伊斯兰宗教学校，也教授历史、阿拉伯语和法律。
Nutag	嫩秃黑。蒙古语词汇，意为"牧地"。
Orda	斡耳朵，又作*ordo*。突厥语、蒙古语词汇，意为"宫帐"，也是英语中"horde"一词的词源。也指由该宫帐所控制的地区。
Ordu	见*orda*。
Ortagh	斡脱。商人，蒙古贵族的合作伙伴。这种商人通常得到免税待遇，在13世纪40年代，很多斡脱商人滥用特权。斡脱商人大多是主宰了大部分欧亚贸易的穆斯林。
Paiza	牌子，见*gerege*。
Qadi	哈的，伊斯兰教法律体系中的法官，由国家

	任命。
Qarachi beys	哈剌赤伯。一个汗国中非成吉思汗系的最高阶的四位领导者，一般是部族首领，能够平衡汗的权力。第一个词也拼作*kharachi*。
Quriltai	忽里勒台。帝国的诸王和领袖人物的大会，会上讨论重要事务，选举新汗。
Sheng	省。元朝的行政区划。
Tael	两。中国的银单位，等于10,000伊利汗国银第纳尔。
Tamgha	探合。向商人征收的商品附加税，每笔交易的税额为5%~10%。这个词的含义是"印章"，支付过探合税的商品上会加盖一个印章。
Tamma	探马。一种特殊军队，设于蒙古帝国边境，用于维持统治，扩张蒙古的影响和疆域。探马随边境向前推进，因此总是处于前线。
Tammachin	探马臣。探马的成员，单数形式是探马赤（*tammachi*）。
Tian	天。王朝的合法性得自天命，但如果该王朝无法继续运转，天命也会收回。
Timar	提马尔。见*iqta*。
Tögrög	图格里克。当代蒙古国货币。
Tûmân	图曼。波斯语中的蒙古语借词，意为"一万"。
Tümen	土绵。蒙古军事、赋税单位，指一万人、万户。
Ulama	乌里玛。伊斯兰社会中的学者、法学家、知识人和宗教长老群体。通常由乌里玛协商决定多数宗教事务。
Ulagh	兀剌黑。蒙古语词汇，意为"马"，一般指

	驿马。
Yam	站。蒙古帝国的驿站系统。按照一定的间隔设立中转站，信使能够迅速更换坐骑，日行数百里。如果因地形所限无法骑马，便用人疾走。
Yamchin	站赤。管理驿站的人员。
Yarligh	札里黑。蒙古官方发布的圣旨或命令。
Yasa	札撒。蒙古法典。已散佚，但有很多转引存世。
Yasak	押撒。向汗或其他统治者缴纳的贡品。通常指西伯利亚人向喀山汗国和失必儿汗国缴纳的毛皮贡品，莫斯科公国征服这两个政权之后，便转而向莫斯科公国缴纳。
Yeke jarghuchi	也可札鲁忽赤、大札鲁忽赤。意译为大断事官。职责类似宰相，有权收税及解决争端，位于达鲁花赤之上。

译名表

人　名

Abaqa	阿八哈
Abdulkhayr	阿布海尔
Abdullah	阿卜杜拉
Abu Said	不赛因
Alghu	阿鲁忽
Altan	阿勒坦
Arghun	阿儿浑
Ariq Böke	阿里不哥
Ayurbarwada	爱育黎拔力八达
Baidar	拜答儿
Baiju	拜住
Baqi	巴吉
Baraq	八剌
Batu	拔都
Baydu	拜都
Bekhter	别克帖儿
Belgütei	别勒古台
Berdibeg	别儿迪别
Berke	别儿哥
Berkecher	别儿哥彻儿
Börte	孛儿帖
Büri	不里
Büri-Bökö	不里孛阔

Buyan Quli	不颜忽里
Buzan	不赞
Chabai	察必
Chaghatai	察合台
Changshi	敞失
Chapar	察八儿
Cha'ur	察兀儿
Chechiyegen	扯扯亦坚
Chichek	彻彻格
Chiledü	赤列都
Chinqai	镇海
Chormaqan	绰儿马罕（又译搠力蛮）
Chotan	搠坛
Dai-Sechen	德薛禅
Danishmendji	答失蛮察
Dayan	达延
Dayir	答亦儿
Doorda	朵斡耳答（又译多达那波）
Du'a	都哇
Eljigidei	燕只吉台
Ergene	兀鲁忽乃
Esen	也先
Esen-Buqa	也先不花
Galdan	噶尔丹
Gaykhatu	乞合都
Ghazan	合赞
Güchülüg	古出鲁克（又译屈出律）
Güyük	贵由
Hö'elün	诃额仑
Hülegü	旭烈兀

Irinchinbal	懿璘质班
Jalal al-Din	札阑丁
Jamuqa	札木合
Jani	札尼
Janibeg/Janibek	札尼别
Jebe	哲别
Jochi	术赤
Jochi-Kasar	拙赤合撒儿
Kachun	合赤温
Kasym	哈斯木
Kebeg/Kebek	怯别
Kerey	怯来
Ket-Buqa	怯的不花
Khaishan	海山
Khoja	忽察
Khubilai	忽必烈
Khutulun	呼图伦
Ko'agchin	豁阿黑臣
Könchek	宽彻
Körgüz	阔儿吉思
Köten	阔端、阔田
Kuchum	库楚木
Ligdan	林丹
Mamai	马迈
Mandaghol	满都鲁
Masud Beg	马思兀惕伯
Möge	木哥
Mönggetü	蒙哥秃
Möngke	蒙哥
Möngke-Temür	蒙哥帖木儿

Mönglik	蒙力克
Mubarak-Shah	木八剌沙
Muqali	木华黎
Naqu	脑忽
Nawroz	纳兀鲁斯
Negübei	捏古别
Noghai	那海
Oghul-Qaimish	斡兀立海迷失
Ögödei	窝阔台
Öljeitü	完者都
Qadan	哈丹
Qaidu	海都
Qara-Hülegü	哈剌旭烈
Qazan	合赞
Qojin	火臣
Qorci	豁儿赤
Qoshila	和世㻋
Quduqa-Beki	忽都合·别乞
Qutui	忽推
Samukhaa	三木合
Sartaq	撒里答
Scatatai	斯合塔台
Sengge Ragi	祥哥剌吉
Senggüm	桑昆
Shadi Beg	沙的别
Shah Temür	沙帖木儿
Shayban	昔班
Shidebala	硕德八剌
Shigi Qutuqu	失吉忽秃忽
Shiremun	失烈门

Sorqoqtani	唆鲁禾帖尼
Sübedei	速不台
Sülemish	速列迷失
Taibuga	台不花
Taimaz	泰马思
Tarmashirin	答儿麻失里
Tauke	头克
Tayang	塔阳
Teb Tengri	帖卜腾格里
Tegüder	帖古迭儿
Telebogha/Tulabugha	秃剌不花
Temüge	帖木格
Temüge Otchigin	铁木哥斡赤斤
Temüjin	铁木真（又译帖木真）
Temülün	帖木仑
Temür	帖木儿、铁穆耳
Temür Malik	帖木儿灭里
Temür Qutlugh	帖木儿·忽都鲁
Tevkkel	塔武凯勒
Timur-i Leng/Tamerlane	跛子帖木儿
Tinibeg	迪尼别
Töde-Möngke	脱迭蒙哥
Toghon Temür	妥懽帖睦尔
Toghril Ong-Khan	脱斡邻勒（王罕）
Tolui	拖雷
Toqa-Temur	秃花帖木儿
Toqta	脱脱
Toqtamysh	脱脱迷失
Toqtaqiya	脱脱乞牙
Toqtoa Beki	脱黑脱阿·别乞

Toqtogha	脱脱
Töre-Temür	笃来帖木儿
Töregene	脱列哥那
Tört Aba	脱儿惕阿巴
Tughluq Temür	秃忽鲁帖木儿
Tuq-Temür	图帖睦尔
Tusaqa	秃撒合
Ubaydullah	兀伯都剌
Ulaghchi	兀剌赤
Uriyangkhadai	兀良哈台
Üzbek	月即别
Yisü-Möngke	也孙蒙哥
Yisügei	也速该
Yisui	也遂
Yisün-Temür	也孙铁木耳、也孙帖木儿

地名、国名、部族名

Acre	阿迦（今译阿卡）
Aimak	艾马克人
al-Qarim	哈林
Alamut	阿剌木忒
Alan	阿兰人
Amaligh	阿马里
Aq Qoyunlu	白羊王朝
Argyn	阿儿浑
Assassin	阿萨辛人
Avarga	阿乌拉嘎
'Ayn Jalut	艾因扎鲁特

Bai Baliq	拜八里
Bajigid	巴只吉惕
Barlas	巴鲁剌思
Barqut	巴儿忽惕
Bars Khoton	巴尔斯和坦
Bayid	巴亦惕
Besh-Baliq	别失八里
Borjigin	孛儿只斤
Bukhara	不花剌
Bulghar	不里阿耳（今译保加尔）
Buriyat	不里牙惕
Buryat	布里亚特
Chahar	察哈尔
Chakirmaut	察乞儿马兀惕
Chinqai Balsaghun	镇海城
Circassian	切尔卡西亚人
Dalan Balzhut	答阑·巴勒主惕
Dalan Nemürges	答阑·捏木儿格思
Damascus	大马士革
Damietta	达米埃塔
Georgia	谷儿只（今译格鲁吉亚）
Ghaznavid	加兹纳维
Ghur	古尔
Giray	吉莱
Hazara	哈扎拉人
Herat	也里（今译赫拉特）
Hittin	海廷
Homs	霍姆斯
Inalchuq	伊纳勒尤
Ismaili	亦思马因（今译伊斯玛仪）

Jalayir	札剌亦儿
Janid	札尼人
Jazira	詹新拉
Jer Gorge/Jeje'er	者折额儿
Juyin	乣（又译主因）
Kaffa	卡法
Kalmyk	卡尔梅克
Kara Khitai	哈剌契丹
Kara Qoyunlu	黑羊王朝
Karakorum	哈剌和林
Karluk	哈剌鲁
Kashlyk	哈失里克
Kem-Kemjiut	谦谦州
Kereit	克烈
Kesdiyim	客思的音
Khalkaljit elet	合剌合勒只·额列惕（又译哈阑真沙陀）
Khalkha	喀尔喀
Khanti	汉特人
Kheshigten	克什克腾
Khiva	希瓦
Khorchin	科尔沁
Khwarazmia	花剌子模
Kipchak	钦察
Kirei	乞列
Kirghiz	乞儿吉思
Kishi Jüze	小玉兹
Kitai	乞台
Kiyat	乞牙惕
Kokand	浩罕
Köse Dagh	阔薛答黑

Köyiten	阔亦田
Kuban Tartar	库班鞑靼人
La Forbie/al-Harbiyya	拉夫比
Lahore	拉合尔
Liegnitz	列格尼茨
Malabar	马剌八儿（今译马拉巴尔）
Mangghut	忙古特
Mangit/Manghit	曼吉特
Mansi	曼西
Manzikirt	曼奇刻尔特
Marageh	蔑剌哈
Mazandaran	祃拶答而
Merkit	蔑儿乞
Merv	木鹿
Min/Ming	明格
Moghulistan	蒙兀斯坦
Multan	木尔坦
Naiman	乃蛮
Nenet	涅涅茨
Nizari	尼扎里
Noghai/Noghay	诺盖
Oirat	卫拉特（斡亦剌、瓦剌）
Olqunu'ut	斡勒忽讷兀
Onggirat	弘吉剌
Önggüt	汪古
Ordos	鄂尔多斯
Orta Jüze	中玉兹
Otrar	讹答剌
Ottoman/Osmanli	奥斯曼
Oyirad	斡亦剌

Pashtun	普什图
Pecheneg	佩彻涅格
Peshawar	白沙瓦
Qabqanas	合卜合纳思
Qangli	康里
Qarluq	哈剌鲁
Qiyat	奇亚特
Quhistan	忽希思丹
Rum	鲁木
Rus'	斡罗思（今译罗斯）
Samarqand	撒马尔罕
Sarai	萨莱
Sarbadarid	撒尔巴达里
Shiqshit	失黑失惕
Sibir	失必儿
Sogud	索古德
Sudak	苏达克
Sultaniyya	孙丹尼牙
Tabriz	大不里士（元代称桃里寺）
Talas	塔剌思
Tana	塔纳
Tas	塔思
Tatar	塔塔儿
Tayichiut	泰亦赤兀
Tenleg	田列克
Tö'eles	脱额列思
Torghud	土尔扈特
Tubas	秃巴思
Tümed	秃马惕、土默特
Tümen Oyirad	万众斡亦剌

Tuqas	秃合思
Turkoman	土库曼
Ulu Jüze	大玉兹
Urgench	乌尔根齐
Urianghai	兀良哈
Ursut	兀儿速惕
Wallachia	瓦拉几亚
Yüngsiyebü	永谢布

王朝表

蒙古帝国

成吉思汗（铁木真）	1206—1227
拖雷（监国）	1227—1229
窝阔台	1229—1241
脱列哥那哈敦（监国）	1242—1246
贵由	1246—1248
斡兀立海迷失哈敦（监国）	1248—1251
蒙哥	1251—1259
阿里不哥与忽必烈并立时期	1260—1264

元朝

忽必烈	1264—1294
铁穆耳	1294—1307
海山	1307—1311
爱育黎拔力八达	1311—1320
硕德八剌	1320—1323
也孙铁木耳	1323—1328
和世㻋	1328—1329
图帖睦尔	1328，1329—1332
懿璘质班	1332
妥懽帖睦尔	1332—1370

察合台汗国

察合台	卒于1242年
哈剌旭烈	1242—1246
也孙蒙哥	1246—1251
兀鲁忽乃哈敦（监国）	1251—1260
阿鲁忽	1260—1265（或1266）
木八剌沙	1266（或1265—1266）
八剌	1266—1271
捏古别	1271
秃花帖木儿	1272
空位期（由海都、都哇掌权）	1282—1307
宽彻	1307—1308
塔里忽	1308—1309
也先不花	1309—1318
怯别	1318—1327
燕只吉台	1327—1330
笃来帖木儿	1330—1331
答儿麻失里	1331—1334
不赞	1334—1335
敞失	1335—1338
也孙帖木儿	1338—1341
阿里算端	1341—1343
麻哈没的	1343
合赞	1343—1346（或1347）
答失蛮察	1347—1358
不颜忽里	1358—1359
沙帖木儿	1359
秃忽鲁帖木儿	1359—1363

伊利汗国

旭烈兀	1260—1265
阿八哈	1265—1282
帖古迭儿	1282—1284
阿鲁浑	1284—1291
乞合都	1291—1295
拜都	1295
合赞	1295—1304
完者都	1304—1316
不赛因	1316—1335

尤赤汗国

尤赤	卒于1225年
拔都	1225—1255
撒里答	1256—1257
兀剌赤	1257
别儿哥	1257—1266
蒙哥帖木儿	1267—1280
脱迭蒙哥	1280—1287
秃剌不花	1287—1291
脱脱	1291—1312
月即别	1313—1341
迪尼别	1341—1342
札尼别	1342—1357
别儿迪别	1357—1359
忽里纳	1359—1360
纳兀鲁斯	1360

空位期（内战）	1360—1375
兀鲁思（白帐汗系夺权）	1375—1376
脱脱乞牙	1376—1377
帖木儿·灭里	1377
脱脱迷失	1377—1395
帖木儿·忽都鲁	1395—1401
沙的别	1401—1407
不剌	1407—1410
帖木儿	1410—1412
札阑丁	1412
乞邻·别儿歹	1412—1414
怯别	1414—1417
扎巴儿·别儿迪	1417—1419
兀鲁黑·马哈麻（第一次在位）	1419—1420
朵剌·别儿迪	1420—1422
八剌	1422—1427
兀鲁黑·马哈麻（第二次在位）	1427—1433
赛亦得·阿黑麻	1433—1435
曲出克·阿黑麻	1435—1465
赛亦得·阿黑麻	1465—1481
赛克赫·阿里	1481—1505

参考文献

Aberth, John, *The Black Death: The Great Mortality of 1348-1350, A Brief History with Documents* (Boston, MA, 2005)

——, *The First Horsemen: Disease in Human History* (Upper Saddle River, NJ, 2007)

Abu Hafs Umar ibn al-Wardi, 'Essay on the Report of the Pestilence', in John Aberth, *The Black Death: The Great Mortality of 1348-1350* (Boston, MA, 2005)

Abu-Lughod, Janet, *Before European Hegemony: The World System AD 1250-1350* (New York, 1989)

Ahmad, Aziz, 'Mongol Pressure in an Alien Land', *Central Asiatic Journal*, VI (1961), pp. 182-93

Aigle, Denise, 'The Mongol Invasions of Bilâd al-Shâm by Ghâzân Khân and Ibn Taymîyah's Three "Anti-Mongol" Fatwas', *Mamluk Studies Review*, XI/ 2 (2007), pp. 89-119

Alexeev, Valery, 'Some Aspects of the Study of Productive Forces in the Empire of Chenghiz Khan', in *The Rulers From the Steppe: State Formation on the Eurasian Periphery*, ed. Gary Seaman and Daniel Marks (Los Angeles, CA, 1991), pp. 186-7

Allsen, Thomas T., 'Mongol Census Taking in Rus', 1245-1275', *Harvard Ukrainian Studies*, V/ 1 (1981) pp. 32-53

——, 'The Yüan Dynasty and the Uighurs of Turfan in the 13th Century,' in *China Among Equals*, ed. Morris Rossabi (Berkeley, CA, 1983)

——, 'Guard and Government in the Reign of the Grand Qan Mongke, 1251-1259', *Harvard Journal of Asiatic Studies*, XLVI/ 2 (1986), pp. 495-521

——, *Mongol Imperialism: The Policies of the Grand Qan Möngke in China, Russia, and the Islamic Lands, 1251-1259* (Berkeley, CA, 1987)

——, 'Mongolian Princes and Their Merchant Partners, 1200-1260', *Asia Major*, II (1989), pp. 83-126

——, 'The Rise of the Mongolian Empire and Mongolian Rule in North China', in *The Cambridge History of China*, Vol. 6: *Alien Regimes and Border States, 907-1368*, ed. Herbert Franke and Denis Twitchett (Cambridge, 1994)

——, *Commodity and Exchange in the Mongol Empire: A Cultural History of Islamic Textiles* (New York, 1997)

——, 'Ever Closer Encounters: The Appropriation of Culture and the Apportionment of Peoples in the Mongol Empire', *Journal of Early Modern History*, I (1997), pp. 2-23

——, 'Command Performances: Entertainers in the Mongolian Empire', *Russian History*, XXVIII (2001), pp. 37-46

——, *Culture and Conquest in Mongol Eurasia* (New York, 2001)

——, 'Technician Transfers in the Mongolian Empire', *Central Eurasian Studies Lectures*, II (Bloomington, IN, 2002)

——, *The Royal Hunt in Eurasian History* (Philadelphia, PA, 2006)

——, 'Technologies of Governance in the Mongolian Empire: A Geographic Overview', in *Imperial Statecraft: Political Forms and Techniques of Governance in Inner Asia, Sixth–Twentieth Centuries*, ed. David Sneath (Bellingham, WA, 2006)

——, 'Ögedei and Alcohol', *Mongolian Studies*, XXIX (2007), pp. 3-12

Amitai, Reuven, 'The Conversion of Tegüder Ilkhan to Islam', *Jerusalem Studies in Arabic and Islam*, XXV (2001), pp. 15-43

——, 'Continuity and Change in the Mongol Army of the Ilkhanate', paper presented at the World Congress for Middle Eastern Studies, Barcelona, 23 July 2010

Amitai, Reuven and Michal Biran, eds, *Mongols, Turks, and Others: Eurasian Nomads and the Sedentary World* (Leiden, 2005)

Amitai-Preiss, Reuven, *Mongols and Mamluks: The Mamluk-Ilkhanid War, 1260-1281* (Cambridge, 1995)

Amitai-Preiss, Reuven and David O. Morgan, eds, *The Mongol Empire and Its Legacy* (Leiden, 2001)

Atwood, Christopher P., *Encyclopedia of Mongolia and the Mongol Empire* (New York, 2004)

——, 'Ulus Emirs, Keshig Elders, Signatures and Marriage Partners; The Evolution of a Mongol Institution', in *Imperial Statecraft: Political Forms and Techniques of Governance in Inner Asia, Sixth-Twentieth Centuries*, ed. David Sneath (Bellingham, WA, 2006)

——, 'Informants and Sources for the *Secret History of the Mongols*', *Mongolian Studies*, XXIX (2007), pp. 27-40

——, 'The Sacrificed Brother in the Secret History of the Mongols', *Mongolian*

Studies, XXXI (2009), pp. 189-206

Bade, David, *Khubilai Khan and the Beautiful Princess of Tumapel* (Ulaanbaatar, 2002)

Balabanlilar, Lisa, 'The Begims of the Mystic Feast: Turco-Mongol Tradition in the Mughal Harem', *Journal of Asian Studies*, LXIX/ 1 (2010), pp. 123-47

Barber, Malcolm and Keith Bate, *Letters from the East: Crusaders, Pilgrims and Settlers in the 12th-13th Centuries* (Aldershot, Surrey, 2010)

Barfield, Thomas J., *The Perilous Frontier: Nomadic Empires and China, 221 BC to AD 1757* (Malden, MA, 1989)

Barkmann, Udo B., 'Some Comments on the Consequences of the Decline of the Mongol Empire on the Social Development of the Mongols', in *The Mongol Empire and its Legacy*, ed. Reuven Amitai-Preiss and David O. Morgan (Leiden, 2001)

Berezin, I. N., *Tarchannye jarlyki Tochtamyka, Timur Kuluka i Saadet-Gireja* (Kazan', 1851)

Bergreen, Laurence, *Marco Polo: From Venice to Xanadu* (New York, 2007)

Bira, Sh., 'Mongolian Tenggerism and Modern Globalism: A Retrospective Outlook on Globalisation', *Journal of the Royal Asiatic Series*, XIV (2003), pp. 3-12

Biran, Michal, *Qaidu and the Rise of the Independent Mongol State in Central Asia* (Richmond, Surrey, 1997)

——, 'The Chaghadaids and Islam: The Conversion of Tarmashirin Khan (1331-34)', *Journal of the American Oriental Society*, CXXII/ 4 (2002), pp. 742-52

——, *The Empire of the Qara Khitai in Eurasian History: Between China and the Islamic World* (Cambridge, 2005)

——, *Chinggis Khan* (London, 2007)

Blair, Sheila S., 'Calligraphers, Illuminators, and Painters in the Ilkhanid Scriptorium', in *Beyond the Legacy of Genghis Khan*, ed. Linda Komaroff (Leiden, 2006)

Bloom, Jonathan M., 'Paper: The Transformative Medium in Ilkhanid Art', in *Beyond the Legacy of Genghis Khan*, ed. Linda Komaroff (Leiden, 2006)

Bold, Bat-Ochir, *Mongolian Nomadic Society: A Reconstruction of the 'Medieval' History of Mongolia* (New York, 1999)

Borsch, Stuart J., *The Black Death in Egypt and England: A Comparative Study* (Austin, TX, 2005)

Boyle, John A., trans., 'The Longer Introduction to the *Zij-i Ilkhani* of Nasir-addin Tusi', *Journal of Semitic Studies*, VIII (1963), pp. 244-54

——, *The Mongol World Empire, 1206-1370* (London, 1977)

Broadbridge, Anne F., *Kingship and Ideology in the Islamic and Mongol Worlds* (Cambridge, 2008)

Brook, Timothy, *The Troubled Empire: China in the Yuan and Ming Dynasties* (Cambridge, MA, 2010)

Brose, Michael C., *Subjects and Masters: Uyghurs in the Mongol Empire* (Bellingham, WA, 2007)

Buell, Paul D., 'Kalmyk Tanggaci People: Thoughts on the Mechanics and Impact of Mongol Expansion', *Mongolian Studies*, VI (1980), pp. 41-59

——, 'Cinqai (c. 1169-1252)', in *In the Service of the Khan: Eminent Personalities of the Early Mongol-Yuan Period*, ed. Igor de Rachewiltz *et al., 1200-1300* (Wiesbaden, 1993)

——, 'Mongol Empire and Turkicization: The Evidence of Food and Foodways', in *The Mongol Empire and Its Legacy*, ed. Reuven Amitai-Preiss and David O. Morgan (Leiden, 2001)

——, *Historical Dictionary of the Mongol World Empire* (Lanham, MD, 2003)

——, 'Cinggis-qan as the Third Man', *Mongolian Studies*, XXIX (2007), pp. 57-68

Buell, Paul D. and Eugene N. Anderson, trans. and eds, *A Soup for the Qan* (London, 2000)

Bundy, David, 'The Syriac and Armenian Christian Responses to the Islamification of the Mongols', in *Medieval Christian Perceptions of Islam*, ed. John Victor Tolan (New York, 1996)

Burnes, Alexander, *Cabool*, 2nd edn (London, 1843)

Cantor, Norman, *In the Wake of the Plague: The Black Death and the World it Made* (New York, 2002)

Carswell, John, 'More About the Mongols: Chinese Porcelain from Asia to Europe', *Asian Affairs*, XXXVI/ 11 (2005), pp. 158-68

Charleux, Isabelle, 'Chinggis Khan: Ancestor Buddha, or Shaman? On the Uses and Abuses of the Portrait of Chinggis Khan', *Mongolian Studies*, XXXI (2009), pp. 207-58

Charney, Michael W., *Southeast Asian Warfare, 1300-1900* (Leiden, 2004)

Chase, Kenneth, *Firearms: A Global History to 1700* (Cambridge, 2003)

Cherniavsky, Michael, 'Khan or Basileus?: An Aspect of Russian Mediaeval Political Theory', in *The Structure of Russian History. Interpretive Essays*, ed. Michael Cherniavsky (New York, 1970)

Chih-Chang, Li, *The Travels of an Alchemist: Journey of the Taoist Ch'ang Ch'un*, trans. Arthur Waley (London, 2005)

Citino, Robert M., *The Evolution of Blitzkrieg Tactics: Germany Defends Itself Against Poland, 1918-1933* (New York, 1987)

Cleaves, Francis W., trans., *The Secret History of the Mongols* (Cambridge, MA, 1980)

Currie, Richard Paul, 'An Annotated Translation of the Biography of Toghto Temur from the Yuan Shih', MA thesis, Indiana University, Bloomington, 1984.

Dale, Stephen F., 'Silk Road, Cotton Road, or . . . Indo-Chinese Trade in Pre–European Times', *Modern Asian Studies*, XLIII/ 1 (2009), pp. 79-88

Danus, Richard Christian and Marc Reid Rubel, *Xanadu*, dir. Robert Greenwald (Universal Pictures, 1980)

Dardess, J. W., *Conquerors and Confucians: Aspects of Political Change in Late Yuan China* (New York, 1973)

Dashdondog, Bayarsaikhan, *The Mongols and the Armenians, 1220-1335* (Leiden, 2011)

Davies, Brian L., *Warfare, State and Society on the Black Sea Steppe, 1500-1700* (London, 2007)

Delgado, James P., *Khubilai Khan's Lost Fleet: In Search of a Legendary Armada* (Berkeley, CA, 2008)

DeWeese, Devin, 'The Eclipse of the Kubraviya in Central Asia', *Iranian Studies*, XXI/ 1-2 (1988), pp. 58-94

——, *Islamization and Native Religion in the Golden Horde* (University Park, PA, 1994)

——, 'Cultural Transmission and Exchange in the Mongol Empire: Notes from the Biographical Dicitonary of Ibn al-Fuwati' in *Beyond the Legacy of Genghis Khan*, ed. Linda Komaroff (Leiden, 2006)

——, '"Stuck in the Throat of Chingiz Khan": Envisioning the Mongol Conquests in Some Sufi Accounts from the 14th to 17th Centuries', in *History and Historiography of Post-Mongol Central Asia and the Middle East: Studies in Honor of John E. Woods*, ed. Judith Pfeiffer and Sholeh A. Quinn (Wiesbaden, 2006)

Digby, Simon, *War-horse and Elephant in the Delhi Sultanate: A Study of Military Supplies* (Oxford, 1971)

Dols, Michael W., 'Plague in Early Islamic History', *Journal of the American Oriental Society*, XCIV/ 3 (1974), pp. 371-83

——, *The Black Death in the Middle East* (Princeton, NJ, 1977)

Doran, Michael Scott, 'Somebody Else's Civil War', *Foreign Affairs*, LXXXI/ I (2002), pp. 22-42

Dunn, Ross, *The Adventures of Ibn Battuta: A Muslim Traveler of the 14th Century* (Berkeley, CA, 2005)

Dunnell, Ruth W., 'The Hsi Hsia', in *The Cambridge History of China, Vol. 6: Alien Regimes and Border States, 907-1368*, ed. Herbert Franke and Denis Twitchett (Cambridge, 1994)

——, *Chinggis Khan: World Conqueror* (Boston, MA, 2010)

Dvornik, Francis, *Origins of Intelligence Services: The Ancient Near East, Persia, Greece, Rome, Byzantium, the Arab Muslim Empires, the Mongol Empire, China, Muscovy* (New Brunswick, NJ, 1974)

Ecsedy, Hilda, 'Trade-and-War Relations between the Turks and China', *Acta Orientalia Hungaricae*, XXI (1968), pp. 131-80

Elverskog, Johan, *Buddhism and Islam on the Silk Road* (Philadelphia, PA, 2010)

Eurovision, 'Eurovision Song Contest 1979', at www.eurovision.tv, accessed 12 August 2010

Fiey, J. M, 'Chrétiens Syriaques sous les Mongols (Ilkhanat de Perse, XIIIE-XIVES.)', *Corpus Scriptorum Christianorum Orientalium*, vol. CCCLXII, subsidia 44 (Louvain, 1975)

Findley, Carter Vaughn, *The Turks in World History* (Oxford, 2005)

Fisher, Alan W., 'The Ottoman Crimea in the Mid-Seventeenth Century: Some Problems and Preliminary Considerations', *Harvard Ukrainian Studies*, XXXIV/ 1 (1979-80), pp. 215-26

——, 'The Ottoman Crimea in the Sixteenth Century', *Harvard Ukrainian Studies*, V (1981-2), pp. 135-70

Fitzherbert, Teresa, 'Religious Diversity under Ilkhanid Rule c. 1300 as Reflected in the Freer Bal'ami', in *Beyond the Legacy of Genghis Khan*, ed. Linda Komaroff (Leiden, 2006)

Fitzhugh, William, Morris Rossabi and William Honeychurch, eds, *Genghis Khan and the Mongol Empire* (Seattle, WA, 2009)

Fogel, Joshua, 'Chinggis on the Japanese Mind', *Mongolian Studies*, XXXI (2009), pp. 259-70

Fragner, Bert G., 'Ilkhanid Rule and Its Contributions to Iranian Political Culture', in *Beyond the Legacy of Genghis Khan*, ed. Linda Komaroff (Leiden, 2006)

Gabriel, Richard, *Genghis Khan's Greatest General: Subotai the Valiant* (Norman, OK, 2006)

Golden, Peter, 'War and Warfare in the Pre-Cinggisid Western Steppes of Eurasia', in *Warfare in Inner Asian History, 500-1800*, ed. Nicola Di Cosmo (Leiden, 2002),

Goodrich, L. Carrington, 'Movable Type Printing: Two Notes', *Journal of the American Oriental Society*, XCIX (1974), pp. 476-7

Grabar, Oleg, *The Illustrations of the Maqamat* (Chicago, IL, 1983)

Gregoras, Nicephorus, *Historias Byzantina*, in *The Black Death: The Great Mortality of 1348-1350*, ed. John Aberth (Boston, MA, 2005)

Grigor of Akanc, 'The History of the Nation of the Archers', trans. Robert P. Blake and Richard N. Frye, *Harvard Journal of Asiatic Studies*, XII (1949), pp. 269-399

Grousset, Rene, *The Empire of the Steppes*, trans. Naomi Walford (New Brunswick, NJ, 1970)

Güyük Khan, 'Guyuk Khan's Letter to Pope Innocent IV (1246)', in *The Mission to Asia*, trans. a nun from Stanbrook Abbey, ed. Christopher Dawson (Toronto, 1980)

Guzman, Gregory G., 'European Captives and Craftsmen among the Mongols, 1231-1255', *The Historian*, LXXII/ 1 (2010), pp. 122-50

Halperin, Charles J., *Russia and the Golden Horde: The Mongol Impact on Medieval Russian History* (Bloomington, IN, 1985)

——, *The Tatar Yoke* (Columbus, OH, 1985)

——, 'The Kipchak Connection: The Ilkhans, the Mamluks and Ayn Jalut', *Bulletin of the School of Oriental and Asian Studies*, LXIII (2000), pp. 229-45

Hambly, Gavin, ed., *Central Asia* (New York, 1969)

Hartog, Leo de, *Genghis Khan: Conqueror of the World* (New York, 1989)

Haw, Stephen G., *Marco Polo's China: A Venetian in the Realm of Khubilai Khan* (London, 2009)

He Qiutao, *Sheng Wu Qin Zheng Lu* (*Bogda Bagatur Bey-e-Ber Tayilagsan Temdeglel*) ed. Arasaltu (Qayilar, 1985)

Herlihy, David, *The Black Death and the Transformation of the West* (Cambridge, MA, 1997)

Heywood, Colin, 'Filling the Black Hole: The Emergence of the Bithynian Atamanates', in *The Great Ottoman–Turkish Civilization*, vol. I, ed. K. Cicek *et al.*, (Ankara, 2000)

Hillenbrand, Robert, 'The Arts of the Book in Ilkhanid Iran', in *The Legacy of Genghis Khan*, ed. Linda Komaroff and Stefano Carboni (New Haven, CT, 2002)

Holmgren, Jennifer, 'Observations on Marriage and Inheritance Practices in Early Mongol and Yüan Society, with Particular Reference to the Levirate', *Journal of Asian History*, XVI (1986), pp. 127-92

Horrox, Rosemary, trans. and ed., *The Black Death* (Manchester, 1994)

Hsiao, Chi'i-ch'ing, trans., *The Military Establishment of the Yuan Dynasty* (Cambridge, MA, 1978), chs 98, 99

Hu, Dolores Menstell, 'Musical Elements of Chinese Opera', *Musical Quarterly*, L/4 (1964), pp. 439-51

Huc, Evariste-Regis and Joseph Gabet, *Travels in Tartary, Thibet and China, 1844-1846* (New York, 1987)

Ibn al-Athir, *al-Kamil fi al-Tarikh* (*The Complete History*) (Beirut, 1979)

Ibn Battuta, *Rihala Ibn Battuta* (Beirut, 1995)

Inalcik, H., 'The Khan and the Tribal Aristocracy: The Crimean Khanate under Sahib Giray I', *Harvard Ukrainian Studies*, III-IV/ 1 (1979-80), pp. 445-66

Innocent IV, Pope, 'Two Bulls of Pope Innocent iv Addressed to the Emperor of the Tartars' in *The Mission to Asia*, trans. a nun from Stanbrook Abbey, ed. Christopher Dawson (Toronto, 1980)

Jackson, Peter, 'The Dissolution of the Mongol Empire', *Central Asiatic Journal*, XXII (1978), pp. 186-244

——, 'Marco Polo and his "Travels"', *Bulletin of the School of Oriental and African Studies*, LXI/ 1 (1998), pp. 82-101

——, *The Delhi Sultanate, A Political and Military History* (Cambridge, 1999)

——, 'The State of Research: The Mongol Empire, 1986-1999', *Journal of Medieval History*, XXVI/ 2 (2000), pp. 189-210

——, *The Mongols and the West* (Harlow, 2005)

——, 'World Conquest and Local Accomodation: Threat and Blandishment in Mongol Diplomacy', in *History and Historiography of Post-Mongol Central Asia and the Middle East: Studies in Honor of John E. Woods*, ed. Judith Pfeiffer and Sholeh A. Quinn (Wiesbaden, 2006)

Jacoby, David, 'Silk Economies and Cross-Cultural Artistic Interaction: Byzantium, the Muslim World, and the Christian West', *Dumbarton Oaks Papers*, LVIII (2004), pp. 197-240

Jagchid, Sechin and Van Jay Symons, *Peace, War, and Trade Along the Great Wall: Nomadic-Chinese Interaction Through Two Millennia* (Bloomington, IN, 1989)

Jenkins, Gareth, 'A Note on Climatic Cycles and the Rise of Chingis Khan', *Central Asiatic Journal*, XVIII (1974), pp. 217-26

John of Plano Carpini, 'History of the Mongols', in *The Mission to Asia*, trans. a nun from Stanbrook Abbey, ed. Christopher Dawson (Toronto, 1980)

Joinville, Jean de, 'The Life of Saint Louis', in *Chronicles of the Crusades*, trans. and ed. M.R.B. Shaw (New York, 1963)

Juvaini, 'Ala al-Din Ata Malik, *Ta'rîkh-i-Jahân-Gusha* (*The History of the World-Conqueror*), ed. Mîrza Muhammad Qazvini, 3 vols (Leiden, 1912, 1916, 1937)

——, *The History of the World-Conqueror*, trans. John A. Boyle (Seattle, WA, 1997)

Juzjani, Minhaj Siraj, *Tabaqat-i Nasiri*, vol. ii, ed. 'Abd al-Hayy Habibi (Kabul, 1964-5)

——, *Tabakat-I Nasiri*, trans. H. G. Raverty (New Delhi, 1970)

Kadoi, Yuka, *Islamic Chinoiserie: The Art of Mongol Iran* (Edinburgh, 2009)

Kafadar, Cemal, *Between Two Worlds: The Construction of the Ottoman State* (Los Angeles, CA, 1995)

Kara, Gyorgy, 'Medieval Mongol Documents from Khara Khoto and East Turkestan in the St Petersburg Branch of the Institute of Oriental Studies', *Manuscripta Orientalia*, IX/ 2 (2003), pp. 28-30

Kauz, Ralph, 'The Maritime Trade of Kish During the Mongol Period', in *Beyond the Legacy of Genghis Khan*, ed. Linda Komaroff (Leiden, 2006)

Khan, Iqtidar Alam, *Gunpowder and Firearms: Warfare in Medieval India* (New Delhi, 2004)

Khazanov, Anatoly, 'Muhammad and Jenghis Khan Compared: The Religious Factor in World Empire Building', *Comparative Studies in Society and History*, XXXV (1993), pp. 461-79

——, 'The Spread of World Religions in Medieval Nomadic Societies of the Eurasian Steppes', *Toronto Studies in Central and Inner Asia*, I (1994), pp. 11-33

Khodarkovsky, Michael, *Russia's Steppe Frontier: The Making of a Colonial Empire, 1500-1800* (Bloomington, IN, 2002)

Kim, Hodong, 'The Early History of the Moghul Nomads: The Legacy of the Chaghatai Khanate', in *The Mongol Empire and Its Legacy*, ed. Reuven AmitaiPreiss and David O. Morgan (Leiden, 2001)

——, 'A Reappraisal of Güyüg Khan', in *Mongols, Turks, and Others: Eurasian Nomads and the Sedentary World*, ed. Reuven Amitai and Michal Biran

(Leiden, 2005)

Kolbas, Judith, *The Mongols in Iran: Chingiz Khan to Uljaytu, 1220-1309* (London, 2009)

Komaroff, Linda, ed., *Beyond the Legacy of Genghis Khan* (Leiden, 2006).

Komaroff, Linda and Stefano Carboni, eds, *The Legacy of Genghis Khan: Courtly Art and Culture in Western Asia, 1256-1353* (New Haven, CT, 2002)

Komroff, Manuel, 'Afterword', in *The Travels of Marco Polo*, trans. William Marsden (New York, 2001)

Kouymjian, Dickran, 'Chinese Motifs in Thirteenth-Century Armenian Art: The Mongol Connection', in *Beyond the Legacy of Genghis Khan*, ed. Linda Komaroff (Leiden, 2006)

Kramarovsky, Mark G., 'Jochid Luxury Metalwork: Issues of Genesis and Development', in *Beyond the Legacy of Genghis Khan*, ed. Linda Komaroff (Leiden, 2006)

——, 'Conquerors and Craftsmen: Archaeology of the Golden Horde', in *Genghis Khan and the Mongol Empire*, ed. William Fitzhugh, Morris Rossabi and William Honeychurch (Seattle, WA, 2009)

K'uan-chung, Huang, 'Mountain Fortress Defence: The Experience of the Southern Sung and Korea in Resisting the Mongol Invasions', in *Warfare in Chinese History*, ed. Hans Van de Ven (Leiden, 2000)

Kucera, Joshua, 'The Search for Genghis Khan: Genghis Khan's Legacy Being Reappraised in China, Russia', *EurasiaNet.Org* (10 November 2009) at www. eurasianet.org, accessed 13 January 2011

Kumar, Sunil, 'The Ignored Elites: Turks, Mongols and a Persian Secretariat Class in the Early Delhi Sultanate', *Modern Asian Studies*, XLIII/ 1 (2009), pp. 45-77

Lal, Ruby, *Domesticity and Power in the Early Mughal World* (New York, 2005)

Lamb, Harold, *Genghis Khan: Emperor of All Men* (New York, 1927)

Lambton, Ann K. S., *Continuity and Change in Medieval Persia: Aspects of Administrative, Economic and Social History, 11th-14th Century* (Albany, NY, 1988)

Lane, George, *Early Mongol Rule in Thirteenth-Century Iran: A Persian Renaissance* (London, 2003)

——, *Genghis Khan and Mongol Rule* (Westport, CT, 2004)

Lattimore, Owen, 'Preface', in John. A. Boyle, *The Mongol World Empire, 1206-1370* (London, 1977)

Lemercier-Quelquejay, Chantal, 'The Kazakhs and the Kirghiz', in *Central Asia*, ed. Gavin Hambly (New York, 1969)

Lewisohn, Leonard, ed., *The Legacy of Mediaeval Persian Sufism* (London, 1992)

——, *Beyond Faith and Infidelity: The Sufi Poetry and Teachings of Mahmûd Shabistarî* (London, 1995)

Li Chih-Chang, *The Travels of an Alchemist* (London, 2005)

Liddell Hart, B. H., *Deterrent or Defense: A Fresh Look at the West's Military Position* (New York, 1960)

——, *The Liddell Hart Memoirs*, vol. I (New York, 1965)

——, *Great Captains Unveiled* (Freeport, NY, 1967)

——, *The German Generals Talk* (New York, 1979)

Lindner, Rudi Paul, 'What Was A Nomadic Tribe?', *Comparative Studies in Society and History*, XXIV/ 4 (1982), pp. 689-711

——, 'How Mongol were the Early Ottomans?', in *The Mongol Empire and Its Legacy*, ed. Reuven Amitai-Preiss and David O. Morgan (Leiden, 2001)

——, *Explorations in Pre-Ottoman History* (Ann Arbor, MI, 2007)

Little, Donald P., 'Diplomatic Missions and Gifts Exchanged by the Mamluks and Ilkhans', in *Beyond the Legacy of Genghis Khan*, ed. Linda Komaroff (Leiden, 2006)

Lorge, Peter A., *The Asian Military Revolution: From Gunpowder to the Bomb* (Cambridge, 2008)

McCleary, Rachel M. and Leonard W. J. Van der Kuijp, 'The Market Approach to the Rise of the Geluk School, 1419-1642', *Journal of Asian Studies*, LXIX/ 1 (2010), pp. 149-80

McNeill, William H., *Plagues and Peoples* (New York, 1998)

Manz, Beatrice Forbes, 'The Clans of the Crimean Khanate, 1466-1532', *Harvard Ukrainian Studies*, II (1978-9), pp. 282-309

——, *The Rise and Rule of Tamerlane* (Cambridge, 1989)

——, *Power, Politics, and Religion in Timurid Iran* (Cambridge, 2007)

al-Maqrizi, Ahmad ibn 'Ali, *Kitab al-Suluk li-M'arifat fi Dul al-Muluk* (Cairo, 1956)

Martin, Henry D., *The Rise of Chingis Khan and his Conquest of North China* (Baltimore, MD, 1950)

Martin, Janet, 'The Land of Darkness and the Golden Horde: The Fur Trade under the Mongols, XIII-XIV Centuries', *Cahiers du Monde Russe et Soviétique*, XIX (1978), pp. 401-22

Martinez, A. P., 'Some notes on the Il-Xanid Army', *Archivum Eurasiae Medii Aevi*, VI (1986), pp. 129-242

Marx, Christy, 'The Fantastic Mr Frump', *Spider-Man and His Amazing Friends*, dir. Don Jurwich, Season 1, Episode 3 (NBC, 26 September 1981)

May, Timothy, 'Attitudes towards Conversion among the Elite in the Mongol Empire', *E-ASPAC: The Electronic Journal of Asian Studies on the Pacific Coast* (2002-3), at http://mcel.pacificu.edu/easpac/2003/may.php3, accessed 27 August 2011

——, 'The Mechanics of Conquest and Governance: The Rise and Expansion of the Mongol Empire, 1185-1265', PHD dissertation, University of Wisconsin-Madison, 2004

——, 'Монголы и мировые религии в xiii веке' (*The Mongols and World Religions in the 13th Century*), in Монголъская Империя и Кочевой Мир (*Mongolian Imperial and Nomadic Worlds*), ed. N. N. Kradi and T. D. Skrynnikova (Ulan Ude, 2004)

——, 'Jamuqa and the Education of Chinggis Khan', *Acta Mongolica*, VI (2006), pp. 273-86

——, 'Mongol Resistance to Christian Conversion', in *Christianity and Mongolia: Past and Present – Proceedings of the Antoon Mostaert Symposium on Christianity and Mongolia*, ed. Gaby Bamana, 13-16 August 2006 (Ulaanbaatar, 2006)

——, *The Mongol Art of War* (Barnsley, 2007)

——, 'The Mongol Empire in World History', *World History Connected*, V/ 2 (2008), at http://worldhistoryconnected.press.uiuc.edu/5.2, accessed 11 June 2010

——, 'The Relationship Between Sufis and Inner Asian Ruling Elites', *Southeast Review of Asian Studies*, XXX (2008), pp. 84-101

——, *Culture and Customs of Mongolia* (Westport, CT, 2009)

Melville, Charles, 'The Mongols in Iran', in *Legacy of Genghis Khan*, ed. Linda Komaroff and Stefano Carboni (New Haven, CT, 2002)

——, 'The Keshig in Iran: The Survival of the Royal Mongol Household', in *Beyond the Legacy of Genghis Khan*, ed. Linda Komaroff (Leiden, 2006)

Michell, Robert and Nevill Forbes, trans., *The Chronicle of Novgorod, 1016-1471* (London, 1914)

Milius, John and Kevin Reynolds, *Red Dawn*, dir. John Milus (1984)

Moffet, Samuel Hugh, *A History of Christianity in Asia*, Vol. I: *Beginnings to 1500* (New York, 1992)

Morgan, David O., 'Who Ran the Mongol Empire?', *Journal of the Royal Asiatic Society* (1982), pp. 124-36

——, 'Marco Polo in China – or Not', *Journal of the Royal Asiatic Society*, 3rd ser., VI (1996), pp. 221-5

——, 'Mongol or Persian: The Government of Ilkhanid Iran', *Harvard Middle Eastern and Islamic Review*, III (1996), pp. 62-76

——, 'The Mongols in Iran: A Reappraisal', *Iran*, XLII (2004), pp. 131-6

——, 'The Mongol Empire in World History', in *Beyond the Legacy of Genghis Khan*, ed. Linda Komaroff (Leiden, 2006)

——, *The Mongols*, 2nd edn (Oxford, 2007)

Moses, Larry W., 'A Theoretical Approach to the Process of Inner Asian Confederation', *Etudes Mongoles*, V (1974), pp. 113-22

Mote, Frederick W., *Imperial China, 900-1800* (Cambridge, MA, 2003)

Muhammad al-Nasawi, *Histoire du Sultan Djelal ed-din Mankobirti*, trans. Octave Houdas (Paris, 1895)

——, *Sirat al-Sultan Jalal al-Din Mankubirti* (Cairo, 1953)

Muhammad ibn Ahmad al-Dhahabi, *Kitab Duwal al-Islam*, trans. Arlette Negre (Damascus, 1979)

Muldoon, James, *Popes, Lawyers, and Infidels* (Philadelphia, PA, 1979)

Mussis, Gabriele de, 'Historia de Morbo', in *The Black Death*, trans. and ed. Rosemary Horrox (Manchester, 1994)

Nasonov, A. N., *Mongoly i Rus': Istoriia tatarskoi politiki na Rusi* (Moscow, 1940)

Naumov, Igor V., *The History of Siberia*, ed. David N. Collins (London, 2006)

Noonan, Thomas S., 'Medieval Russia, the Mongols, and the West: Novgorod's Relations with the Baltic, 1100-1350', *Medieval Studies*, XXXVII (1975), pp. 316-39

——, 'Russia's Eastern Trade, 1150-1350: The Archaeological Evidence', *Archivum Eurasiae Medii Aevi*, III (1983), pp. 201-64

al-Nuwayri, Ahmad ibn 'Abd al-Wahhab, *Nihayat al-Arab fi Funun al-Adabi* (Cairo, 1975)

O'Brien, Patrick, 'Historiographical Traditions and Modern Imperatives for the Restoration of Global History', *Journal of Global History*, I (2006), pp. 3-39

Okada, Hidehiro and Junko Miyawaki-Okada, 'Haslund's *Toregut Rarelro* in the Parallel Text in Ulaanbaatar', *Mongolian Studies*, XXIX (2007), pp. 123-40

Olcott, Martha Brill, *The Kazakhs*, 2nd edn (Stanford, CA, 1995)

Oliver of Paderborn, 'The Capture of Damietta', trans. Joseph J. Gavigan, in *Christian Society and the Crusades, 1198-1229*, ed. Edward Peters (Philadelphia, PA, 1971), pp. 49-140

Onon, Urgunge, trans., *The Secret History of the Mongols: The Life and Times of Chinggis Khan* (London, 2001)

Origo, Iris, 'The Domestic Enemy: The Eastern Slaves in Tuscany in the Fourteenth and Fifteenth Centuries', *Speculum*, XXX/ 3 (1955), pp. 321-66

Ostrowski, Donald, *Muscovy and the Mongols: Cross Cultural Influences on the Steppe Frontier, 1304-1589* (New York, 1998)

Page, Jeremy, 'Russians Who Get Drunk as a Warlord', *The Times* (19 January 2004)

Palmieri, Richard P., 'Tibetan Xylography and the Question of Movable Type', *Technology and Culture*, XXXII (1991), pp. 82-90

Paris, Matthew, *English History*, trans. and ed. J. A. Giles, 3 vols (New York, 1968)

Patterson, Ray, dir., *Scooby-Doo and the Reluctant Werewolf* (1988)

Pelenski, J. 'The Contest between Lithuania-Rus' and the Golden Horde in the Fourteenth Century for Supremacy over Eastern Europe', *Archivum Eurasiae Medii Aevi*, II (1982), pp. 303-20

Perdue, Peter C., *China Marches West: The Qing Conquest of Central Eurasia* (Cambridge, MA, 2005)

Perfecky, George, trans and ed., *The Hypatian Codex II: The Galician-Volynian Chronicle* (Munich, 1973)

Petech, Luciano, 'Tibetan Relations with Sung China and with the Mongols', in *China Among Equals*, ed. Morris Rossabi (Berkeley, CA, 1983)

Petrushevsky, I. P., 'Socio-Economic Conditions of Iran under the Ilkhans', in *Cambridge History of Iran*, ed. J. A. Boyle (Cambridge, 1968)

Pfeiffer, Judith, 'Ahmad Teguder's Second Letter to Qala'un (682/1283)', in *History and Historiography of Post-Mongol Central Asia and the Middle East: Studies in Honor of John E. Woods*, ed. Judith Pfeiffer and Sholeh A. Quinn (Wiesbaden, 2006)

——, 'Reflections on a "Double Rapprochement": Conversion to Islam among the Mongol Elite during the Early Ilkhanate', in *Beyond the Legacy of Genghis Khan*, ed. Linda Komaroff (Leiden, 2006)

Pfeiffer, Judith, and Sholeh A. Quinn, eds, *History and Historiography of PostMongol Central Asia and the Middle East: Studies in Honor of John E. Woods* (Wiesbaden, 2006)

Pierce, Leslie P., *The Imperial Harem: Women and Sovereignty in the Ottoman Empire* (Oxford, 1993)

Polo, Marco, *Description of the World*, trans. A. C. Moule and P. Pelliot (London, 1938)

——, *The Travels*, trans. Ronald Latham (New York, 1958)

——, *The Travels of Marco Polo*, trans. Henry Yule (New York, 1992)

——, *The Travels of Marco Polo*, trans. William Marsden, ed. Manuel Komroff (New York, 2001)

Porter, Patrick, *Military Orientalism: Eastern War through Western Eyes* (New York, 2009)

Prazniak, Roxann, 'Siena on the Silk Roads: Ambrogio Lorenzetti and the Mongol Global Century, 1250-1350', *Journal of World History*, XXI (2010), pp. 177-218

Rachewiltz, Igor de, 'Some Remarks on the Ideological Foundations of Chingis Khan's Empire', *Papers on Far Eastern History*, VII (1973), pp. 21-36

——, 'Marco Polo Went to China', *Zentralasiatishe Studien*, XXVII (1997), pp. 34-92

——, trans. and ed., *The Secret History of the Mongols* (Leiden, 2004)

Raglan, Fitzroy, *The Hero: A Study in Tradition, Myth, and Drama* (New York, 1937)

Rashid al-Din, *Jami'al-Tawarikh*, ed. B. Karimi (Tehran, 1983)

——, *Jami'al-Tawarikh*, ed. Muhammad Rushn Mustafi Musavi (Tehran, 1995)

——, *Jami'u't-tawarikh: Compendium of Chronicles*, trans. W. M. Thackston (Cambridge, MA, 1998)

Ratchnevsky, Paul, *Genghis Khan: His Life and Legacy*, trans. Thomas Nivison Haining (Cambridge, MA, 1992)

Rehm, Peter, 'Ventures into the Reign of Osman: A New Consensus on Early Ottoman Historiography', *Études Historiques*, II/1 (2010), at www.etudeshistoriques.org, accessed 1 September 2011

Robinson, David M., *Empire's Twilight: Northeast Asia Under the Mongols* (Philadelphia, PA, 2009)

Rogers, Greg S., 'An Examination of Historians' Explanations for the Mongol Withdrawal from East Central Europe', *East European Quarterly*, XXX (1996), pp. 3-27

Rossabi, Morris, *China and Inner Asia: From 1368 to the Present Day* (New York, 1975)

——, *Khubilai Khan: His Life and Times* (Berkeley, CA, 1988)

——, 'The Mongols and Their Legacy', in *The Legacy of Genghis Khan*, ed. Linda

Komaroff and Stefano Carboni (New Haven, CT, 2002)

——, 'The Vision in the Dream: Kublai Khan and the Conquest of China', in *Genghis Khan and the Mongol Empire*, ed. William Fitzhugh, Morris Rossabi and William Honeychurch (Bellingham, WA, 2009)

——, *Voyager from Xanadu: Rabban Sauma and the First Journey from China to the West* (Berkeley, CA, 2010)

Roux, J. P., 'La tolérance religieuse dans l'empires Turco-Mongols', *Revue de l'Histoire des Religions*, CCIII (1986), pp. 131-68

Ruotsala, Antti, *Europeans and Mongols in the Middle of the Thirteenth Century: Encountering the Other* (Helsinki, 2001)

Ryan, James D., 'Christian Wives of Mongol Khans: Tartar Queens and Missionary Expectations in Asia', *Journal of the Royal Asiatic Society*, 3rd ser., VIII/ 3 (1998), pp. 411-21

Sabloff, Paula, 'Why Mongolia? The Political Culture of an Emerging Democracy', *Central Asian Survey*, XXI/ 1 (2002), pp. 19-36

Sagaster, Klaus, 'The History of Buddhism among the Mongols', in *The Spread of Buddhism*, ed. Ann Heirmann and Stephan Peter Bumbacher (Leiden, 2007), pp. 379-432

Saliba, George, 'Horoscopes and Planetary Theory: Ilkhanid Patronage of Astronomers', in *Beyond the Legacy of Genghis Khan*, ed. Linda Komaroff (Leiden, 2006)

Sanctus, Louis, 'Letter April 27, 1348', in John Aberth, *The Black Death: The Great Mortality of 1348-1350* (Boston, MA, 2005), pp. 21-22

Saunders, J. J., 'The Mongol Defeat at Ain Jalut and the Restoration of the Greek Empire', *Muslims and Mongols: Essays on Medieval Asia*, ed. Geoffrey Rice (Christchurch, 1977)

——, *The History of the Mongol Conquests* (Philadelphia, PA, 2001)

Schamiloglu, Uli, 'The Qaraci Beyes of the Later Golden Horde: Notes on the Organization of the Mongol World Empire', *Archivum Eurasie Medii Aevi*, IV (1984), pp. 283-97

——, 'Preliminary Remarks on the Role of Disease in the History of the Golden Horde', *Central Asian Survey*, XII/ 4 (1993), pp. 447-57

——, 'The Rise of the Ottoman Empire: The Black Death in Medieval Anatolia and Its Impact on Turkish Civilization', in *Views from the Edge: Essays in Honor of Richard W. Bulliet*, ed. Nguin Yavari, Lawrence G. Potter and JeanMarc Ran

Oppenheim (New York, 2004)

Schurmann, H. F., *Economic Structure of the Yuan Dynasty* (Cambridge, 1956)

——, 'Mongolian Tributary Practices of the Thirteenth Century', *Harvard Journal of Asiatic Studies*, XIX (1956), pp. 304-89

Schwarz, Henry G., 'Some Notes on the Mongols of Yunnan', *Central Asiatic Journal*, XXVIII (1994), pp. 100-18

Scott, Susan and Christopher J. Duncan, *Biology of Plagues: Evidence from Historical Populations* (Cambridge, 2001)

Seth, Michael J., *A Concise History of Korea: From the Neolithic Period through the Nineteenth Century* (Lanham, MD, 2006)

Shakespeare, William, *Much Ado About Nothing*, Act II, Scene II

Sherman, Irwin W., *The Power of Plagues*, (Washington, DC, 2006)

Shiraishi, Noriyuki, 'Avarga Site: The "Great Ordu" of Genghis Khan', in *Beyond the Legacy of Genghis Khan*, ed. Linda Komaroff (Leiden, 2006)

Simon de Saint-Quentin, *Histoire des Tartares*, ed. Jean Richard (Paris, 1965)

Sinor, Denis, ed., *The Cambridge History of Early Inner Asia* (Cambridge, 1987)

——, 'Notes on Inner Asian Bibliography iv: History of the Mongols in the 13th Century', *Journal of Asian History*, XXIII/ 1 (1989), pp. 26-79

Skrynnikova, Tatyana D., *Kharizma vlasti v epokhu Chingiskhana* (Moscow, 1997)

——, 'Relations of Domination and Submission: Political Practice in the Mongol Empire of Chinggis Khan', in *Imperial Statecraft: Political Forms and Techniques of Governance in Inner Asia, Sixth–Twentieth Centuries*, ed. David Sneath (Bellingham, WA, 2006)

Smith Jr, John Masson, 'Mongol and Nomadic Taxation', *Harvard Journal of Asiatic Studies*, XXX (1970), pp. 46-85

——, 'Mongol Manpower and Persian Population', *Journal of the Economic and Social History of the Orient*, XVIII/ 3 (1975), pp. 271-99

——, 'Ayn Jalut: Mamluk Success or Mongol Failure?', *Harvard Journal of Asiatic Studies*, XLIV (1984), pp. 307-45

——, 'Mongol Society and Military in the Middle East: Antecedents and Adaptations', in *War and Society in the Eastern Mediterranean, 7th and 15th Centuries*, ed. Yaacov Lev (Leiden, 1996)

——, 'Hülegü Moves West: High Living and Heartbreak on the Road to Baghdad', in *Beyond the Legacy of Genghis Khan*, ed. Linda Komaroff (Leiden, 2006)

Sneath, David, *The Headless State: Aristocratic Orders, Kinship Society, and*

Misrepresentations of Nomadic Inner Asia (New York, 2007)

——, ed., *Imperial Statecraft: Political Forms and Techniques of Governance in Inner Asia, Sixth–Twentieth Centuries* (Bellingham, WA, 2006)

Soudavar, Abol a la, 'The Mongol Legacy of Persian Farmans', in *Beyond the Legacy of Genghis Khan*, ed. Linda Komaroff (Leiden, 2006)

Spuler, Bertold, *The Mongol Period*, trans. F.R.C. Bagley (Princeton, NJ, 1969)

Stewart, Angus, 'The Assassination of King Het'um ii: The Conversion of the Ilkhans and the Armenians', *Journal of the Royal Asiatic Society*, 3rd ser., XV/ 1 (2005), pp. 45-61

Storm from the East: From Genghis Khan to Khubilai Khan [tv series] (London, 1993)

Strawson, Jack, *Hitler as Military Commander* (New York, 1971)

Stuart, Kevin, *Mongols in Western/American Consciousness* (Lewiston, NY, 1997)

Subtelny, Maria E. *Timurids in Transition: Turko-Persian Politics and Acculturation in Medieval Iran* (Leiden, 2007)

Suenaga, Takezaki, 'Takezaki Suenaga's Scrolls of the Mongol Invasions of Japan', at www.bowdoin.edu/mongol-scrolls, accessed 22 November 2010

Sun, Guang-Zhen, 'Nasir al-Din Tusi on Social Cooperation and the Division of Labor: Fragment from the Nasirean Ethics', *Journal of Institutional Economics*, IV/ 3(2008), pp. 403-13

Szuppe, Maria, 'Women in Sixteenth Century Safavid Iran', in *Women In Iran from the Rise of Islam to 1800*, ed. Guity Nashat and Lois Beck (Urbana, IL, 2003)

Togan, Isenbike, *Flexibility and Limitation in Steppe Formations: The Kerait Khanate and Chinggis Khan* (Leiden, 1998)

Tsepkov, A. E., trans., *Ermolinskaia Letopis'* (Riazan, 2000)

Turchin, Peter, 'A Theory for Formation of Large Empires', *Journal of Global History*, IV (2009), pp. 191-217

Vasary, Istvan, 'The Golden Horde Term Daruga and Its Survival in Russia', *Acte Orientale Hungarica*, XXX (1976), pp. 187-97

——, 'The Origin of the Institution of Basqaqs', *Acte Orientale Hungarica*, XXXII (1978), pp. 201-6

——, 'History and Legend in Berke Khan's Conversion to Islam', in *Aspects of Altaic Civilization III*, ed. Denis Sinor (Bloomington, IN, 1990)

——, *Cumans and Tatars: Oriental Military in the Pre-Ottoman Balkans, 1185-1365* (Cambridge, 2005)

Vernadsky, George, *The Mongols and Russia* (New Haven, CT, 1953)

Vyronis, Speros, *The Decline of Medieval Hellenism in Asia Minor and the Process of Islamization from the Eleventh through the Fifteenth Century* (Berkeley, CA, 1971)

Wade, Geoff, 'An Early Age of Commerce in Southeast Asia, 900-1300 CE', *Journal of Southeast Asian Studies*, XL/ 2 (2009), pp. 221-65

Waldron, Arthur. 'Introduction', in Bertold Spuler, *The Mongol Period*, trans. F.R.C. Bagley (Princeton, NJ, 1994)

Watson, Oliver, 'Pottery under the Mongols', in *Beyond the Legacy of Genghis Khan*, ed. Linda Komaroff (Leiden, 2006)

Watt, James C. Y., 'A Note on Artistic Exchanges in the Mongol Empire', in *The Legacy of Genghis Khan*, ed. Linda Komaroff and Stefano Carboni (New Haven, CT, 2002)

Waugh, Daniel, 'The Golden Horde and Russia', in *Genghis Khan and the Mongol Empire*, ed. William Fitzhugh, Morris Rossabi and William Honeychurch (Seattle, WA, 2009)

Weatherford, Jack, 'A Scholarly Quest to Understand Genghis Khan', *Chronicle of Higher Education*, XLVI/ 32 (14 April 2000)

——, *Genghis Khan and the Making of the Modern World* (New York, 2004)

——, *The Secret History of the Mongol Queens: How the Daughters of Genghis Khan Rescued His Empire* (New York, 2010)

Whitaker, Leslie, *The Beardstown Ladies' Common-Sense Investment Guide: How We Beat the Stock Market – And How You Can, Too* (New York, 1996)

William of Rubruck, 'The Journey of William of Rubruck', in *The Mission to Asia*, trans. a nun from Stanbrook Abbey, ed. Christopher Dawson (Toronto, 1980)

——, 'Itinerarium Willelmi de Rubruc', in *Sinica Franciscana: Itinera et Relationes Fratrum Minorum Saeculi XIII et XIV*, ed. P. Anastasius Van Den Vyngaert (Florence, 1929)

Wing, Patrick, 'The Decline of the Ilkhanate and the Mamluk Sultanate's Eastern Frontier', *Mamluk Studies Review*, XI/ 2 (2007), pp. 77-88

Wink, Andre, *Al-Hind: The Making of the Indo-Islamic World*, Vol. 2: *The Slave Kings and Islamic Conquest, 11th-13th Centuries* (Leiden, 1997)

Wood, Frances, *Did Marco Polo Go to China?* (Boulder, CO, 1996)

Woods, John, *The Timurid Dynasty* (Bloomington, IN, 1990)

——, *The Aqquyunlu: Clan, Confederation, Empire* (Salt Lake City, UT, 1999)

Wordsworth, Araminta, 'Saddam Plays on Fears of Mongol Devastation: Genghis

Khan's Warriors Destroyed 13th-century Iraq', *National Post* (22 January 2003), p. A15

Wright, David C., 'Navies in the Mongol Yuan Conquest of Southern Song China, 1274-1279', *Mongolian Studies*, XXIX (2007), pp. 207-16

Wyatt, James C. Y., 'A Note on Artistic Exchanges in the Mongol Empire', in *Legacy of Genghis Khan*, ed. Linda Komaroff and Stefano Carboni (New Haven, CT, 2002)

Zaky, A. Rahman, 'Introduction to the Study of Islamic Arms and Armour', *Gladius*, I (1961), pp. 17-29

Zelentz, Alan, *Thor*, I/ 334 (1983)

Zenkovsky, Serge A., ed., *Medieval Russia's Epics, Chronicles, and Tales* (New York, 1974)

Zerjal, Tatiana, Yali Xue, *et al.*, 'The Genetic Legacy of the Mongols', *American Journal of Human Genetics*, LXXII (2003), pp. 717-21

Zhao, George Qingzhai, *Marriage as Political Strategy and Cultural Expression: Mongolian Royal Marriages from World Empire to Yuan Dynasty* (New York, 2008)

Ziegler, Philip, *The Black Death* (New York, 1969)

译后记

　　本书作者梅天穆现任美国北乔治亚大学文学院教授、副院长。1996年，作者在美国印第安纳大学内陆欧亚系获得硕士学位，论文题目是《绰儿马罕那颜：中东地区的第一位蒙古军事统帅》（*Chormaqan Noyan: The First Mongol Military Governor in the Middle East*）。2004年，他在威斯康星大学麦迪逊分校获得历史学博士学位，师从著名蒙古史学者大卫·摩根，博士论文题目是《征服与统治之术：蒙古帝国的崛起和扩张，1185—1265》（*The Mechanics of Conquest and Governance: The Rise and Expansion of the Mongol Empire, 1185-1265*）。自2004年起，作者任教于北乔治亚大学，历任助理教授、副教授、教授，2009年起担任历史、人类学与哲学系主任。他的主要学术兴趣是蒙古帝国史、游牧帝国史、军事史、游牧–农耕关系史以及现代蒙古史，讲授的课程包括世界史、伊斯兰世界宗教与思想史、中央欧亚史、中世纪中东史、十字军史和蒙古征服史等，同时开办物质文化史、圣战、阿富汗与大博弈、蒙古之后的内陆欧亚等主题的研讨班。

　　梅氏著述颇丰，独著《蒙古战争艺术》（*The Mongol Art of War*，London：Pen & Sword，2007）、《蒙古的文化与习俗》（*Culture and Customs of Mongolia*，New York：Greenwood Press，2009）和本书（*The Mongol Conquests in World History*，London：Reaktion，2012），合著《14世纪初安纳托

利亚钱币窖藏》（*Anatolian Early 14th Century coin Hoard*，coauthored with Judith Kolbas and Vlastimil Novak，Prague：National Museum，2011），主编两卷本《蒙古帝国历史百科》（*The Mongol Empire: A Historical Encyclopedia*，ABC-CLIO，2016）。

梅氏的博士导师大卫·摩根以《蒙古人》（*The Mongols*，Oxford：Blackwell，1986；2nd edition，2007）一书蜚声西方学界。其书雅俗共赏，不仅成为蒙古史方向研究生入门的必读书，也颇受一般读者喜爱。梅氏的著作颇具乃师之风，立意宏阔，脉络清晰，高度概括，兼以文笔活泼，可读性强。本书即其代表。本书关注的核心是蒙古时代的"全球化"及其影响，横向范围从东亚绵延至西欧，纵向范围从12世纪延续到20世纪。如此广阔而久远的时空当中的纷纭历史，把握起来很有难度。作者以几近最简约易懂的文字，勾勒出最宏观的历史脉络，有条不紊。同时，书中融汇了西方学术界的多数最新成果，有进一步兴趣的读者也可从注释和参考文献中按图索骥，深入阅读其他学者的著述。从某种意义上而言，本书是近二三十年西方蒙古帝国史学界成果的一个贯通式的概括。著名蒙古史学者彭晓燕认为，本书"将成为对于世界史和蒙古帝国史课程有用的教材，与大卫·摩根的经典著作《蒙古人》比肩"。[1]

这里对本书中的二三观点略作补充。第1章中作者使用"全体蒙古兀鲁思"（Khamag Monggol Ulus）一词指代1206年成吉思汗建立的国家，但没有标注出处。首先要说明，这

1　*The Journal of Asian Studies*，72. 2，May 2013：465-467.

种转写形式来自西里尔蒙古文，反映的是现代口语形式。元代书面语转写应为"Qamuq Mongqol Ulus"。据笔者所知，"Qamuq Mongqol Ulus"这一概念主要由蒙古国和苏联的部分学者提出并使用。[1]近年英文著作中提到这一概念的，是冰岛雷克雅未克大学的蒙古裔学者巴特–奥其尔·博尔德的《蒙古游牧社会：重建中古蒙古历史》一书。[2]

这种观点的主要依据有两条。一是据《续资治通鉴纲目》载，1147年，"蒙古益强，兀术伐之，连年不能胜，乃议和。割西平、河北二十七团寨与之，岁遗牛羊米豆，且册其长熬罗勃极烈为蒙辅国王。不受，自号大蒙古国，熬罗勃极烈自称祖元皇帝，改元天兴"。第二条依据是《元朝秘史》第52节记载，合不勒汗统治了全体蒙古人（qamuq Monqol）。一些学者认为，"熬罗勃极烈"即成吉思汗的曾祖父合不勒汗，合不勒汗所建立的国号是"Qamuq Mongqol Ulus"（全体蒙古兀鲁思）。但是，也有一些学者不同意这一观点。实际上，《续资治通鉴纲目》中的这条史料最早见于《大金国志》，系于1146年，文字稍简。《续资治通鉴纲目》此条盖抄撮《大金国志》而来。《大金国志》是书贾拼凑出来的伪书，纰缪甚多。在这条记载中，国号大蒙古国、帝号祖元皇帝、年号天兴等皆缺乏任何旁证，很可能来自讹传、附会甚至捏造。至于《元朝秘史》记载合不勒汗统治了全体蒙古人，"qamuq"只是一个普通的形容词，用以修饰蒙古人而已，却

1　具有代表性的如《蒙古人民共和国史》第1卷，乌兰巴托，1966年，第172页。

2　Bat-Ochir Bold, *Mongolian Nomadic Society: A Reconstruction of the "Medieval" History of Mongolia*, Richmond, Surrey: Curzon, 2001, p. 176.

从未记录"Qamuq Mongqol Ulus"这一国号。"全体蒙古兀鲁思"一词在历史上是否存在，是值得怀疑的。我们更倾向于认为，这个词是现代学者创造出来的，指代从合不勒汗至成吉思汗建国初期处于酋邦（chiefdom）形态的蒙古政权，以区别于后来形成的完整意义上的国家（state）形态的蒙古政权。[1]

第4章中提到了成吉思汗在斡难河–怯绿连河谷地的旧都阿乌拉嘎。关于"旧都"的概念和阿乌拉嘎之地，皆需略作说明。成吉思汗的大蒙古国是一个不建城邑的"行国"游牧政权，大汗四季巡幸迁徙，并不存在都城。不过，在成吉思汗四季驻跸的地方中，斡难河–怯绿连河之地是他出生、成长的龙兴之地，地位尤为重要，是某种意义上的都城，但只是没有城郭的一片较大的地域。阿乌拉嘎（Avarga）是今天的一个地名，即"a'uruq"，元代译名"奥鲁"，意为"老小营"，指大军出征时留在后方的家眷和畜产。21世纪初，白石典之公布了日本–蒙古联合考古队在阿乌拉嘎发掘的成果，认为此地即成吉思汗在斡难河–怯绿连河之间的主要驻跸地。[2]此地有一些建筑基址，并无城郭。国内最早关注这一考古发现的是南京大学的陈得芝先生，可参看其《成吉思汗墓葬所在与蒙古早期历史地理》（《中华文史论丛》，2010年第1期）一文。

1251年至1260年间的察合台汗国监国者，作者转写为"Ergene"。据刘正寅《〈史集·部族志·斡亦剌传〉译注》

---

1 Nikolay N. Kradin, "Qamuq Mongqol Ulus and Chiefdom Theory", *Chronica* vol. 7-8, 2008, pp. 144-150.

2 白石典之：《モンゴル帝国史の考古学的研究》，同成社，2002年。《チンギス＝ハーン廟の源流》，《东洋史研究》，63-4，2005年。《モンゴル国アウラガ遺跡の調査とその意義》，《东方学》，112，2006年。

（《中国边疆民族研究》第5辑，2011年），此名波斯文作"兀鲁忽乃"（اورئنا，Ūrquna）无疑，汉译从之。

本书英文版出版于2012年，至今短短数年，相关研究又有新的进展。例如导言中提到《忽必烈汗与美丽的杜马班公主》（2002年）一书很难找，如今该书已经有修订版问世，[1]有兴趣者可一睹为快。

本书翻译过程中，《元朝秘史》（《蒙古秘史》）汉译文主要参考了余大钧译注本（河北人民出版社，2001年），《世界征服者史》参考了何高济汉译本（商务印书馆，2004年），《史集》参考了余大钧、周建奇汉译本（商务印书馆，1985年）。译文并未完全照搬诸书汉译本，请读者注意。涉及察合台汗国、尤赤汗国史事时，主要参考了刘迎胜《察合台汗国史研究》（上海古籍出版社，2011年）、赤坂恒明《尤赤系诸政权史研究》[2]及相关论文。

本书的翻译始于编辑张鹏的联络，承蔡伟杰兄推荐，我们开始了这项工作。导言为合译，第1至3章由求芝蓉译，第4至10章由马晓林译，初稿译成后互校一遍。译稿完成后，特约编辑陈顺先付出了辛勤劳动。本书翻译过程中，也得到了北京大学王一丹教授主持的波斯文《五族谱》读书班的师生们直接或间接的帮助。在此一并致谢。

2017年1月9日

---

1 David Bade，"Of palm wine，women and war：the Mongolian naval expedition to Java in the 13th century"，*Institute of Southeast Asian Studies*，2013.

2 赤坂恒明：《ジュチ裔諸政権史の研究》，風間書房，2005年。

出版后记

  作为世界历史上疆域空前辽阔的庞大帝国，蒙古帝国及其兴衰演变的历史一直得到众多学者的关注。在近年来全球史研究迅猛发展的背景下，许多学者开始以新的观察视角来推进蒙古帝国史的研究，而本书正是近几年该领域中的一部重量级新作。

  本书作者梅天穆现任美国北乔治亚大学文学院教授、副院长，主要研究领域为蒙古帝国史及军事史。他于1996年在美国印第安纳大学内陆欧亚系获得硕士学位，2004年获得威斯康星大学麦迪逊分校历史学博士学位，著有《蒙古战争艺术》《蒙古的文化与习俗》等。

  作者在世界史与全球史的视野下，重点描绘了由成吉思汗推动的欧亚文化交流，以及蒙古各汗国陆续瓦解后，一个新的欧亚世界的产生过程。其中，作者重点分析了东西方之间在蒙古统治者的强制推动下互相交流的过程，以及在"蒙古治世"之下孕育出的崭新的欧亚文化。本书内容全面，条理清晰，并广泛参考了相关领域最新的学术成果，既是世界史和蒙古帝国史领域的一部重要著作，也是相关教学和研究的一部必要指南。

　　两位译者为本书的翻译工作付出了辛勤劳动，我们在此致以谢意。由于编辑水平所限，错漏之处在所难免，敬请广大读者批评指正。

服务热线：133-6631-2326　188-1142-1266

服务信箱：reader@hinabook.com

后浪出版公司

2017年7月

© 民主与建设出版社，2022

图书在版编目（CIP）数据

世界历史上的蒙古征服 /（美）梅天穆
(Timothy May) 著；马晓林，求芝蓉译. -- 北京：民
主与建设出版社，2017.7
　　ISBN 978-7-5139-1638-7

　　Ⅰ. ①世… Ⅱ. ①梅… ②马… ③求… Ⅲ. ①世界史
—中世纪史—研究 Ⅳ. ①K13

　　中国版本图书馆CIP数据核字(2017)第154048号

The Mongol Conquests in World History by Timothy May was first published by Reaktion Books, London, UK, 2012.
Copyright © Timothy May 2012
This edition arranged with REAKTION BOOKS LTD through Big Apple Agency, Inc., Labuan, Malaysia.
Simplified Chinese edition copyright: 2017 Ginkgo (Beijing) Book Co., Ltd.
All rights reserved.

本书简体中文版权归属于银杏树下（北京）图书有限责任公司
著作权合同登记号：01-2017-4544
审图号：GS（2019）6097号

世界历史上的蒙古征服
SHIJIE LISHI SHANG DE MENGGU ZHENGFU

著　者：	［美］梅天穆
译　者：	马晓林　求芝蓉
筹划出版：	银杏树下
出版统筹：	吴兴元
责任编辑：	王　越　韩增标
特约编辑：	陈顺先
营销推广：	ONEBOOK
装帧制造：	墨白空间·陈威伸
出版发行：	民主与建设出版社有限责任公司
电　话：	（010）59417747　59419778
地　址：	北京市海淀区西三环中路 10 号望海楼 E 座 7 层
邮　编：	100142
印　刷：	北京盛通印刷股份有限公司
版　次：	2017 年 9 月第 1 版
印　次：	2022 年 12 月第 10 次印刷
开　本：	889 毫米 × 1194 毫米　1/32
印　张：	12
字　数：	260 千字
书　号：	ISBN 978-7-5139-1638-7
定　价：	68.00 元

后浪出版咨询（北京）有限责任公司　版权所有，侵权必究
投诉信箱：copyright@hinabook.com　fawu@hinabook.com
未经许可，不得以任何方式复制或者抄袭本书部分或全部内容
本书若有印、装质量问题，请与本公司联系调换，电话 010-64072833